新学習指導要領（平成29年公示）版

特別支援学校における
介護等体験ガイドブック

フィリア

豊かでかけがえのない体験を得るために

教員を目指す皆さまへ

文部科学省初等中等教育局特別支援教育課長

中　村　信　一

　近年、少子・高齢化やグローバル化など社会構造が急速に変動する中で、人々の意識の変化や価値観の多様化などに伴い、学校教育に対する要請がこれまで以上に多様なものとなっており、教員が果たす役割は今後ますます大きく、これからの時代に求められる学校教育の実現に向けて、教職員の資質・能力の向上が不可欠となっています。

　このような今日において、いわゆる「介護等体験特例法」は、小・中学校の教諭の普通免許状取得希望者に「個人の尊厳及び社会連帯の理念に関する認識」を深めることを目的として教員の資質・能力を向上させ、義務教育の一層の充実を図ることを趣旨として制定され、これまで多くの方々が特別支援学校等において「介護等の体験」を受けてこられました。

　平成26年1月20日、我が国は「障害者の権利に関する条約」を批准しました。学校教育において、障害のある子供たち一人一人の自立と社会参加を見据えて、その時点で教育的ニーズに最も的確に応える指導や支援を行うことができるよう、教職員の専門性の向上を始めとした取組を含め「共生社会」の形成に向けた多様な学びの場の整備等のための特別支援教育の推進が必要とされています。

　特別支援学校には、幼稚部教育要領、小学部・中学部学習指導要領、高等部学習指導要領があり、おおむね10年のサイクルで改訂を行ってきています。このうち、新しい幼稚部教育要領、小学部・中学部学習指導要領について、平成29年4月に告示しましたので基本的な改訂の考え方を述べておきます。

　それは「社会に開かれた教育課程の実現」、「育成を目指す資質・能力」、「主体的・対話的で深い学びの視点を踏まえた授業改善」、教育活動の質の向上を図るための「カリキュラム・マネジメントの充実」など、初等中等教育全体の改善・充実の方向性を重視するとともに、上記に記載した「障害者の権利に関する条約」批准に至る過程の中で就学制度の見直しを行い、障害のある子供たちの学びの場が柔軟に選択できるようになったことを踏まえ、幼稚園、小・中・高等学校の教育課程との連続性を重視したものとなっています。

　また、幼稚園教育要領、小学校学習指導要領及び中学校学習指導要領に

ついても同年3月に告示が行われ次の通り特別支援教育に関する記述を充実しています。

- ○ 個々の幼児児童生徒の障害の状態等に応じた指導内容や指導方法の工夫を組織的かつ継続的に行う。
- ○ 特別支援学校及び通級による指導に関する教育課程編成の基本的な考え方を示す。
- ○ 家庭、地域及び医療や福祉、保健、労働等の業務を行う関係機関との連携を図り、長期的な視点での幼児児童生徒への教育的支援を行うために、個別の教育支援計画を作成、活用に努める。また、各教科等の指導に当たって、個々の幼児児童生徒の実態を的確に把握し、個別の指導計画を作成、活用に努める。特に、特別支援学級に在籍する児童生徒や通級による指導を受ける児童生徒については、個別の教育支援計画及び個別の指導計画を全員作成。
- ○ 各教科等に学習上の困難に応じた指導内容や指導方法の工夫。
- ○ 障害者理解教育、心のバリアフリーのための交流及び共同学習。

このように、小学校、中学校に設置される特別支援学級に在籍する児童生徒や通常の学級に在籍しながら通級による指導を受ける児童生徒のみならず、特別な配慮を必要とする幼児児童生徒への指導について、従来の取組を更に推進する方向性で充実がなされています。

このように、特別支援教育は、特別支援学校、特別支援学級、通級による指導のみならず、各学校段階の通常の学級においても求められるものです。このことを踏まえれば、特別支援学校での介護等体験は、今後教壇に立たれた時の貴重な経験となり財産となることでしょう。そのためにも介護等体験が有意義なものとなるよう、向き合う心構えが必要となることは言うまでもありません。

本ガイドブックは、特別支援学校の校長先生が介護等の体験で十分な成果が得られるよう、障害のある子供との関わり方等について順序立てて分かりやすく解説したものです。本ガイドブックを有効に活用していただき、特別支援学校での介護等の体験が実りあるものとなりますよう期待しています。

教員を志す皆さまへ

全国特別支援学校長会会長
横 倉 　 久

　将来、誰もが夢や希望がもてる明るい社会にしていくには、それを支え、牽引する人材が必要です。それがまさに今の子供たちであり、子供たちへの教育こそが未来への礎を築きます。将来の社会を担う世代を育て、個々の能力を最大限に引き出す教員の役割はますます重要になってきています。

　「教育は人なり」と言われるように、学校教育の成否は、教員の資質・能力に負うところが極めて大きいと言えます。特に、学校教育を巡る様々な課題への対応のために、優れた資質・能力を備えた魅力ある教員が必要とされています。学校が抱える多様な課題に対応したり新たな学びを展開できる実践的な指導力を身につけたりするためには、教員自身が探求力をもち学び続ける存在であることが重要だと言われています。

　変化の激しい社会を生き抜いていける人材を育成していくためには、教員自身が時代や社会、環境の変化を的確につかみ取り、その時々の状況に応じた適切な学びを提供していくことが求められることから、教員は、常に探究心や学び続ける意識をもつこととともに、情報を適切に収集し、選択し、活用する能力や深く知識を構造化する力を身につけることが求められます。さらに、子供たち一人一人がそれぞれの夢や目標の実現に向けて、自らの人生を切り開くことができるよう、これからの時代に生きる子供たちをどう育成すべきかについての目標を組織として共有し、その育成のために確固たる信念をもって取り組んでいく姿勢が大切です。

　平成9年6月に公布されたいわゆる「介護等体験特例法」は、教員を志す皆さんに個人の尊厳及び社会連帯の理念に関する認識を深めていただくことを旨として制定されました。同法の理念は、「時代が求める教員にふさわしい資質・能力」と重なるものがあると、私は考えます。介護等体験

に臨む皆さんは、「特別支援教育」の理念をどのように理解していますか。ここで、特別支援教育の理念や現状を述べてみたいと思います。

　特別支援教育は、障害のある子供たちの自立や社会参加に向けた主体的な取組を支援するという視点に立ち、子供たち一人一人の教育的ニーズを把握し、そのもてる力を高め、生活や学習上の困難を改善又は克服するため、適切な指導及び必要な支援を行うものです。また、特別支援教育は、これまでの特殊教育の対象の障害だけでなく、知的障害のない発達障害も含めて、特別な支援を必要とする子供たちが在籍する全ての学校において実施されるものです。

　さらに、特別支援教育は、障害のある子供たちへの教育にとどまらず、障害の有無やその他の個々の違いを認識しつつ様々な人々が生き生きと活躍できる共生社会の形成の基盤となるものです。また、近年は特別支援学校だけではなく小・中・高等学校等において発達障害を含めた障害のある子供たちが学んでおり、特別支援教育の対象となる子供の数は増加傾向にあります。従って、全ての学校や学級に、発達障害を含めた障害のある子供たちが在籍する可能性があることを前提として、一人一人の子供の状況や発達の段階に応じた十分な学びを確保し、障害のある子供たちの自立や社会参加に向けた主体的な取組を支援するという視点が重要になります。

　本書は、教員を志す皆さんが、特別支援学校での介護等体験を円滑に行い、十分な成果が得られるよう大学の事前学習等で活用していただくためのテキストとして作成したものです。これから教育界を担う皆さまにとって、教員として教壇に立った時に役立つものです。皆さんの介護等体験が有意義なものになることを期待しています。

● 新学習指導要領での特別支援教育に係る改訂の要点

文部科学省初等中等教育局視学官

特別支援教育課特別支援教育調査官　丹　野　哲　也

I　学習指導要領等改訂の経緯

　幼稚園教育要領、小学校、中学校及び高等学校学習指導要領、特別支援学校における幼稚部教育要領、小学部・中学部学習指導要領及び高等部学習指導要領は、大臣告示の形で定められて以来、ほぼ10年毎に改訂されてきました。

　平成29年3月、幼稚園教育要領、小学校学習指導要領及び中学校学習指導要領が公示され、同年4月、特別支援学校幼稚部教育要領及び特別支援学校小学部・中学部学習指導要領が公示されました。

　学習指導要領等は、文部科学大臣の告示という形式で公示するものですが、改訂に際しては、文部科学大臣の諮問に応じて重要事項を調査審議し、文部科学大臣に意見を述べる中央教育審議会の答申に基づき改訂が行われます。

II　改訂の背景

　今の子供たちやこれから誕生する子供たちが、成人して社会で活躍する頃には、我が国は厳しい挑戦の時代を迎えていると予想されています。我が国の生産年齢人口の減少、グローバル化の進展や絶え間ない技術革新等により、社会構造や雇用環境は大きく、また急速に変化しており、予測が困難な時代となっています。

　また、急激な少子高齢化が進む中で成熟社会を迎えた我が国にあっては、一人一人が持続可能な社会の担い手として、その多様性を原動力とし、質的な豊かさを伴った個人と社会の成長につながる新たな価値を生み出していくことが期待されています。

　学校教育には、子供たちが様々な変化に積極的に向き合い、他者と協働して課題を解決していくことや、様々な情報を見極めながら知識の概念的な理解を実現し、情報を再構成するなどして新たな価値につなげていくことなどが求められています。

障害のある子供をめぐる動向

　また、障害のある子供をめぐる動向として、近年は特別支援学校だけではなく幼稚園や小学校、中学校及び高等学校等において発達障害を含めた障害のある子供が学んでおり、特別支援教育の対象となる子供の数は増加傾向にあります。

　また、我が国は、平成19年に「障害者の権利に関する条約（平成18年国連総会で採択）」に署名し、平成26年にこれを批准しました。同条約では、人間の多様性の尊重等を強化し、障害のある者がその能力等を最大限に発達させ、社会に効果的に参加することを可能とするため、障害のある者と障害のない者とが共に学ぶ仕組みとしての「インクルーシブ教育システム」の理念が提唱されています。

　こうした状況に鑑み、同条約の署名から批准に至る過程においては、平成23年の障害者基本法の改正、平成25年の就学先決定に関する学校教育法施行令の改正、平成28年の障害を理由とする差別の解消の推進に関する法律の施行など、教育分野を含め、同条約の趣旨を踏まえた制度改正がなされました。

　特に、教育分野では、上述の学校教育法施行令の改正のほか、平成22年7月に中央教育審議会初等中等教育分科会の下に「特別支援教育の在り方に関する特別委員会」を設置し、同条約に示された教育の理念を実現するための特別支援教育の在り方について審議が行われました。そして、平成24年7月に「共生社会の形成に向けたインクルーシブ教育システム構築のための特別支援教育の推進（報告）」が取りまとめられています。この報告では、インクルーシブ教育システムを構築するためには、最も本質的な視点として、「それぞれの子どもが、授業内容が分かり学習活動に参加している実感・達成感をもちながら、充実した時間を過ごしつつ、生きる力を身に付けていけるかどうか」とした上で、障害のある者とない者とが同じ場で共に学ぶことを追求するとともに、個別の教育的ニーズのある子供に対し、自立と社会参加を見据え、その時々で教育的ニーズに最も的確に応える指導を提供できる、多様で柔軟な仕組みを整備することが重要であることが示されています。その際、小・中学校等の通常の学級、通級による指導及び特別支援学級や、特別支援学校といった、子供たちの多様な教育的ニーズに対応できる連続性のある「多様な学びの場」において、子供一人一人の十分な学びを確保していくことが重要であると報告されています。

　このように、障害者の権利に関する条約に掲げられたインクルーシブ教育システムの構築を目指し、特別支援教育をさらに推進していくことが求められています。

文部科学大臣の諮問から中央教育審議会答申へ

　こうした状況を踏まえ、平成26年11月には、文部科学大臣から新しい時代にふさわしい学習指導要領等の在り方について中央教育審議会に諮問が行われました。中央教育審議会においては、2年1か月にわたる審議の末、平成28年12月21日に「幼稚園、小学校、中学校、高等学校及び特別支援学校の学習指導要領等の改善及び必要な方策等について（答申）」（以下「中央教育審議会答申」という。）を示しています。

　中央教育審議会答申においては、「よりよい学校教育を通じてよりよい社会を創る」という目標を学校と社会が共有し、連携・協働しながら、新しい時代に求められる資質・能力を子供たちに育む「社会に開かれた教育課程」の実現を目指し、学習指導要領等が、学校、家庭、地域の関係者が幅広く共有し活用できる「学びの地図」としての役割を果たすことができるよう、次の6点にわたってその枠組みを改善するとともに、各学校において教育課程を軸に学校教育の改善・充実の好循環を生み出す「カリキュラム・マネジメント」の実現を目指すことなどが示されました。

> ①「何ができるようになるか」（育成を目指す資質・能力）
> ②「何を学ぶか」（教科等を学ぶ意義と、教科等間・学校段階間のつながりを踏まえた教育課程の編成）
> ③「どのように学ぶか」（各教科等の指導計画の作成と実施、学習・指導の改善・充実）
> ④「子供一人一人の発達をどのように支援するか」（子供の発達を踏まえた指導）
> ⑤「何が身に付いたか」（学習評価の充実）
> ⑥「実施するために何が必要か」（学習指導要領等の理念を実現するために必要な方策）

　これらのことに加えて、特別支援教育に関しては、前述したことから、次の3点が求められています。

> ①インクルーシブ教育システム構築のための特別支援教育の推進
> ②子供の障害の重度・重複化、多様化への対応
> ③社会の急速な変化と卒業後を見据えた教育課程の在り方

　これらのことに対応し、障害のある子供一人一人の教育的ニーズに対応した適切な指導や必要な支援を通して、自立と社会参加に向けて育成を目指す資質・能力を身に付けていくことができるようにする観点から、教育課程の基準の改善を図ることが示されています。

新学習指導要領等の公示と実施時期

　これらのことを踏まえ、幼稚園、小学校、中学校に関しては、平成29年3月31日に学校教育法施行規則を改正するとともに、幼稚園教育要領、小学校学習指導要領及び中学校学習指導要領を公示しました。

　特別支援学校に関しては、平成29年4月28日に学校教育法施行規則を改正するとともに、特別支援学校幼稚部教育要領、特別支援学校小学部・中学部学習指導要領を公示しました。

　特別支援学校の新しい学習指導要領等は、幼稚園、小学校、中学校の新学習指導要領等の実施時期に合わせて、幼稚部については平成30年4月1日から、小学部については平成32年4月1日から、中学部については平成33年4月1日から、それぞれ全面実施することとしています。

　なお、高等学校学習指導要領及び特別支援学校高等部学習指導要領は、平成29年度以降に改訂の予定となっています。

Ⅲ　特別支援学校幼稚部教育要領及び小学部・中学部学習指導要領改訂の基本方針

　特別支援学校幼稚部教育要領及び小学部・中学部学習指導要領（以下、特別支援学校学習指導要領等といいます。）改訂の基本方針は次の通りです。

⑴　学習指導要領全体の改訂の基本となる考え方

ア　教育基本法、学校教育法などを踏まえ、これまでの我が国の学校教育の実践や蓄積を生かし、子供たちが未来社会を切り拓（ひら）くための資質・能力を一層確実に育成することを目指します。その際、子供たちに求められる資質・能力とは何かを社会と共有し、連携する「社会に開かれた教育課程」を重視しています。

イ　知識及び技能の習得と思考力、判断力、表現力等の育成のバランスを重視する平成20年改訂の学習指導要領の枠組みや教育内容を維持した上で、知識の理解の質を更に高め、確かな学力を育成します。

ウ　先行する特別教科化など道徳教育の充実や体験活動の重視、体育・健康に関する指導の充実により、豊かな心や健やかな体を育成します。（知・徳・体のバランスのとれた力）

エ　育成を目指す資質・能力を明確にします。

オ　「主体的・対話的で深い学び」の実現に向けた授業改善を推進します。

カ　各学校におけるカリキュラム・マネジメントを推進します

キ　教育内容の主な改善事項

　このほか、言語能力の確実な育成、理数教育の充実、伝統や文化に関する教育の充実、体験活動の充実、外国語教育の充実などについて総則や各教科等において、その特質に応じて内容やその取扱いの充実を図っています。

⑵ 特別支援学校学習指導要領における改訂事項

　障害のある子供が自己のもつ能力や可能性を最大限に伸ばし、自立し社会参加するために必要な力を培うためには、一人一人の障害の状態等に応じたきめ細かな指導及び評価を一層充実することが重要となります。

　特別支援学校学習指導要領における具体的な改訂事項は、次の通りです。障害のある子供が自己のもつ能力や可能性を最大限に伸ばし、自立し社会参加するために必要な力を培うためには、一人一人の障害の状態等に応じたきめ細かな指導及び評価を一層充実することが重要となります。

ア　学びの連続性を重視した対応

　㈠　「重複障害者等に関する教育課程の取扱い」について、子供たちの学びの連続性を確保する視点から、基本的な考え方を明確にしました。

　㈡　知的障害者である子供のための各教科等の目標や内容について、育成を目指す資質・能力の三つの柱に基づき整理しました。その際、各学部や各段階、幼稚園や小・中学校の各教科等とのつながりに留意し、次の点を充実しました。

　　・小・中学部の各段階に目標を設定

　　・中学部に2段階を新設し、段階ごとの内容を充実

　　・小学部の教育課程に外国語活動を設けることができることを規定

　　・小学部の子供のうち小学部の3段階に示す各教科又は外国語活動の内容を習得し目標を達成している者、また、中学部の子供のうち中学部の2段階に示す各教科の内容を習得し目標を達成している者については、子供が就学する学部に相当する学校段階までの小学校学習指導要領又は中学校学習指導要領における各教科等の目標及び内容の一部を取り入れることができるよう規定

イ　一人一人の障害の状態等に応じた指導の充実

　㈠　視覚障害者、聴覚障害者、肢体不自由者及び病弱者である子供に対する教育を行う特別支援学校における各教科の内容の取扱いについて、障害の特性等に応じた指導上の配慮事項を充実

　㈡　発達障害を含む多様な障害に応じた自立活動の指導を充実するため、その内容として、「障害の特性の理解と生活環境の調整に関する

こと」を示すなどの改善を図るとともに、個別の指導計画の作成に当たっての配慮事項を充実
ウ　自立と社会参加に向けた教育の充実
　(ｱ)　卒業までに育成を目指す資質・能力を育む観点からカリキュラム・マネジメントを計画的・組織的に行うことを規定
　(ｲ)　幼稚部、小学部、中学部段階からのキャリア教育の充実を図ることを規定
　(ｳ)　生涯を通して主体的に学んだり、スポーツや文化に親しんだりして、自らの人生をよりよくしていく態度を育成することを規定
　(ｴ)　日常生活に必要な国語の特徴や使い方〔国語科〕、数学の生活や学習への活用〔算数科、数学科〕、社会参加ときまり、公共施設と制度〔社会科〕、働くことの意義、家庭生活における消費と環境〔職業・家庭科〕など、知的障害者である子供のための各教科の目標及び内容について、育成を目指す資質・能力の視点から充実

IV　おわりに

　特別支援学校学習指導要領等は、我が国のどの地域で教育を受けても、一定の水準の教育を受けられるようにするための基準です。学校における教育活動は、学習指導要領等に基づいて編成されている教育課程に基づくものです。

　介護等体験では、将来の「教師」としてのバックボーンとなるほどの子供たちとの素敵な出会いがあると思います。

　特別支援学校における教育活動が、どのような教育課程によって編成され、どのような意図のもとに指導が展開されているかなど、少しずつ勉強していただきながら、介護等体験実習を有意義なものにしていただき、子供たちの夢をかなえることのできる「教師」を目指していかれることを期待します。

目次

教員を目指す皆さまへ
文部科学省初等中等教育局特別支援教育課長　中村　信一 ——— *2*

教員を志す皆さまへ
全国特別支援学校長会会長　横倉　久 ——— *4*

新学習指導要領での特別支援教育に係る改訂の要点
文部科学省初等中等教育局視学官
特別支援教育課特別支援教育調査官　丹野　哲也 ——— *6*

I　特別支援学校における介護等体験 ——— *19*

1　介護等体験の意義 ——— 19
2　障害について ——— 20
　⑴　障害のある幼児児童生徒の教育機関と障害の種別 ——— 20
　ミニ情報 特別支援教育の対象について ——— 20
　⑵　特別支援学校の対象とする障害の程度 ——— 21
　ミニ情報 特別支援学校について ——— 21
　　　　学習障害（LD）、注意欠陥多動性障害（ADHD）、
　　　　高機能自閉症の定義 ——— 22
　⑶　世界保健機関（WHO）における障害の考え方 ——— 23
3　特別支援教育について ——— 24
　⑴　特別支援教育とは ——— 24
　ミニ情報 「障害を理由とする差別の解消の推進に関する法律」について ——— 24
　⑵　特別支援教育を推進する方策 ——— 25
　ミニ情報 校内委員会、特別支援教育コーディネーターについて ——— 25
　⑶　特別支援教育の法制度 ——— 27
4　個別の教育支援計画 ——— 28
　ミニ情報 学校間の連携について〜学習指導要領から〜 ——— 31
5　障害のある人を理解するために ——— 32
　⑴　共に生きる人間としての尊厳を大切に ——— 32
　⑵　社会の一員として、完全参加と平等の実現を ——— 32
　⑶　自立生活の考え方を理解した支援・援助を進めるには ——— 33
　⑷　一人一人を生かす指導や支援を ——— 35
　⑸　「共通点に着目し、違いに配慮を」の姿勢で ——— 35
　ミニ情報 合理的配慮と基礎的環境整備について ——— 36

6 温かさ、豊かさ、優しさのある共生社会に ———— 37
　ミニ情報 「バリアフリー」と「ユニバーサルデザイン」 ———— 38
7 インクルーシブ教育システムの構築と特別支援教育 ———— 41
⑴ 特別支援教育制度の充実（推進）———————— 41
⑵ 障害者の権利に関する条約の批准に向けた国内法等の整備 —— 44

Ⅱ 特別支援学校の教育 ———————————— *49*

1 教育のしくみ ————————————————— 49
　学校教育法 ———————————————————— 49
　ミニ情報 学校教育法の一部改正（特別支援学校、特別支援学級）—— 49
2 学校生活 ——————————————————— 50
　ミニ情報 教育課程の基準は ————————————— 50
　　　　　障害のある児童生徒等の就学先の決定 ———— 52
　　　　　特別支援学校への就学先の決定について ———— 52
3 教育の特色 ————————————————— 53
　個に応じた指導 ————————————————— 53
　少人数の学級 —————————————————— 53
　自立活動 ———————————————————— 53
　自立と社会参加を目指した教育 ———————————— 53
　教育機器の活用 ————————————————— 54
　教材・教具の工夫 ———————————————— 54
　交流及び共同学習 ———————————————— 54
　ミニ情報 交流及び共同学習について〜学習指導要領から〜 —— 54
　楽しかった特別支援学校の人たちとの触れ合い ———— 55
4 教育活動の充実のために ———————————— 56
　施設・設備の工夫 ———————————————— 56
　ミニ情報 教科書バリアフリー法と教材の充実 ———— 56
　教科用図書（教科書）——————————————— 57
　スクールバス —————————————————— 57
　寄宿舎 ————————————————————— 57
　ミニ情報 就学奨励費とは ————————————— 57
5 障害のある子供の就学 ————————————— 58
⑴ 就学に向けての支援 —————————————— 59
⑵ 早期からの一貫した支援 ———————————— 59
6 卒業後の進路と生活 —————————————— 60
　ミニ情報 障害者の雇用の促進のために ——————— 60
　卒業後の社会参加に向けた支援 ——————————— 61

| ミニ情報 | 障害者就業・生活支援センター | 61 |

「障害者の日常生活及び社会生活を総合的に支援
するための法律（いわゆる障害者総合支援法）」について ── 61

Ⅲ 障害のある子供との関わり方と介護等体験 ── 62

1 目の不自由な子供との関わり方と介護等体験 ── 62
(1) 教育とその特色 ── 62

| ミニ情報 | 特別支援学校（視覚障害）における特色ある職業教育について | 63 |

(2) 指導とその関わり方 ── 64
(3) 介護等体験の例 ── 65
(4) 目の不自由な子供と接する方へ ── 66

| ミニ情報 | 障害者の文化芸術活動やスポーツと、特別支援学校
（視覚障害)における部活動 | 67 |

● 特別支援学校（視覚障害）／介護等体験感想文 ── 68

2 耳の不自由な子供との関わり方と介護等体験 ── 72
(1) 教育とその特色 ── 72

| ミニ情報 | 補聴器 | 72 |
| | 人工内耳 | 72 |

(2) 指導とその関わり方 ── 74
(3) 介護等体験の例 ── 75

| ミニ情報 | 特別支援学校（聴覚障害）中学部及び
中学校特別支援学級卒業生の進路 | 75 |
| | 特別支援学校（聴覚障害）高等部（本科）卒業生の進路 ── 75 |

(4) 耳の不自由な子供と接する方へ ── 76

| ミニ情報 | 手話言語条例 | 78 |

● 特別支援学校（聴覚障害）／介護等体験感想文 ── 79

3 知的発達に遅れのある子供との関わり方と介護等体験 ── 81
(1) 教育とその特色 ── 81
(2) 指導とその関わり方 ── 82
(3) 介護等体験の例 ── 83
(4) 知的発達に遅れのある子供と接する方へ ── 84

| ミニ情報 | 知的発達の遅れが軽度の生徒のための高等部について ── 86 |

● 特別支援学校（知的障害）／介護等体験感想文 ── 87

4 肢体の不自由な子供との関わり方と介護等体験 ── 90
(1) 教育とその特色 ── 90
(2) 指導とその関わり方 ── 91
(3) 介護等体験の実際 ── 94
(4) 肢体の不自由な子供と接する方へ ── 95

ミニ情報	医療的ケアとは	96

● 特別支援学校（肢体不自由）／介護等体験感想文 ————— 97

5　病気の子供や体の弱い子供との関わり方と介護等体験 ————— 99

　⑴　教育とその特色 ————————————————— 99

　⑵　指導とその関わり方 ————————————— 100

　⑶　介護等体験の例 ————————————————— 101

　⑷　前籍校への復学に向けての取組 ————————— 102

　⑸　病気の子供や体の弱い子供と接する方へ ————— 103

ミニ情報	病弱教育対象児童生徒の病気の種類別の推移	104

● 特別支援学校（病弱）／介護等体験感想文 ————————— 105

IV　介護等体験を行うときの注意 ————————— 107

介護等体験にあたって ————————————————— 107

　⑴　教育実習との違い ————————————————— 107

　⑵　人権への配慮 ————————————————— 108

　⑶　個人情報の保護 ————————————————— 108

　⑷　服装、身だしなみ、言葉づかい ————————— 109

　⑸　いくつかのマナー ————————————————— 110

　⑹　保険、経費 ————————————————————— 111

　⑺　証明書の保管 ————————————————— 111

レポート	介護等体験を通して学んだこと	112

V　介護等体験『Ｑ＆Ａ』 ————————————— 120

Ｑ1　介護等体験とは何ですか？

Ｑ2　介護等体験の内容はどのようなものがあるのですか？

Ｑ3　介護等体験をする施設にはどのようなものがありますか？

Ｑ4　幼稚園、高等学校の免許取得者が新たに小学校、中学校の免許を
　　　取得する場合、介護等体験は必要ですか？

Ｑ5　小学校または中学校のみの免許取得者が、それぞれ中学校、小学
　　　校の免許を新たに取得する場合、介護等体験は必要ですか？

Ｑ6　高等学校の免許を取得するときにも介護等体験は必要ですか？

Ｑ7　特別支援学校の免許を取得している人でも、小学校、中学校の免
　　　許を取得する場合、介護等体験は必要ですか？

Ｑ8　特別支援学校で教育実習を終了していても、小学校、中学校の免
　　　許を取得する場合、介護等体験は必要ですか？

Ｑ9　介護等体験は小学校、中学校の教員になったとき、具体的にどの
　　　ように役立ちますか？

Ｑ10　卒業後、小学校、中学校の免許取得のために、科目履修生として

大学に在籍している者も介護等体験は必要ですか？

Q11 通信教育の教職課程受講者も介護等体験は必要ですか？　また、大学が遠い場合、手続きはどのようにするのでしょうか？

Q12 介護等体験は何歳から受けられるのですか？

Q13 高校生でも受けられますか？

Q14 教育実習と介護等体験とはどこが違いますか？

Q15 介護等体験を受けなくてもよいのはどういう人たちですか？

Q16 私は看護師で介護等体験は受けなくてもよいとされています。でも介護等体験を受けたいのですが受けられるのでしょうか？

Q17 介護等体験には費用がかかるのですか？

Q18 学校での介護等体験では、昼食はどのようになりますか？

Q19 介護等体験の様子について、インターネットで情報を交換したいのですが？

Q20 体験の期間は7日ですが、その内訳と理由は？

Q21 1カ所で7日以上の体験をやってもよいのですか？　また、1カ所の体験で介護等体験をすべて終了できるのですか？

Q22 夏休み等で特別支援学校が休みの期間にまとめて体験できるのですか？

Q23 介護等体験の1日の時間は決められているのですか？

Q24 体験日を指定できますか？

Q25 毎日1時間ずつ長期にわたるような体験もできるのですか？

Q26 体験先の障害種別の指定はできるのですか？

Q27 介護等体験は帰省先でも受けられますか？

Q28 体験した証明書には優良可等の評価が記入されるのですか？

Q29 証明書を出してもらえない場合もあるのですか？

Q30 介護等体験はどなたが証明してくださるのですか？

Q31 介護等体験の証明書を紛失した場合は再発行してもらえるのですか？

Q32 障害のある子供との接し方が心配です。事故の際の補償はありますか？

Q33 事前に保険に加入する必要があるのですか？　どのような保険ですか？

Q34 体験の記録ノートやレポートなどの提出は必要ですか？　受入校では指導教員がつくのですか？

Q35 子供にけがをさせてしまったらどうすればよいのですか？

Q36 学校の備品を壊してしまったらどうすればよいのですか？

Q37 体験日当日に体調不良等で学校に行けない場合、次の体験はあるのでしょうか？

Q38 体験学生の理由により当日学校へ行けない場合はどうしたらよいのでしょうか？　また、期日の変更は可能でしょうか？

Q39 介護等体験をボランティア活動にどう結びつけたらよいのでしょ

うか？
Q40　事前に学習するための教材にはどんなものがありますか？
Q41　車いすの使い方など技術的なことは事前に学習しておく必要はありますか？
Q42　障害種別による体験の違いはあるのでしょうか？
Q43　体験中の事故には今までどのようなものがありましたか？
Q44　介護等体験のトラブルにはどのようなものがありましたか？
Q45　児童生徒の指導にあたるとき、特にどんなことに注意すればよいですか？

VI　トピック ——————————————————— *137*

1　生涯学習の充実に向けて ——————————— 137
障害者の生涯を通じた多様な学習活動の充実について ——— 137

2　みんなdeスポーツ推進委員会の活動 ———————— 138
⑴　調査活動について ————————————————— 138
⑵　広報・活動支援について ———————————————— 139
⑶　人材ネットワークについて ——————————————— 139

3　障害者スポーツの紹介 ——————————————— 140
⑴　視覚障害スポーツ ————————————————— 140
⑵　聴覚障害スポーツ ————————————————— 141
⑶　知的障害スポーツ ————————————————— 142
⑷　肢体不自由スポーツ ———————————————— 143

4　芸術的分野 ————————————————————— 144
⑴　全国特別支援学校文化連盟の活動 ——————————— 144
⑵　全国特別支援学校文化祭 ——————————————— 144

VII　参考資料 ——————————————————— *146*

資料1　証明書見本 ————————————————————— 146

資料2　小学校及び中学校の教諭の普通免許状授与に係る教育職員免許法の特例等に関する法律（平成9年法律第90号）——— 147

資料3　小学校及び中学校の教諭の普通免許状授与に係る教育職員免許法の特例等に関する法律等の施行について（通達）————— 153

資料4　発達障害のある児童生徒等への支援について（通知）—— 156

資料5　学校教育法施行規則の一部改正等について（通知）—— 160

資料6　通級による指導の対象とすることが適当な自閉症者、情緒障

害者、学習障害者又は注意欠陥多動性障害者に該当する児童生徒について（通知）———— 163

資料 7　特別支援教育の推進のための学校教育法等の一部改正について（通知）———— 166

資料 8　障害者の権利に関する条約（抄）———— 174

資料 9　学校教育法等の一部を改正する法律の施行に伴う関係政令等の整備について（通知）———— 176

資料10　特別支援教育の推進について（通知）———— 181

資料11　障害者基本法（抄）———— 187

資料12　中央教育審議会初等中等教育分科会報告 「共生社会の形成に向けたインクルーシブ教育システム構築のための特別支援教育の推進（報告）」概要 ———— 190

資料13　障害を理由とする差別の解消の推進に関する法律（抄）—— 198

資料14　学校教育法施行令の一部改正について（通知）———— 201

資料15　障害者基本計画（第 3 次）———— 204

資料16　特別支援学校等における医療的ケアの今後の対応について（通知）———— 208

資料17　医療的ケア児の支援に関する保健、医療、福祉、教育等の連携の一層の推進について ———— 215

資料18　発達障害者支援法の一部を改正する法律の施行について —— 219

資料19　学校教育法施行規則の一部を改正する省令等の公布について（通知）———— 223

資料20　文部科学省が所管する分野における障害者施策の意識改革と抜本的な拡充〜学校教育政策から「生涯学習」政策へ〜 ———— 228

資料21　特別支援教育の生涯学習化に向けて（文部科学大臣メッセージ）—— 234

資料22　用語解説 ———— 235

資料23　参考情報　特別支援教育関連の法律、通知等 ———— 236

資料24　都道府県・政令指定都市教育委員会事務局一覧 ———— 238

資料25　都道府県社会福祉協議会一覧 ———— 240

資料26　特別支援教育関係文部科学省著作指導書等一覧 —— 242

I 特別支援学校における介護等体験

1 介護等体験の意義

　平成28年4月1日に「障害を理由とする差別の解消の推進に関する法律」（障害者差別解消法）が施行されました。この法律では、社会全体において障害を理由として差別や権利の侵害を行ってはいけないこととされ、差別を解消するために合理的な配慮を図ることを掲げています。また、特別支援教育が平成19年度より本格的に実施され、特別支援学校や特別支援学級だけでなく、全ての学校においても特別支援教育が実施されることになりました。

　特別支援学校における介護等体験は、将来の職業として教員を目指しているみなさんが、障害のある児童生徒が学ぶ学校で、介護・介助そして指導の補助等の体験を行うことを通して、一人一人がもつ教員として働く意識を向上させることを願って行われているものです。

　介護等体験特例法の制定趣旨にもあるように、介護等体験は「個人の尊厳と社会連帯の理念」に関する認識を深めることを目指して行います。みなさんの介護等体験が障害のある児童生徒の理解に役立つとともに、障害のあるなしにかかわらず、お互いを認め合い、尊重し、共に生きるという共生社会の理念を実現することに寄与する人になってくれることを期待しています。

　本書は特別支援学校における介護等体験ガイドブックです。豊かでかけがえのない体験を行うためには、何よりもまず障害のある児童生徒と触れ合うことを大切にしてください。

2 障害について

　特別支援学校で介護等体験を行う場合、事前に障害についての基本的なことを理解しておくことは、とても大切です。

　障害と一口にいっても、その考え方は様々です。そこで、障害の理解のために、「障害の種別」「特別支援学校の対象とする障害の程度」「世界保健機関（WHO）における障害の考え方」の順に見てみましょう。

⑴ 障害のある幼児児童生徒の教育機関と障害の種別

　障害のある幼児児童生徒には、幼稚園、小学校、中学校、義務教育学校、高等学校、中等教育学校と特別支援学校において、幼児児童生徒の障害の状態等に応じた特別な指導が行われています。

通級による指導	通常の学級に在籍しながら、通級指導教室で教科の補充指導や特別な指導を受ける形態。小学校、中学校、高等学校（平成30年度より制度運用開始）で実施。
特別支援学級	障害の程度が比較的軽度であっても、通常の学級における教育では十分な教育効果をあげることが困難な児童生徒のために設置される学級。一人一人の障害の状況や特性に応じた指導・支援を行う。
特別支援学校	幼稚部・小学部・中学部・高等部

① 特別支援学校の対象者
　・視覚障害者
　・聴覚障害者
　・知的障害者
　・肢体不自由者
　・病弱者（身体虚弱者を含む）
② 特別支援学級の対象者
　・知的障害者
　・肢体不自由者
　・病弱者及び身体虚弱者
　・弱視者　　・難聴者

　・言語障害者
　・自閉症・情緒障害者
③ 通級による指導の対象者
　・言語障害者
　・自閉症者
　・情緒障害者
　・弱視者　　・難聴者
　・肢体不自由者、病弱者及び身体虚弱者
　・学習障害者
　・注意欠陥多動性障害者

ミニ情報

● **特別支援教育の対象について**

　特別支援教育は、平成19年4月から、障害のある幼児児童生徒が在籍しているすべての学校（幼稚園、小学校、中学校、義務教育学校、高等学校、中等教育学校及び特別支援学校）で実施されています。小学校や中学校等の通常の学級に在籍している学習障害（LD）、注意欠陥多動性障害（ADHD）、高機能自閉症等（詳細はp.22のミニ情報参照）の発達障害がある児童生徒も、特別支援教育の対象になっています。

⑵ 特別支援学校の対象とする障害の程度

　介護等体験は特別支援学校において行いますが、特別支援学校の対象とする障害の程度は、次のとおり、学校教育法施行令第22条の3に示されています。

区　分	障害の程度
視覚障害者	両眼の視力がおおむね0.3未満のもの又は視力以外の視機能障害が高度のもののうち、拡大鏡等の使用によっても通常の文字、図形等の視覚による認識が不可能又は著しく困難な程度のもの
聴覚障害者	両耳の聴力レベルがおおむね60デシベル以上のもののうち、補聴器等の使用によっても通常の話声を解することが不可能又は困難な程度のもの
知的障害者	1　知的発達の遅滞があり、他人との意思疎通が困難で日常生活を営むのに頻繁に援助を必要とする程度のもの 2　知的発達の遅滞の程度が前号に達しないもののうち、社会生活への適応が著しく困難な程度のもの
肢体不自由者	1　肢体不自由の状態が補装具の使用によっても歩行、筆記等日常生活における基本的な動作が不可能又は困難な程度のもの 2　肢体不自由の状態が前号に掲げる程度に達しないもののうち、常時の医学的観察指導を必要とする程度のもの
病弱者	1　慢性の呼吸器疾患、腎臓疾患及び神経疾患、悪性新生物その他の疾患の状態が継続して医療又は生活規制を必要とする程度のもの 2　身体虚弱の状態が継続して生活規制を必要とする程度のもの

備考
　一　視力の測定は、万国式試視力表によるものとし、屈折異常があるものについては、矯正視力によって測定する。
　二　聴力の測定は、日本工業規格によるオージオメータによる。
　（詳しくは、Ⅱの5「障害のある子供の就学」を参照してください。）

ミニ情報

●**特別支援学校について**

　平成19年4月から、法制度上は、これまでの盲学校・聾学校・養護学校は、特別支援学校に一本化されました。ただし、都道府県等によっては、これまでどおり盲学校・聾学校・養護学校という名称を用いている場合もあります。特別支援学校の制度化により、知的障害のある児童生徒というように、1種類の障害のある児童生徒を対象とするだけでなく、例えば、知的障害がある児童生徒と肢体不自由がある児童生徒というように、特別支援学校では、複数の障害がある児童生徒を対象に教育を行うこともできるようになりました。近年は、複数の障害がある児童生徒を対象とした特別支援学校が増加しており、中には、上記のすべての障害がある児童生徒を対象とした特別支援学校もあります。

ミニ情報

● **学習障害（LD）、注意欠陥多動性障害（ADHD）、高機能自閉症の定義**

① **学習障害（LD）の定義 ＜Learning Disabilities＞**
（平成11年7月の「学習障害に対する指導について（報告）」より抜粋）

> 学習障害とは、基本的には全般的な知的発達に遅れはないが、聞く、話す、書く、計算する又は推論する能力のうち特定のものの習得と使用に著しい困難を示す様々な状態を指すものである。
> 学習障害は、その原因として、中枢神経系に何らかの機能障害があると推定されるが、視覚障害、聴覚障害、知的障害、情緒障害などの障害や、環境的な要因が直接の原因となるものではない。

② **注意欠陥／多動性障害（ADHD）の定義 ＜Attention-Deficit/Hyperactivity Disorder＞**
（平成15年3月の「今後の特別支援教育の在り方について（最終報告）」参考資料より抜粋）

> ADHDとは、年齢あるいは発達に不釣り合いな注意力、及び／又は衝動性、多動性を特徴とする行動の障害で、社会的な活動や学業の機能に支障をきたすものである。
> また、7歳以前に現れ、その状態が継続し、中枢神経系に何らかの要因による機能不全があると推定される。

③ **高機能自閉症の定義 ＜High-Functioning Autism＞**
（平成15年3月の「今後の特別支援教育の在り方について（最終報告）」参考資料より抜粋）

> 高機能自閉症とは、3歳位までに現れ、①他人との社会的関係の形成の困難さ、②言葉の発達の遅れ、③興味や関心が狭く特定のものにこだわることを特徴とする行動の障害である自閉症のうち、知的発達の遅れを伴わないものをいう。
> また、中枢神経系に何らかの要因による機能不全があると推定される。

　平成24年に文部科学省が全国の小学校と中学校を対象に実施した「通常の学級に在籍する発達障害の可能性のある特別な教育的支援を必要とする児童生徒に関する調査」の結果では、小・中学校の通常の学級に在籍している児童生徒のうち、知的発達に遅れはないものの学習面又は行動面で著しい困難を示すとされた児童生徒の割合は、6.5％となっています。このように、小・中学校の通常の学級にも、発達障害（学習障害、注意欠陥多動性障害、高機能自閉症等）の可能性のある特別な教育的支援を必要としている児童生徒が在籍しており、こうした児童生徒への指導の充実が課題となっています。
※**アスペルガー症候群**とは、知的発達の遅れを伴わず、かつ、自閉症のうち言葉の発達の遅れを伴わないものである。なお、高機能自閉症やアスペルガー症候群は、広汎性発達障害に分類される。

(3) 世界保健機関（WHO）における障害の考え方
① 国際障害分類（平成5年）

　国際障害者年を契機として、世界保健機関（WHO）は平成5（1993）年に、「国際障害分類」で次の3つのレベルの考え方を示しました。

Impairment （インペアメント）	機能障害（身体の器質的損傷または機能的不全）	疾病の結果もたらされたもので医療の対象
Disability （ディスアビリティ）	能力障害（日常生活や学習上等の種々の制約や困難）	教育によって改善・克服が期待されるもの
Handicap （ハンディキャップ）	社会的不利（社会的生活上の不利益）	福祉施策等によって補うことが期待されるもの

　障害が3つのレベルに分類されたことで、医療・教育・福祉の各領域が明確にされ、障害者への支援に関する施策に反映されるようになりました。

② 国際生活機能分類（平成13年）

　その後、世界保健機関（WHO）は、平成5年の国際障害分類を改め、平成13（2001）年に、「国際生活機能分類」（ICF, International Classification of Functioning, Disability and Health）を示しました。この分類では、障害の考え方として、まず人間の「生活機能」を①心身機能・身体構造、②活動、③参加の3つの次元に区分しました。これらの機能は「健康状態」に影響され、他方では環境因子、個人因子の2つの背景因子に影響を受けるとしています。そして、「生活機能」の各次元に問題を抱えた状態を、①「機能障害」②「活動制限」③「参加制約」、その総称を「障害」と呼びます。これらの相互作用の関係を次のように図示しています。

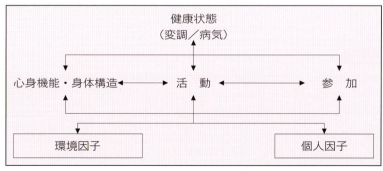

資料：WHO（2001）

3 特別支援教育について

(1) 特別支援教育とは

① 特別支援教育の対象

　平成28年度現在、小学校・中学校の通級による指導を活用する児童生徒と特別支援学級、特別支援学校に在籍する児童生徒の割合は、小学校から高等学校段階の全児童生徒の約3.0%です。なお、小学校と中学校の通常の学級に在籍している発達障害の可能性のある特別な教育的支援を必要としている児童生徒の割合は、全在学者の6.5%（平成24年文部科学省調査）となっています。（学習障害、注意欠陥多動性障害、高機能自閉症等については、p.22ミニ情報参照）

② 特別支援教育とは

　障害のある幼児児童生徒の教育については、これまで「特殊教育」（幼児児童生徒の障害の程度に応じて、特別の場で行う教育）と呼ばれていましたが、「学校教育法等の一部を改正する法律（平成18年法律第80号）」により、平成19年4月に「特別支援教育」に転換されました。「特別支援教育」は、障害のある幼児児童生徒の自立や社会参加に向けた主体的な取組を支援するという視点に立ち、一人一人の教育的ニーズを把握し、そのもてる力を高め、生活や学習上の困難を改善又は克服するため、適切な指導及び必要な支援を行うものです。特別支援教育では、学校だけではなく、保護者や関係者・機関と連携し、自立や社会参加に向け、一人一人のニーズに応じた「適切な指導及び必要な支援」を行います。このため「個別の教育支援計画」（p.28参照）を保護者や関係者・機関と連携して作成・実施・評価し、その内容の改善・充実に努めています。

ミニ情報

● 「障害を理由とする差別の解消の推進に関する法律」について

　全ての国民が、障害の有無によって分け隔てられることなく、相互に人格と個性を尊重し合いながら共生する社会の実現に資することを目的とした「障害を理由とする差別の解消の推進に関する法律」（障害者差別解消法）が平成28年4月1日に施行されました。この法律において、「不当な差別の取扱い」を禁止し、「基礎的環境整備と合理的配慮の提供」を求めています。

⑵ 特別支援教育を推進する方策

特別支援教育を推進するためには、以下の３点がキーポイントです。

① 「個別の教育支援計画」（多様なニーズに適切に対応する仕組み）の作成・実施・評価

② 特別支援教育コーディネーター（関係機関を連絡調整するキーパーソン）の指名や校内委員会（一人一人の支援における学校としての全体的対応）等の活用による校内体制の確立

③ 特別支援連携協議会（地域における質の高い支援のネットワーク）の設置

まず第１は、一人一人のニーズに応じた的確な支援をするために「個別の教育支援計画」を作成・活用することが不可欠だということです。「個別の教育支援計画」とは、後述（p.28参照）するように、教育のみならず福祉、医療等の様々な側面からの支援を、保護者や関係者・機関と連携して実施するためのツール（道具）であり、自立と社会参加へ向けた、一人一人のニーズに応じたトータルな支援プランです。これを踏まえて、教育課題を個別に具体化した「個別の指導計画」等の教育的支援を充実させることになります。

第２に、そのような一人一人の支援を充実させるために、担任だけが対応するのではなく、学校全体で組織的に対応できるようにするための校内体制の確立です。

第３に、一人一人の支援を保護者や関係者・機関と連携して実施するための地域支援ネットワークの構築です。

以上のことを文部科学省がわかりやすく次ページの「特別支援教育推進体制」の図に示しました。

ミニ情報

● **校内委員会、特別支援教育コーディネーターについて**

一人一人への的確な支援を行うために、全校的な体制を確立します。その中心が校内委員会で、校長をはじめ、特別支援教育コーディネーター等必要なメンバーで構成します。外部の専門家や保護者を加えることもあります。

特別支援教育コーディネーターは、関係者・機関、保護者、担任等と連絡調整を図り、支援会議をコーディネートします。

特別支援教育推進体制

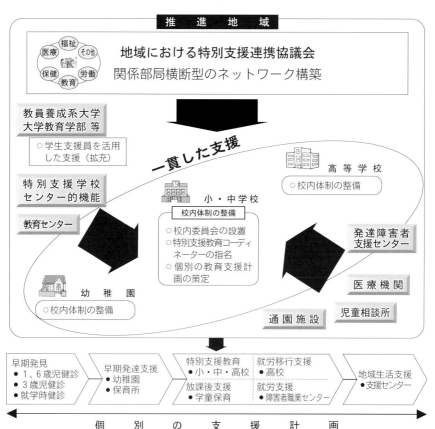

(3) 特別支援教育の法制度

特別支援教育の法制度は、平成19年4月から施行されています。

盲・聾・養護学校から特別支援学校へ

- 幼児児童生徒の障害の重度・重複化に対応し、一人一人の教育的ニーズに応じて適切な指導及び必要な支援を行うことができるよう、盲・聾・養護学校を、障害種別を超えた学校制度「特別支援学校」に転換。

- 「特別支援学校」の機能として、小学校、中学校等に対する支援を行う地域の特別支援教育のセンターとしての機能を明確に位置付ける。

小・中学校における制度的見直し

- 通級による指導の指導時間数及び対象となる障害種を弾力化し、学習障害、注意欠陥多動性障害を新たに対象とする。

- 特殊学級を「特別支援学級」と改め特別支援学級と通常の学級における交流及び共同学習を促進する。

- 通常の学級における特別な支援を必要とする幼児児童生徒に特別支援教育を行う。

教育免許制度の見直し

- 盲・聾・養護学校の「特別支援学校」への転換に伴い、学校の種別ごとに設けられている教員免許状を、障害の種類に対応した専門性を確保しつつ、学習障害・注意欠陥多動性障害・高機能自閉症等を含めた総合的な専門性を担保する「特別支援学校教諭免許状」に転換。

- 「当分の間、盲・聾・養護学校の教員は特別支援学校教諭免許の保有を要しない」としている経過措置を、時限を設けて廃止を検討。

就学に関する手続きの見直し

- 市町村の教育委員会は、就学予定者のうち特別支援学校への就学が適当と判断された者以外の者の保護者に対し、小学校又は中学校の入学期日を通知することに転換。

- 市町村の教育委員会は、視覚障害者等について、小学校、中学校又は特別支援学校への就学又は転学に係る通知をしようとするときは、その保護者及び教育学、医学、心理学その他の障害のある児童生徒等の就学に関する専門的知識を有する者の意見を聴くものとすることに転換。

4 個別の教育支援計画

　特別支援学校を中心に、特別支援教育を推進する仕組みの中核である「個別の教育支援計画」の作成とそれに基づいた指導が進められています。

　「個別の教育支援計画」に関して、中央教育審議会の答申における解説、小学校学習指導要領と特別支援学校小学部・中学部学習指導要領における規定を以下に紹介しますので、参考にしてください。

「特別支援教育を推進するための制度の在り方について(答申)」

平成17年12月8日　中央教育審議会より

　「個別の教育支援計画」とは、障害のある幼児児童生徒の一人一人のニーズを正確に把握し、教育の視点から適切に対応していくという考えの下、長期的な視点で乳幼児期から学校卒業後までを通じて一貫して的確な支援を行うことを目的として策定されるもので、教育のみならず、福祉、医療、労働等の様々な側面からの取組を含め関係機関、関係部局の密接な連携協力を確保することが不可欠であり、教育的支援を行うに当たり同計画を活用することが意図されている。なお、「新障害者プラン」(障害者基本計画の重点施策実施5か年計画)の中では、盲・聾・養護学校において「個別の支援計画」を平成17年度までに策定することとされている。この「個別の支援計画」と「個別の教育支援計画」の関係については、「個別の支援計画」を関係機関等が連携協力して策定するときに、学校や教育委員会などの教育機関等が中心になる場合に、「個別の教育支援計画」と呼称しているもので、概念としては同じものである。

小学校学習指導要領（第1章第4の2(1)エ）

エ 障害のある児童などについては、家庭、地域及び医療や福祉、保健、労働等の業務を行う関係機関との連携を図り、長期的な視点で児童への教育的支援を行うために、個別の教育支援計画を作成し活用することに努めるとともに、各教科等の指導に当たって、個々の児童の実態を的確に把握し、個別の指導計画を作成し活用することに努めるものとする。特に、特別支援学級に在籍する児童や通級による指導を受ける児童については、個々の児童の実態を的確に把握し、個別の教育支援計画や個別の指導計画を作成し、効果的に活用するものとする。

（※中学校学習指導要領にも同様に示されています）

特別支援学校小学部・中学部学習指導要領（第1章第5節1の(5)）

(5) 家庭及び地域並びに医療、福祉、保健、労働等の業務を行う関係機関との連携を図り、長期的な視点で児童又は生徒への教育的支援を行うために、個別の教育支援計画を作成すること。

また、さらに詳しくは、「今後の特別支援教育の在り方について（最終報告）」（平成15年3月）を参照してください。その他、全国特殊学校長会（全国特別支援学校長会の前身）から「盲・聾・養護学校における個別の教育支援計画」及び「よくわかる個別の教育支援計画Q&A」、「『個別の教育支援計画』策定・実施・評価の実際」が出版されています（ジアース教育新社発行）。

平成19年4月からは小学校、中学校等においても、障害があり特別なニーズのある幼児児童生徒については、関係機関が連携して適切な支援を行うために「個別の教育支援計画」を作成することが求められています。

乳幼児期から卒業後、そして生涯にわたる支援を実施していくためには、学齢期だけでなく入学前や卒業後に作成される「個別の支援計画」の推進が重要です。特別支援学校だけでなく、幼稚園、小学校、中学校、高等学校においても「個別の教育支援計画」が作成され、作成率も高まってきました。今後は、小・中学校に比べて作成率が低い、幼稚園・高等学校の向

上が期待されています。

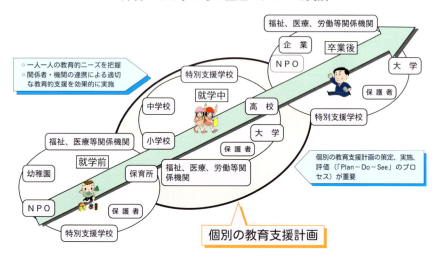

　これらの「個別の教育支援計画」や「個別の支援計画」などは個人情報として保護されなければなりません。しかし、保護することばかりを考えていては活用できず、実際に支援ができません。個人情報は十分管理に努めるとともに、本人及び保護者の了解を得ながら必要な範囲で共有し、支援を確実に実施できるようにすることが大切です。

　みなさんも、介護等体験で児童生徒と接するために、児童生徒に関する情報提供を受けることがありますが、個人情報として慎重に扱うことが求められます。また、公務員には職務上知り得た秘密を守る義務がありますが、皆さんも介護等体験で知り得たことは漏らさないようにしなければなりませんし、電車内等で介護等体験のことを話題にして話をすること、ブログ、SNSなどについても児童生徒の個人情報には触れないよう十分な注意が必要です。

　「個別の教育支援計画」の概要は、次のとおりです。
(1) **作成の目的**；学校だけでなく、保護者、関係者・機関と連携して的確な支援をするため。教育のみならず、福祉・医療・労働等、様々な側面からの取組が必要であり、関係者・機関との連携が不可欠です。

⑵ **作成の対象**；特別支援教育の対象になる幼児児童生徒です。よって特別支援学校や特別支援学級は全員が対象です。また、通常学級に在籍する児童生徒においても状況により作成が求められる場合もあります。

⑶ **内容**；「個別の教育支援計画」に記載する内容

① **一人一人のニーズ**；教育、福祉、医療等様々な分野からみたニーズ

② **支援の目標**；ニーズを踏まえた支援の目標

③ **支援の内容**；目標を達成するための支援内容と学校、保護者、関係者・機関の役割分担

④ **支援を行う者・機関**；連絡先・担当者等も明記

⑤ **評価・改訂・引継**；計画の見直しと申し送り

⑥ **その他**；次の改訂時期、支援会議の記録等

ミニ情報

● **学校間の連携について～学習指導要領から～**

『小学校学習指導要領　第1章　総則　第4　2　特別な配慮を必要とする児童への指導　⑴　ア』に、以下のように書かれています。

● 障害のある児童などについては、特別支援学校等の助言又は援助を活用しつつ、個々の児童の障害の状態等に応じた指導内容や指導方法の工夫を組織的かつ計画的に行うものとする。

（※中学校学習指導要領にも同様に示されています）

一方『特別支援学校小学部・中学部学習指導要領　第1章　総則　第6節　学校運営上の留意事項　3』に、以下のように書かれています。

● 小学校又は中学校等の要請により、障害のある児童若しくは生徒又は当該児童若しくは生徒の教育を担当する教師等に対して必要な助言又は援助を行ったり、地域の実態や家庭の要請等により保護者等に対して教育相談を行ったりするなど、各学校の教師の専門性や施設・設備を生かした地域における特別支援教育のセンターとしての役割を果たすよう努めること。その際、学校として組織的に取り組むことができるよう校内体制を整備するとともに、他の特別支援学校や地域の小学校又は中学校等との連携を図ること。

5 障害のある人を理解するために

障害のある人を理解するために、次のことに留意することが大切です。

(1) 共に生きる人間としての尊厳を大切に

障害がある、ないにかかわらず人間としての尊厳に変わりはなく、あらゆる個人の生命への畏敬の念をもつことが、人権の尊重につながることになります。一人一人の人間を大切にする考えを基本に押さえることと同時に、障害者のことを高齢者と同じように自分の問題としてとらえていくことが大切です。ヘレンケラーのことばに「障害は不自由であるが、不幸ではない。障害者を不幸にしているのは、社会である」というものがあります。一人一人の生命の重さを理解し、障害のある人も、ない人も生命の尊厳が保てることが必要です。

世界人権宣言

　人類社会のすべての構成員の固有の尊厳と平等で譲ることのできない権利を承認することは、世界における自由、正義及び平和の基礎である。

障害者の権利宣言

第3条　障害者は、その人間としての尊厳が尊重される生まれながらの権利を有している。障害者は、その障害の原因、特質及び程度にかかわらず、同年齢の市民と同等の基本的権利を有する。

---

(2) 社会の一員として、完全参加と平等の実現を

現在、世界や我が国において社会福祉全体の目指すべき理念として、ノーマライゼーションの理念があります。ノーマライゼーションとは、障害のある人もあたり前に普通の生活を送れるようにすることです。障害のある人の尊厳や権利が重んじられ、障害のある人の社会参加が広がり、生き甲斐をもって自分の力を発揮し、生き生きと心豊かな人生を送ることができるような社会を創り出すことが求められています。障害のある人もない人も分け隔てなく、互いに人格と個性を尊重し合いながら共生する社会の実

現を目指していくことが重要です。

障害者基本法

第3条　第1条に規定する社会の実現は、全ての障害者が、障害者でない者と等しく、基本的人権を享有する個人としてその尊厳が重んぜられ、その尊厳にふさわしい生活を保障される権利を有することを前提としつつ、次に掲げる事項を旨として図られなければならない。

1　全て障害者は、社会を構成する一員として社会、経済、文化その他あらゆる分野の活動に参加する機会が確保されること。

2　全て障害者は、可能な限り、どこで誰と生活するかについての選択の機会が確保され、地域社会において他の人々と共生することを妨げられないこと。

3　全て障害者は、可能な限り、言語（手話を含む。）その他の意思疎通のための手段についての選択の機会が確保されるとともに、情報の取得又は利用のための手段についての選択の機会の拡大が図られること。

障害を理由とする差別の解消の推進に関する法律

第1条　この法律は、障害者基本法の基本的な理念にのっとり、全ての障害者が、障害者でない者と等しく、基本的人権を享有する個人としてその尊厳が重んぜられ、その尊厳にふさわしい生活を保障される権利を有することを踏まえ、障害を理由とする差別の解消の推進に関する基本的な事項、行政機関等及び事業者における障害を理由とする差別を解消するための措置等を定めることにより、障害を理由とする差別の解消を推進し、もって全ての国民が、障害の有無によって分け隔てられることなく、相互に人格と個性を尊重し合いながら共生する社会の実現に資することを目的とする。

⑶　自立生活の考え方を理解した支援・援助を進めるには

　障害のある人の社会参加と自立を進めるための考え方も変わってきました。第一に自己選択・自己決定の重視と第二に日常生活動作（ＡＤＬ:Activities of Daily Living）から生活の質（ＱＯＬ:Quality of Life）の充

実に重点を置いた自立生活の考え方の重視があげられます。

① 自己選択・自己決定の重視

　障害のある人の場合、ともすると自分の意思表示ができないと受け取られている場合があります。自分がしたいことやできそうなことを選ぶ力を培っていくことが大切です。

　自己選択・自己決定できる機会や環境を作り、適切な選択肢を用意して、できるだけ意思を尊重した援助の仕方をとっていくことが望まれます。

② 生活の質（QOL）の向上の重視

　従来の自立の考え方には、障害のある人が普通の生活ができるように努力し、社会生活に適応することが求められてきました。現在では、障害のある人自身では解決できないこともあることから、制度や環境を整え援助を図ることで、障害のあるその人の生き方を支援していくことに重点が置かれるようになりました。QOLの要素は、ADL、仕事、経済生活、社会参加、趣味、文化活動、健康、住居等で、一人一人に可能な限り豊かな社会生活を実現するため、多分野からの援助が考えられます。特別支援学校の教育は、障害による学習上または生活上の困難を改善・克服し、個性を最大限に尊重し、自立し、社会参加できるようにすることを目指しています。自立に向けて、新たな視点に立った適切な支援・援助を図っていくことが大切です。

> **障害者基本計画（第3次）の基本理念**
>
> 　障害者基本法第1条に規定されるように、障害者施策は、全ての国民が、障害の有無にかかわらず、等しく基本的人権を享有するかけがえのない個人として尊重されるという理念にのっとり、全ての国民が、障害の有無によって分け隔てられることなく、相互に人格と個性を尊重し合いながら共生する社会の実現を目指して講じられる必要がある。
>
> 　この基本計画では、このような社会の実現に向け、障害者を、必要な支援を受けながら、自らの決定に基づき社会のあらゆる活動に参加する主体としてとらえ、障害者が自らの能力を最大限発揮し自己実現できるよう支援するとともに、障害者の活動を制限し、社会への参加を制約している社会的な障壁を除去するため、政府が取り組むべき障害者施策の基本的な方向を定めるものとする。

⑷ 一人一人を生かす指導や支援を

　特別支援学校の幼児児童生徒は、特別な幼児児童生徒ではなく、教育上あるいは社会生活上、特別な配慮を必要としている幼児児童生徒です。特別支援教育では、一人一人の幼児児童生徒の教育的ニーズに応じたきめ細かな個に応じた指導・支援、一貫した継続性のある指導・支援、関係機関の連携に基づく多面的な指導・支援が必要とされています。

障害者基本計画（第3次）の「教育、文化芸術活動・スポーツ等」の基本的考え方

　障害の有無によって分け隔てられることなく、国民が相互に人格と個性を尊重し合う共生社会の実現に向け、障害のある児童生徒が、合理的配慮を含む必要な支援の下、その年齢及び能力に応じ、かつその特性を踏まえた十分な教育を可能な限り障害のない児童生徒と共に受けることのできる仕組みを構築する。また、障害者が円滑に文化芸術活動、スポーツ又はレクリエーションを行うことができるよう、環境の整備等を推進する。

⑸ 「共通点に着目し、違いに配慮を」の姿勢で

　特別支援学校では、小学校、中学校等との交流及び共同学習を積極的に進めようとしています。障害のある子供と障害のない子供が共に活動し、ふれあうことを通してお互いの良さを認め、共感し、育ち合っています。交流にあたって障害のある子供への理解と認識を深めるためには、障害等を個人差の一つとみることで、個性的な存在としてお互いに認め合うことが大切で、このことに留意し、「共通点に着目し、違いに配慮を」する姿勢が大切です。

ミニ情報

● **合理的配慮と基礎的環境整備について**

　「合理的配慮」とは、「障害者の権利に関する条約」において求められているインクルーシブ教育システムを構築していく上で提唱された概念です。中央教育審議会初等中等教育分科会（平成24年7月）の報告では、「障害のある子どもが、他の子どもと平等に『教育を受ける権利』を享有・行使することを確保するために、学校の設置者及び学校が必要かつ適当な変更・調整を行うことであり、障害のある子どもに対し、その状況に応じて、学校教育を受ける場合に個別に必要とされるもの」であり、「学校の設置者及び学校に対して、体制面、財政面において、均衡を失した又は過度の負担を課さないもの」と定義されています。「合理的配慮」の否定は、「障害者の権利に関する条約」においては、障害を理由とする差別に含まれるとされています。また、「障害を理由とする差別の解消の推進に関する法律」においても、行政機関等が障害者に対し、合理的な配慮を提供することの法的義務について示されています。

　「基礎的環境整備」とは、「合理的配慮」の充実を図るために基礎となる環境整備のことです。国、都道府県、区市町村が必要な財政措置を図り、提供していくものです。

　「合理的配慮」は「基礎的環境整備」の基、一人一人の障害の状態や教育的ニーズ等に応じて、設置者・学校、本人・保護者により、発達の段階を考慮しつつ、決定されるものとなります。

　例えば、弱視があり明るすぎるとまぶしさを感じる生徒に対し、廊下側の前方の座席にしたり、弱視レンズの活用をしたりすること、車いすを使用している生徒に対し、教室を1階に配置したり、掲示物を車いすの目線に合わせた配置にしたりすること、学習障害のある読み書きの苦手な生徒に対し、板書計画を印刷して配布したり、デジタルカメラ等による板書の撮影をしたりすること等があげられます。

6 温かさ、豊かさ、優しさのある共生社会に

　私たちの周りで「バリアフリー」ということばや考え方は、すでに一般的になってきています。バリアフリーは、障害のある人や高齢者などの特定の人に対する様々なバリア（障壁）を取り除いていこうという観点から行われてきました。そのバリアとは、物理的なバリア、制度的なバリア、文化・情報のバリア、意識（心理的）バリアの4つがあるといわれています。

　近年「できるだけ多くの人が利用可能であるように製品、建物、環境をデザインする」というユニバーサルデザインの考え方が重視されるようになってきました。「年齢、性別、国籍、個人の能力にかかわらず、はじめからできるだけ多くの人が利用可能なように利用者本位の考え方に立ったデザイン」としてハード面での施設整備からソフト面までを含む概念です。

　バリアフリーもユニバーサルデザインも「すべての人の平等な社会参加の実現」という同じ目標に向かっていますが、「はじめからバリアを作らない」ということを標榜しているユニバーサルデザインは、より根本的な問題解決に取り組もうという考え方だといえます。ユニバーサルデザインでは7つの原則を設け、建築物や工業製品のデザインに取り入れるようにしつつ、普及に努めています。このような考え方に基づいた成果物を「共用品」として位置付け、広く紹介しています。みなさんの身近なものの中にも気づかずに接しているものがたくさんあると思います。いくつか代表的なものを紹介しておきます。

　このような中で、障害者に対する差別や偏見を除去する「意識（心理的）」のバリアフリー化が重要です。障害のある人に対する同情や憐れみの感情からではなく、「知り合い」「ふれあい」「学び合う」ことを通して共感的な理解と適切な援助が生まれてきます。一人一人が障害者や高齢者の困難を自分の問題として認識し、その社会参加に積極的に協力していくことを含め、このような社会の形成に向けたコンセンサスが必要です。

　今、社会に求められているのは、人と人との温かなつながりや相互の理解、自立のための支援やコミュニティーとしての連帯感です。支える側、支えられる側、様々な立場の人が共に生きる共生社会を実現することが大切です。

ミニ情報

● 「バリアフリー」と「ユニバーサルデザイン」

　すべての人が暮らしやすく、活動しやすい社会を構築し、「人に優しいまちづくり」の実現のために、公共機関には福祉のまちづくり条例が適用されるなど施設設備が整備されつつあります。

　さらに、身近な日常生活用品にも障害者や高齢者が安心して使えるようなアイデアと気配りのある商品が普及してきました。

　例えばICカード乗車券の切れ込み、シャンプーのきざみ、牛乳パックの切欠きなどです。

　また、近年では、コミュニケーション支援機器として、ICT機器、タブレット端末の活用も多くみられるようになりました。

ICカード乗車券の切れ込み

「切れ込み」とは、物の一部に切れ目を入れること。これがあるとカードを投入する方向を間違えることがない。

シャンプーのきざみ

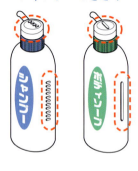

牛乳パックの切欠き

生乳100％の「種類別牛乳」で500ml以上のパックに付いている。
切欠きの反対側が開け口。

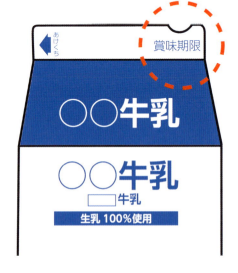

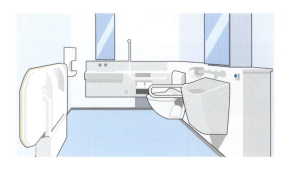

多機能トイレ

おむつ替えコーナーやオストメイト等、誰でも利用しやすい化粧室

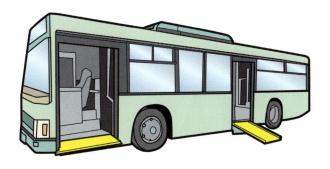

低床バス(ノンステップバス)

ホームドア

コミュニケーション支援機器

コミュニケーションボードやICT機器、タブレット端末の活用。

7 インクルーシブ教育システムの構築と特別支援教育

　障害のある幼児児童生徒の教育については、平成18年の学校教育法等の改正に伴い、平成19年4月1日から、特別な場で教育を行う「特殊教育」から、一人一人のニーズに応じた適切な指導及び必要な支援を行う「特別支援教育」に転換されました。さらに、障害者の権利条約や障害者制度改革、障害者基本方針の改正の流れを受け、障害者が、社会参加・貢献できる社会への改革を目指し、インクルーシブ教育システムの構築が進められています。特別支援教育を取り巻く社会環境は、近年大きく変化しつつあります。

　そこで、近年における障害のある幼児児童生徒の教育をめぐる動向を概観してみます。

(1) 特別支援教育制度の充実 （推進）

通級による指導の充実

　平成14年に文部科学省が実施した全国実態調査の結果、小学校と中学校の通常の学級において、学習障害（LD）・注意欠陥多動性障害（ADHD）等により学習や行動の面で特別な教育的支援を必要としている児童生徒が約6％（平成24年の調査では6.5％）程度の割合で在籍している可能性が示されました。こうした状況を踏まえて、学校教育法施行規則の一部改正（平成18年文部科学省告示第54号）が行われました。これにより、小・中学校の通級による指導の授業時間数と対象となる障害種の弾力化が図られ、通級の指導対象に、学習障害（LD）、注意欠陥多動性障害（ADHD）が新たに加えられました。

特別支援教育制度への転換

　障害のある幼児児童生徒をめぐっては、障害の重度・重複化や多様化、学習障害（LD）、注意欠陥多動性障害（ADHD）等の幼児児童生徒への対応や早期からの教育的対応に関する要望の高まり、卒業後の進路の多様化、ノーマライゼーションの理念の浸透など、様々な変化がありました。そこで、こうした状況を踏まえ、中央教育審議会は、幼児児童生徒の個々のニーズに柔軟に対応して適切な指導及び必要な支援を行うという観点から審議を進め、平成17年12月に「特別支援教育を推進するための制度の在

り方について（答申）」を取りまとめて公表しました。この答申の提言等を踏まえ、平成18年に学校教育法等の改正が行われ、平成19年度からは、従来の「盲学校、聾学校、養護学校」は、複数の障害種別を教育の対象とすることのできる「特別支援学校」に転換されるとともに、特別支援学校は、小・中学校等の要請に応じて、これらの学校に在籍する障害のある幼児児童生徒の教育に関し必要な助言又は援助を行うよう努めることが規定されました。また、幼稚園、小学校、中学校及び高等学校等においても、障害のある幼児児童生徒に対し、障害による学習上又は生活上の困難を克服するための教育を行うことが規定されました。さらに、これに伴う関係法令の整備の中で、障害のある児童の就学先を決定する際には保護者の意見も聴くことが法令上義務付けられました（平成19年4月施行）。

平成21年公示学習指導要領

　平成20年1月に行われた中央教育審議会の「幼稚園、小学校、中学校、高等学校及び特別支援学校の学習指導要領等の改善について（答申）」の提言等を踏まえ、平成21年3月には、特別支援学校の学習指導要領が公示されました。この学習指導要領等の改訂は、社会の変化や幼児児童生徒の障害の重度・重複化、多様化などに対応し、障害のある子供一人一人の教育的ニーズに応じた適切な教育や必要な支援を充実する観点から行われました。

　自立活動の内容の区分に新たに「人間関係の形成」が加えられました。また、一人一人の障害の状態等に応じた指導の充実を図るため、すべての幼児児童生徒について、各教科等にわたる「個別の指導計画」を作成するとともに、教育・医療・福祉・労働等の関係機関が連携し、一人一人に応じた適切な指導と必要な支援を行うため、すべての幼児児童生徒に「個別の教育支援計画」を作成することが新たに示されました。

平成29年公示学習指導要領の改訂

　平成29年4月に、特別支援学校の幼稚部、小学部と中学部の新学習指導要領が公示されました。新学習指導要領では、社会に開かれた教育課程の実現、育成を目指す資質・能力、主体的・対話的で深い学びの視点を踏まえた授業指導改善、各学校におけるカリキュラム・マネジメントの確立など、初等中等教育全体の改善・充実の方向性と同様になっています。また、障害のある子供たちの学びの場の柔軟な選択を踏まえ、幼稚園、小・中・

高等学校の教育課程との連続性を重視するとともに、障害の重度・重複化、多様化への対応と自立と社会参加に向けた充実を図っています。そして、全校種において教育課程全体でインクルーシブ教育システムの構築を目指した特別支援教育の推進が図られています。

　知的障害のある児童生徒の指導については、学習内容に応じて小学部で3つ、中学部で2つに分けた各教科の段階ごとに、育成を目指す資質・能力の三つの柱で目標や内容を整理しました。障害の程度や学習状況の個人差が大きいことから、児童生徒の個別の指導計画を作成することを求め、その上で必要な場合は、小・中学校の指導要領を参考に指導できることとしています。また、小学部で、英語の「聞く・話す」が中心の外国語活動も実施できるよう改めました。

　新学習指導要領では全校種において、「子供一人一人の発達をどのように支援するか」という視点から、子供一人一人の発達特性や速度の違いを把握し支援する、特別支援教育の視点が重視されています。各教科の解説においては、各教科の学びにおいて考えられる困難さに対する指導の工夫の意図、手立てについて、具体的に記されています。

　そして、特別支援教育に関する教育課程の枠組みが全ての教職員に理解できるよう、小・中学校の各学習指導要領の総則において、通級による指導や特別支援学級（小・中学校）における教育課程編成の基本的な考え方を示しています。また、通級による指導、特別支援学級に在籍する児童生徒については、一人一人の教育的ニーズに応じた指導や支援が組織的・継続的に行われるよう、「個別の教育支援計画」や「個別の指導計画」を作成することとしています。新学習指導要領では、インクルーシブ教育システムの構築のための特別支援教育の推進に合わせ、連続性の視点から従来の各校種間の枠組みを実態に即して変えていく必要があります。まさに、特別支援教育は、全校種に共通した重要な課題となっています。インクルーシブ教育の流れの中、特別支援教育はますます特別ではない、通常の学級の担任に関わる教育になっていると言えます。

⑵ 障害者の権利に関する条約の批准に向けた国内法等の整備

　平成18年12月13日の第61回国際連合総会で採択された「障害者の権利に関する条約」の批准に向けて障害者に関する制度改革が行われ、国内法等の整備が行われました。国連の障害者の権利条約とは、障害のある人の権利を守るという国の約束です。障害者の権利条約は、「私たちに関係することを決める時は、必ず私たちの意見を聞いて決めること」という考え方に基づいて、日本人を含む、世界の多くの障害のある人が参加して作られました。ここで、特別支援教育に関係する主なものを取り上げ、その概要を紹介します。

「障害者の権利に関する条約」について

　「障害者の権利に関する条約」は、障害者の人権と基本的自由の享有の確保、障害者の固有の尊厳の尊重の促進を目的としており、障害に基づくあらゆる差別の禁止、障害者の社会への参加・包容の促進、条約の実施を監視する枠組みの設置など、障害者の権利の実現のための措置等を規定しているものです。平成18年12月13日の第61回国際連合総会で採択され、我が国は平成26年1月20日に批准しました。教育については、この第24条に示されており、「締約国は、教育についての障害者の権利を認める。締約国は、この権利を差別なしに、かつ、機会の均等を基礎として実現するため、障害者を包容するあらゆる段階の教育制度（inclusive education system）及び生涯学習を確保する」などとしています。

「障害者基本法」の改正について

　「障害者基本法」（平成23年8月5日公布、平成24年5月21日全面施行）は、障害のある人に関係する一番大切な法律です。障害者の自立と社会参加の支援等のための施策の基本原則、国や地方公共団体等の責任と義務が定められています。教育関係については、以下のことが示されています。

（教育）

第16条　国及び地方公共団体は、障害者が、その年齢及び能力に応じ、かつ、その特性を踏まえた十分な教育が受けられるようにするため、可能な限り障害者である児童及び生徒が障害者でない児童及び生徒と共に教育を受けられるよう配慮しつつ、教育の内容及び方法の改善及び充実を図る等必要な施策を講じなければならない。

2　国及び地方公共団体は、前項の目的を達成するため、障害者である児童及び生徒並びにその保護者に対し十分な情報の提供を行うとともに、可能な限りその意向を尊重しなければならない。

3　国及び地方公共団体は、障害者である児童及び生徒と障害者でない児童及び生徒との交流及び共同学習を積極的に進めることによって、その相互理解を促進しなければならない。

4　国及び地方公共団体は、障害者の教育に関し、調査及び研究並びに人材の確保及び資質の向上、適切な教材等の提供、学校施設の整備その他の環境の整備を促進しなければならない。

「共生社会の形成に向けたインクルーシブ教育システム構築のための特別支援教育の推進（報告）」について

　中央教育審議会初等中等教育分科会は、文部科学省からの審議要請に応じ、特別支援教育の在り方に関する特別委員会を設置してこれら事項についての検討を重ね、審議内容を取りまとめて、平成24年7月23日に「共生社会の形成に向けたインクルーシブ教育システム構築のための特別支援教育の推進（報告）」を公表しました。ここでは、①共生社会の形成に向けて　②就学相談・就学先決定の在り方について　③障害のある子供が十分に教育を受けられるための合理的配慮及びその基礎となる環境整備　④多様な学びの場の整備と学校間連携等の推進　⑤特別支援教育を充実させるための教職員の専門性向上等の5つを取り上げて報告しています。

　特に、①の「共生社会の形成に向けて」においては、＜共生社会の形成に向けて障害者の権利に関する条約に基づくインクルーシブ教育システムの理念が重要であり、その構築のため、特別支援教育を着実に進めていく必要があること＞＜インクルーシブ教育システムにおいては、同じ場で共

に学ぶことを追求するとともに、個別の教育的ニーズのある幼児児童生徒に対して、自立と社会参加を見据えて、その時点で教育的ニーズに最も的確に応える指導を提供できる、多様で柔軟な仕組みを整備することが重要であり、小・中学校における通常の学級、通級による指導、特別支援学級、特別支援学校といった、連続性のある「多様な学びの場」を用意しておくことが必要であること＞を提言しています。

「障害者基本計画（第3次）」について

　国は、障害者基本法に基づき、障害者施策の総合的かつ計画的な推進を図るため、障害者基本計画を定めています。それまでの障害者基本計画が平成24年度で終了したことから、新たな「障害者基本計画（第3次）」が、平成25年9月27日に閣議決定され、公表されました。この基本計画には、すべての国民が、障害の有無によって分け隔てられることなく、相互に人格と個性を尊重し合いながら共生する社会の実現に向け、障害者を、必要な支援を受けながら、自らの決定に基づき社会のあらゆる活動に参加する主体としてとらえ、障害者が自らの能力を最大限に発揮し自己実現できるよう支援するとともに、障害者の活動を制限し、社会への参加を制約している社会的な障壁を除去するため、平成25年度から平成29年度までの概ね5年間に政府が取り組むべき障害者施策の基本的な方向が定められています。

　この基本計画の「Ⅲ　分野別施策の基本的方向」の「3．教育、文化芸術活動・スポーツ等」には、「障害の有無によって分け隔てられることなく、国民が相互に人格と個性を尊重し合う共生社会の実現に向け、障害のある児童生徒が、合理的配慮を含む必要な支援の下、その年齢及び能力に応じ、かつその特性を踏まえた十分な教育を可能な限り障害のない児童生徒と共に受けることのできる仕組みを構築する。」という基本的考え方の下に、(1)インクルーシブ教育システムの構築、(2)教育環境の整備、(3)高等教育における支援の推進、(4)文化芸術活動、スポーツ等の振興の4点が示されています。

障害者差別解消法

　国連の「障害者の権利に関する条約」の締結に向けた国内法制度の整備の一環として、全ての国民が、障害の有無によって分け隔てられることなく、相互に人格と個性を尊重し合いながら共生する社会の実現に向け、障害を理由とする差別の解消を推進することを目的として、平成25年6月、「障害を理由とする差別の解消の推進に関する法律」（いわゆる「障害者差別解消法」）が制定され、平成28年4月1日から施行されました。

　この法律では、不当な差別的取り扱いを禁止し、合理的な配慮の提供を求めています。そのことによって、障害のある人もない人も共に尊重して暮らすことのできる社会を目指しています。国、都道府県、区市町村などの役所や会社やお店などの事業者が、障害がある人が社会的なバリアの除去を求められた際、負担が重すぎない範囲で対応すること（事業者は努めること）としています。これを合理的配慮の提供と言います。

　合理的配慮の提供に当たっては、障害者の性別、年齢、状態等に配慮するものとします。

　〔例〕

- ● 車椅子利用者のために段差に携帯スロープを渡す、高い所に陳列された商品を取って渡すなどの物理的環境への配慮
- ● 筆談、読み上げ、手話などによるコミュニケーション、分かりやすい表現を使って説明をするなどの意思疎通の配慮
- ● 障害の特性に応じた休憩時間の調整などのルール・慣行の柔軟な変更

　また、合理的配慮の方法は、一つではなく、申出のあった方法では対応が難しい場合でも、建設的な対話を通じて、代替措置の選択も含め、柔軟に対応することが必要です。

障害者基本計画（第4次）について

　障害者政策委員会は、平成30（2018）年度から34（2022）年度までの5年間の第4次障害者基本計画の策定（平成30年4月1日計画開始）に向けた検討を行っています（平成29年9月現在）。審議は、障害者権利条約の批准や障害者差別解消法の施行、そして、2020東京パラリンピックの開催決定などを受けて、アクセシビリティの向上、性別、年齢による複合的困難への配慮、統計・ＰＤＣＡサイクルの充実の課題の整理を行っています。各分野に共通する横断的視点として、(1)障害者権利条約の理念の尊重及び

整合性の確保、(2)社会のあらゆる場面におけるアクセシビリティの向上、(3)当事者本位の総合的かつ分野横断的な支援、(4)障害特性等に配慮したきめ細かい支援、(5)性別、年齢による複合的困難に配慮したきめ細かい支援、(6)ＰＤＣＡサイクル等を通じた実効性のある取組の推進などを示しています。「命の重さは障害の有無によって少しも変わることはない」という当たり前の価値観を社会全体で共有し、障害者と障害のない者が、お互いに自然な態度で接することが日常となるように、国民の理解促進を努めていくことが必要となります。そのための、特別支援教育の果たす役割は大きいと言えます。

※今後の予定

【平成29年11月〜平成30年３月（目途）】

○ 政策委員会の意見に沿って、第４次障害者基本計画の政府案を作成

○ パブリックコメント、関係者への事前説明、閣議手続

○ 閣議決定、国会報告

【平成30年４月１日】

○ 第４次障害者基本計画の計画期間開始（〜平成35年３月末）

Ⅱ 特別支援学校の教育

1 教育のしくみ

学校教育法（平成28(2016)年施行）

第1章　総則　第1条には——

この法律で、学校とは、幼稚園、小学校、中学校、義務教育学校、高等学校、中等教育学校、特別支援学校、大学及び高等専門学校とする。

障害のある子供の教育のしくみ

	幼稚園	小学校	中学校	高等学校	大学
		義務教育学校			
			中等教育学校		
			高等専門学校		
		通級による指導			
（主たる障害）		特別支援学級			
特別支援学校 視覚障害 聴覚障害 知的障害 肢体不自由 病弱	幼稚部	小学部	中学部	高等部	専攻科

障害者のための大学として筑波技術大学があります。

＊教員が家庭・施設・病院に出向いて指導する訪問教育を行っています。

＊学校の具体的な名称は、設置者である都道府県等により異なります。

ミニ情報

●**学校教育法の一部改正（特別支援学校、特別支援学級）**

　学校教育法の一部を改正する法律（平成19年4月1日施行）により、従来の盲学校・聾学校・養護学校が、特別支援学校となりました。特別支援学校は、複数の障害種別の幼児児童生徒を対象とすることができる学校制度ですが、各学校では、どのような障害（視覚障害、聴覚障害、知的障害、肢体不自由、病弱）がある幼児児童生徒を対象に教育を行うのかを明らかにすることとされました。また、小学校、中学校等へのセンター的機能をもつことになりました。
　なお、この法律により、従来の特殊学級は特別支援学級となりました。

2　学校生活

　障害のある子供たちに対しては、一人一人の障害の状態や発達段階、特性などに応じてよりよい環境を整え、その可能性を最大限に伸ばし、自立し、社会参加するための基盤となる生きる力を培うために、特別な配慮のもとにきめ細かな教育を行う必要があります。子供一人一人を大切にし、それぞれの子供のもち味や可能性を生かし、もっている力を十分に発揮できるように、教育上の特別な指導や配慮をしています。

1週間の学校生活は ──

特別支援学校（知的障害）中学部の例

時間	月			火			水			木			金		
	1年	2年	3年	1年	2年	3年	1年	2年	3年	1年	2年	3年	1年	2年	3年
8：55〜9：55	日常生活の指導（朝の支度、係の仕事、ランニング、個別の学習、朝の会等）														
10：00〜10：50	音楽	外国語	美術	生活単元学習			数学	美術	音楽	美術	音楽	国語	作業学習		
11：00〜11：50	国語	音楽	美術	外国語	国語	数学	音楽	美術	外国語	美術	数学	音楽			
11：55〜13：35	給食、日常生活の指導（掃除、歯磨き、係の仕事）、休憩														
13：35〜14：25	総合的な学習の時間	保健体育		生活単元学習			生活単元学習			保健体育					
				日常生活の指導											
14：30〜15：20	日常生活の指導（係の仕事、個別の学習、帰りの支度、帰りの会等）			14：35　下校			日常生活の指導（係の仕事、個別の学習、帰りの支度、帰りの会等）								

ミニ情報

● **教育課程の基準は**

　特別支援学校では、幼稚部教育要領、小学部・中学部学習指導要領、高等部学習指導要領によって、教育課程の基準が示されています。各教科・特別の教科　道徳（道徳科）・外国語活動及び特別活動・総合的な学習の時間については、小・中学校等の学習指導要領に準じています。

1年間の学校生活（行事等）は —— 特別支援学校（知的障害）中学部3年生の例

【1学期】
4月　入学式・校外学習
5月　修学旅行事前学習①・消防写生会
6月　運動会・修学旅行事前学習②・進路学習①
7月　歯みがき教室・七夕集会・プール
8月　夏季プール

【2学期】
9月　プール・修学旅行
10月　進路学習②・陸上大会・全校集会
11月　学校祭・進路学習③
12月　高等部事前相談

【3学期】
1月　社会見学・全校集会
2月　高等部入学相談(選考)・スプリングコンサート
3月　卒業式

ミニ情報

● **障害のある児童生徒等の就学先の決定**

　文部科学省は、中央教育審議会初等中等教育分科会報告「共生社会の形成に向けたインクルーシブ教育システム構築のための特別支援教育の推進」（平成24年7月）における提言等を踏まえて、学校教育法施行令の一部改正（平成25年8月政令第244号）を行いました。また、障害のある児童生徒等の就学先の決定と早期からの一貫した支援について示した「障害のある児童生徒等に対する早期からの一貫した支援について（通知）」（平成25年10月14日付け24文科初第756号）を、各都道府県・指定都市教育委員会教育長等宛てに通知しました。これにより、これまでの「障害のある児童生徒の就学について（通知）」（平成14年5月27日付け14文科初第291号）は廃止されました。

　「障害のある児童生徒等に対する早期からの一貫した支援について（通知）」に示されている＜障害のある児童生徒等の就学先の決定に当たっての基本的な考え方＞は、以下のとおりです。

---

(1)基本的な考え方

　障害のある児童生徒等の就学先の決定に当たっては、障害のある児童生徒等が、その年齢及び能力に応じ、かつ、その特性を踏まえた十分な教育が受けられるようにするため、可能な限り障害のある児童生徒等が障害のない児童生徒等と共に教育を受けられるよう配慮しつつ、必要な施策を講じること。

(2)就学に関する手続き等についての情報の提供

　市町村の教育委員会は、乳幼児期を含めた早期からの教育相談の実施や学校見学、認定こども園・幼稚園・保育所等の関係機関との連携等を通じて、障害のある児童生徒等及びその保護者に対し、就学に関する手続等についての十分な情報の提供を行うこと。

(3)障害のある児童生徒等及びその保護者の意向の尊重

　市町村の教育委員会は、改正後の学校教育法施行令第18条の2に基づく意見の聴取について、最終的な就学先の決定を行う前に十分な時間的余裕をもって行うものとし、保護者の意見については、可能な限りその意向を尊重しなければならないこと。

● **特別支援学校への就学先の決定について**

　上記の「障害のある児童生徒等に対する早期からの一貫した支援について（通知）」において、特別支援学校への就学先の決定については、「視覚障害者、聴覚障害者、知的障害者、肢体不自由者又は病弱者（身体虚弱者を含む。）で、その障害が、学校教育法施行令第22条の3に規定する程度のもののうち、市町村の教育委員会が、その者の障害の状態、その者の教育上必要な支援の内容、地域における教育の体制の整備の状況その他の事情を勘案して、特別支援学校に就学させることが適当であると認める者を対象として、適切な教育を行うこと。」が示されています。

3 教育の特色

個に応じた指導

　子供一人一人の障害の状態や発達段階などが異なるため、個別に指導計画を立て、個に応じた指導をしています。将来を見通して、「今、何が必要か」という視点で指導内容を決めています。

少人数の学級

　きめ細かな、手厚い教育をするために、少人数で学級を編制できるようになっています。学級編制の標準は、例えば、小学校、中学校では1学級40人（小1、2は35人）ですが、小学部、中学部は6人です。

自立活動

　自立を目指し、障害による学習上又は生活上の困難を主体的に改善・克服するために必要な知識、技能、態度及び習慣を養い、もって心身の調和的発達の基盤を培うために、「自立活動」という特別な領域を設けています。個別の指導計画を作成し、発達の進んでいる側面をさらに伸ばすことにより、遅れている面を補えるよう配慮することなどが指導上の留意点です。

［主な内容］
1　健康の保持
　・生活のリズムや生活習慣の形成など
2　心理的な安定
　・情緒の安定や状況理解と変化への対応など
3　人間関係の形成
　・他者とのかかわりの基礎など
4　環境の把握
　・感覚の活用や概念の形成など
5　身体の動き
　・姿勢と運動・動作の基本的な技能など
6　コミュニケーション
　・コミュニケーションの基礎的能力や言語の受容・表出など

自立と社会参加を目指した教育

　特別支援学校には小学部、中学部、高等部の全学部又はそのいずれかが設置されており、社会参加と自立を目指した一貫した教育が行われています。そして小学部段階からキャリア教育にも積極的に取り組んでいます。特に、中学部・高等部では作業学習の指導が行われたり、また、高等部においては、職業教育に関する専門学科を設置したり、普通科の中に職業に関するコースを設置したりするなどして、生徒の実態に応じた教育が行われています。なお、中学校の特別支援学級でも行われている作業学習の指導などを通じて、社会参加と自立を目指した教育が実施されています。

教育機器の活用

近年は、ＩＣＴ環境を整備し、コンピュータや情報通信ネットワークなどを授業に活用する機会が増えています。教科学習の手段やコミュニケーションのツール（道具）としての活用、インターネットによる情報収集や交流での活用など、様々な形で積極的に使用されています。

教材・教具の工夫

意欲と興味をもって学習し、内容を理解・習得しやすくするために教員が自作するなど創意工夫した教材・教具を活用しています。

交流及び共同学習

障害のある人もない人も社会を構成するかけがえのない一員です。共に手を携えてより豊かな社会を作り上げていくために、お互いの理解と認識を深めることが大切です。そのための機会として、特別支援学校の子供たちと小学校、中学校等の子供たちとが活動を共にする交流及び共同学習や、地域社会の人々との交流が近年盛んになってきました。活動内容も多様で幅広いものになっています。交流及び共同学習は、子供たちの経験を広げ、社会性を養い、好ましい人間関係を育てる大切な役割を担っています。あわせて、地域の人々が障害のある子供やその教育について理解を深める良い機会となっています。

こうした点を重視して特別支援学校は「開かれた学校」として、交流及び共同学習をはじめ学校公開などを積極的に行うとともに、それぞれの学校のセンター的機能を活用して、地域社会の障害のある子供や保護者、小学校、中学校等の教員に対する支援も行っています。

ミニ情報

● 交流及び共同学習について～学習指導要領から～

『小学校学習指導要領　第１章　総則　第５　学校運営上の留意事項　２のイ』に、以下のように書かれています。

イ　他の小学校や、幼稚園、認定こども園、保育所、中学校、高等学校、特別支援学校などとの間の連携や交流を図るとともに、障害のある幼児児童生徒との交流及び共同学習の機会を設け、共に尊重し合いながら協働して生活していく態度を育むようにすること。

（※中学校学習指導要領にも同様に示されています）

一方『特別支援学校小学部・中学部学習指導要領　第１章　総則　第６節　学校運営上の留意事項　２の(2)』に、以下のように書かれています。

(2)　他の特別支援学校や、幼稚園、認定こども園、保育所、小学校、中学校、高等学校などとの間の連携や交流を図るとともに、障害のない幼児児童生徒との交流及び共同学習の機会を設け、共に尊重し合いながら協働して生活していく態度を育むようにすること。

特に、小学部の児童又は中学部の生徒の経験を広げて積極的な態度を養い、社会性や豊かな人間性を育むために、学校の教育活動全体を通じて、小学校の児童又は中学校の生徒などと交流及び共同学習を計画的、組織的に行うとともに、地域の人々などと活動を共にする機会を積極的に設けること。

楽しかった特別支援学校の人たちとの触れ合い

～交流及び共同学習　子供たちの感想～

特別支援学校（知的障害）との交流　　　　　　小学校6年生

　今日は楽しかった。初めて特別支援学校の人たちといっぱい触れ合ったり、一緒にボールで遊んだりしてとても楽しかったです。体育館から出るときにM君が手を伸ばしてきて、手をつないで玄関までつれていってくれたのがすごく嬉しかったです。「早く12月のマラソン大会こないかな」

特別支援学校（視覚障害）との交流　　　　　　中学校1年生

　初めての文化祭の感想は、想像していたよりおもしろかった。私は、もうちょっとつまらないかなあと思っていた。とくに盲学校の「山のいぶき」の合唱がすごいと思った。盲学校に行っている人は、視覚障害があるのに、うまかった。盲学校の人はきっと、私たちよりも何倍も練習しているんだなあと思うと、すごい人たちだと思う。他の出し物も楽しかった。想像していたよりも楽しくてよかった。

中学校との交流　　　　　　（肢体不自由）中学部生徒会長

　今年も実行委員と開会式の司会をやりました。グループ交流では、車いすの体験の紹介や、各校対抗で障害物を入れた競走をしました。こうした行事を通して、車いすに触れる機会をもってもらうことは大切だと思いました。毎年、身体の不自由な人でもみんなと同じだということを少しでも感じ取って帰ってくれる人がたくさんいます。こうやって感じてくれるということは、差別をなくしていく上で必要なことだと思いました。

特別支援学校（聴覚障害）との交流　　　　　　小学校3年生

　今日は、聾学校にさそってくれてありがとうございます。ウォークラリーで一番たのしかったのは、手話を使って歌おうです。手話の仕方がかんたんで、ほとんど覚えてしまいました。わたしは、耳がよく聞こえなくてもがんばっている聾学校の子はすごくえらいなあと思いました。

4 教育活動の充実のために

施設・設備の工夫

　障害のある子供が、自立を目指し、伸び伸びと、心豊かな学校生活を送るためには、施設・設備等に特別に配慮した環境を設定する必要があります。それぞれの学校によって異なりますが、施設・設備上の次のことに留意してみてください。

施設・設備上のポイント

[特別支援学校（視覚障害）]
- 点字ブロック・点字案内
- 音源歩行装置
- 立体コピー、サーモフォーム
  バキュームフォーム
- 凸地図等の触覚教材
- 各種の点字図書、触る絵本
- 拡大読書器

[特別支援学校（聴覚障害）]
- 集団補聴装置
- 非常用フラッシュランプ
- 校内放送用大型ＰＯＰ
- 発声誘導機器
- 教材提示装置
- 聴能訓練室等の諸検査装置

[特別支援学校（肢体不自由）]
- 段差をなくす工夫
- スロープ、エレベーター
- 広い廊下、廊下や階段の手すり
- 車いす用トイレ、洗面台・水道栓
- 出入り口のドア
- スクールバスの乗降
  （リフト、車いすの固定、発着所）
- 自立活動室の各種の教材教具

[特別支援学校（知的障害）]
- 作業学習関係の教室の工夫
  （設備、補助具、工程の配置等）

[特別支援学校（病弱）]
- 特別支援学校（肢体不自由）と
  共通する施設・設備上の配慮の
  ある学校があります。

ミニ情報

● 教科書バリアフリー法と教材の充実

　平成20年6月10日「障害のある児童及び生徒のための教科用図書等の普及の促進等に関する法律」（教科書バリアフリー法）が国会において成立し、同年9月17日に施行されました。この法律は、視覚障害のある児童生徒が「教用特定教科書」として、検定教科書に代えて拡大教科書等を使用することにより、十分な学校教育を受けられるようにするためのものです。

　なお、平成25年8月28日には、「障害のある児童生徒の教材の充実について」の報告を文部科学省が公表しました。ここでは、障害の状態や特性を踏まえた教材を効果的に活用して適切な指導を行うことが必要であることが示され、そのために各学校で必要な教材の整備、新たな教材の開発、既存の教材を含めた教材の情報収集と、適切な指導を行うための体制整備の充実が求められるとしています。

教科用図書（教科書）

　教科書は、小・中・高等学校等と同じ学年の教科書を使う場合や下の学年の教科書を使う場合などがあります。

　文部科学省が作成している教科書には、視覚障害児向けの国語、社会、算数、数学、理科、英語の点字教科書と拡大教科書、そして、中学校の音楽、美術、保健体育、技術家庭の拡大教科書が発行されています。聴覚障害児向けの言語指導や音楽の教科書、知的障害児向けの国語、算数・数学、音楽の教科書があります。

スクールバス

　徒歩や公共交通機関を使って一人で通学することが困難な子供のために、スクールバスを運行している学校もあります。

　また、ほとんどの特別支援学校（肢体不自由）では、リフト付バスが配車されています。バスの利用は無料です。

寄宿舎

　遠距離等、通学が困難な子供のために寄宿舎を設けている学校があります。

　寄宿舎生活では、集団生活を通して、基本的な生活習慣や社会性を育てることをねらいにしています。

ミニ情報

● **就学奨励費とは**

　特別支援学校や小学校・中学校の特別支援学級等で学ぶ際に、家庭の経済状況等に応じ、国及び地方公共団体が保護者の負担する経費を補助するものです。なお、平成25年度より、通常の学級で学ぶ児童生徒（学校教育法施行令第22条の３に定める障害の程度に該当）についても補助対象に拡充しています。対象とする経費は、学校給食費、修学旅行費、学用品の購入費、寄宿舎居住費、高等部教科用図書の購入費、通学等に要する交通費及び付添いに要する交通費等となります。

　就学のための必要な援助として、「特別支援学校への就学奨励に関する法律」（昭29）に規定されています。

5 障害のある子供の就学

　子供が満6歳に達すると学校に就学します。就学義務に関する規定は、学校教育法施行令に定められています。障害のある子供の就学についても、同様に入学期日等の通知や学校の指定等の規定が学校教育法施行令に定められています。

　平成24年7月に公表された中央教育審議会初等中等教育分科会報告「共生社会の形成に向けたインクルーシブ教育システム構築のための特別支援教育の推進」において、「就学基準に該当する障害のある子供は特別支援学校に原則就学するという従来の就学先決定の仕組みを改め、障害の状態、本人の教育的ニーズ、本人・保護者の意見、教育学、医学、心理学等専門的見地からの意見、学校や地域の状況等を踏まえた総合的な観点から就学先を決定する仕組みとすることが適当である。」との提言がなされたこと等を踏まえ、「学校教育法施行令の一部を改正する政令」（平成25年政令第244号）が平成25年9月1日に施行されました。

　これまでの制度では、比較的重度の障害がある子供については特別支援学校に就学することを前提とした上で、こうした子供であっても小・中学校等において適切な教育を受けることができる特別の事情があると教育委員会が認めた者（認定就学者）については、例外的に小・中学校等への就学が可能となっていました。これに対して新しい制度では、子供の障害の状態、本人の教育的ニーズ、本人・保護者の意見等を踏まえた総合的な観点から、就学先を決定する仕組みに改められました。

　これにより、障害のある子供一人一人が、より適切な教育を受けることができる学校種が小・中学校等であれば小・中学校等に、特別支援学校であれば特別支援学校に就学させるというように、市町村の教育委員会が本人・保護者や教育支援委員会の意見等も参考にしながら、総合的な判断を行って就学先を決定するようになりました。なお、「障害のある児童生徒等に対する早期からの一貫した支援について（通知）」（平成25年10月4日付け25文科初第756号）において、障害のある子供の保護者及び教育学、医学、心理学その他の障害のある子供の就学に関する専門的知識を有する者の意見を聴く場合には、最終的な就学先の決定を行う前に十分な時間的余裕をもって行うものとし、保護者の意見については、可能な限りその意

向を尊重しなければならないことが示されています。

(1) 就学に向けての支援

　障害のある子供の場合は、就学に当たって、教育上の特別な指導や配慮が必要なため、一人一人の子供にとって、最もふさわしい教育が受けられるように就学のための相談が行われます。

　都道府県や市（区）町村教育委員会では、教育相談センターや教育支援室等を設けて、保護者に就学に関する情報提供や相談を行っています。また、特別支援学校や特別支援学級では、学校公開や体験入学・相談の実施、ビデオやパンフレットの作成・配布等をとおして、就学先の情報提供や理解推進に努めています。

　現在、地域の教育、福祉、医療等が一体となった相談支援体制の整備が進みつつあり、特別支援学校が地域の特別支援教育のセンター的機能を果たすことが、より一層重要になっています。

(2) 早期からの一貫した支援

　障害のある子供にとって、その障害を早期に発見し、早期からその発達に応じた必要な支援を行うことは、その後の自立や社会参加に大きな効果があると考えられるとともに、障害のある子供を支える家族に対する支援という観点からも大きな意義があります。このためには、乳児期から幼児期にかけての子供が専門的な教育相談・支援が受けられる体制を、医療、福祉、保健、労働等との関係機関との連携の下に早急に確立することが必要であり、このことによって、高い教育効果が期待できます。

　また、障害のある子供が、地域社会の一員として生涯にわたって様々な人々と交流し、主体的に社会参加しながら心豊かに生きていくことができるようにするためには、教育、医療、福祉、保健、労働等の各分野が一体となって、社会全体として、その子供の自立を生涯にわたって支援していく体制を整備することが必要です。

6 卒業後の進路と生活

　各学校の高等部等を卒業した後は、それぞれの障害や能力に応じて進学や就職、福祉施設を利用する等の進路を選択します。現状は経済状況や社会情勢により、卒業生の進路状況は必ずしも一人一人の希望通りになっているとは言えない状況があります。また、企業就労に関しては、厳しい状況が続いていますが、雇用促進の施策が推進されている中で上向きになってきています。

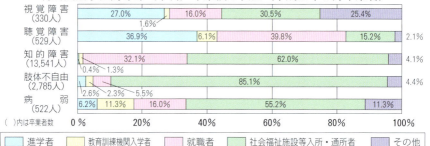

特別支援学校中学部及び中学校特別支援学級卒業後の状況（平成28年3月卒業者）

	卒業者数	進学者	教育訓練機関入学者	就職者	社会福祉施設等入所・通所者	その他
特別支援学校中学部卒業者	10,221人	98.4%	0.2%	0.01%	0.8%	0.7%
中学校特別支援学級卒業者	19,135人	94.2%	2.2%	0.9%		2.7%

特別支援学校高等部（本科）卒業後の状況（平成28年3月卒業者）

出典：平成29年6月　文部科学省「特別支援教育資料」より

ミニ情報

●障害者の雇用の促進のために

　障害者の雇用に関しては、「障害者の雇用の促進等に関する法律」（昭和35年法律第123号）等を踏まえ、障害のある人一人一人がその能力を最大限発揮して働くことができるよう、障害の種類・程度に応じたきめ細かな対策が、厚生労働省を中心に講じられています。現在、雇用促進法では、平成30年1月現在、一般の民間企業には2.0%、国等の公的機関には2.3%、教育委員会には2.2%といったように、企業等には障害のある人の一定の割合（法定雇用率）以上の雇用が義務付けられています。

　障害のある人が、生涯にわたって自立し社会参加していくためには、企業等への就労を支援し、職業的な自立を果たすことができるようにしていくことが重要です。しかし、近年における特別支援学校高等部卒業者の進路状況を見ると、就職者の割合は徐々に上昇していますが、約3割と厳しい状況にあります。このため、文部科学省では、厚生労働省と連携した取組を進めています。具体的には福祉・労働関係機関等における種々の施策の積極的な活用や関係機関との連携の強化を図るために、各都道府県教育委員会等に対して、平成25年3月には障害者の雇用を支える連携体制の構築・強化を、そして平成25年4月には就労系障害福祉サービスにおける教育と福祉の連携の一層の推進を促しています。

卒業後の社会参加に向けた支援

　卒業後の社会参加を進めるには、学校と関係機関とが連携を図り、卒業生一人一人の障害や能力、本人の希望等の状況に応じた様々な支援を行っていくことが大切です。そのため学校は、ハローワークや障害者職業センター、就業・生活支援機関等と連携して一人一人の卒業生に応じた進路先の開拓を行っています。また、在学時から個別の教育支援計画や個別の指導計画を活用し、進路指導を進めるとともに、卒業時には、移行期の個別の教育支援計画（いわゆる個別移行支援計画*）を作成し、卒業後の支援の在り方を明らかにしています。卒業に際して作成される個別の教育支援計画（個別移行支援計画）に関わる支援機関は、進路先や就業・生活支援機関、福祉機関、労働関係機関などがあります。そして、学校もこれらの関係機関とネットワークを構成し、一人一人に必要な進路先での生活、地域での生活を中心とした仕事のキャリアアップや生活能力の向上、豊かな人間関係作り、余暇の有効な過ごし方、健康などの就労や生活の支援の充実を図っていきます。卒業生がこのような様々な支援を選択し、活用しながら卒業後の社会生活を豊かなものとしていくため、学校では自己理解・自己選択・自己決定の力をつけるための進路指導の充実に努めています。

＊個別移行支援計画…学校から社会へという重要な移行の時期に、移行を円滑にするために作成される支援計画であり、「個別の教育支援計画」の一部といわれています。

ミニ情報

●障害者就業・生活支援センター

　障害者の就労を促進するとともに、生活の支援も行います。生活を支援することが就労の安定につながります。障害者就業・生活支援センターは就業面と生活面を一体的にサポートしていく地域の拠点として、各県1カ所でスタートし、いずれは障害保健福祉圏域（人口約30万人程度）に1カ所程度、設置していく方向で施策が進められています。

● 「障害者の日常生活及び社会生活を総合的に支援するための法律（いわゆる障害者総合支援法）」について

　平成24年6月に公布された「地域社会における共生の実現に向けて新たな障害保健福祉施策を講ずるための関係法律の整備に関する法律」（平成24年法律第51号）により、これまでの「障害者自立支援法」（平成17年法律第123号）が、「障害者の日常生活及び社会生活を総合的に支援するための法律」（一般に「障害者総合支援法」という。）とされました。そして、共生社会を実現するために障害者の社会参加の機会を確保し、社会的障壁を取り除くことができるように、障害者の日常生活・社会生活の支援を総合的かつ計画的に行われることが、この法律の理念として新たに掲げられました。具体的な変更点には、難病等も含めた障害者の範囲の拡大、障害者支援区分の創設、重度訪問介護の対象の拡大、共同生活介護（ケアホーム）の共同生活援助（グループホーム）への一元化、地域移行支援の対象の拡大等があります。

III 障害のある子供との関わり方と介護等体験

1 目の不自由な子供との関わり方と介護等体験

(1) 教育とその特色

　視力、視野、色覚などの見る機能の障害を視覚障害といいます。視覚障害者は全国で約34万人、18歳未満は約5千人です（平成28年度厚生統計要覧）。

　眼鏡などで矯正した両眼の視力がおおむね0.3未満、または視野や色覚、光覚などの視機能障害が高度な場合は教育上特別な配慮が必要です。拡大鏡などを使って普通の文字が使える場合を弱視児、普通の文字の代わりに点字を使う場合を盲児といいます。特別支援学校（視覚障害）の約6割は弱視児です。

　平成28年5月現在、単独または併置・併設で視覚障害部門が設置されている特別支援学校は84校あります。特別支援学校（視覚障害）には、

指先で点字を読む

幼稚部、小学部、中学部、高等部（本科、専攻科）の各部があります。また、通学が困難な児童生徒のために寄宿舎が設けられています。寄宿舎では自立した生活に向けての指導や余暇指導を行っています。校舎は子供たちが安心して自分から行動できるように他の学校よりも明るく、廊下に物を置かず、わかりやすい構造で、視覚的、触覚的手がかりや反響音にも配慮されています。

　特別支援学校（視覚障害）は、視覚障害教育のセンターとして早期相談支援、通級・巡回相談、情報・教材提供、研修、理解啓発活動を積極的に行っています。

幼稚部では

　3歳から5歳まで、1日4時間、幼稚園と同じ内容に加え「自立活動」

の指導を行っています。遊びや制作活動、生活全般を通して自分の意思を表す力や運動能力、状況をつかみながら一人で歩く能力、触ってわかる力や見分ける力、なんでも積極的に自分でやる意欲などを育てます。

できるだけ早期からの教育が必要なため、ほとんどの特別支援学校（視覚障害）では0歳からの教育相談を行っています。特別支援学校（視覚障害）や訪問先で、乳幼児と一緒に活動しながら、保護者や職員の方々と目や手の使い方の相談や発達相談、子供の障害の受け止め方などの育児相談や保護者同士のネットワークづくりを行っています。

小学部・中学部では

国語、社会、算数、理科などの各教科、総合的な学習の時間、特別の教科　道徳（道徳科）、特別活動の指導内容や授業時数は小学校や中学校と基本的には変わりません。

教科書は同じものやそれを点訳したものや拡大したものを使いますし、文化祭や運動会、社会見学、修学旅行等の行事も行います。始業前や放課後、夏季休業中などに部活動も行っています。そのほかに、視覚障害に対応した「自立活動」の学習を行っています。

また、近隣や居住地の学校との交流活動を通して、同年代の子供たちとよりよい関係を築く力や、お互いに相手を理解し合う心を育てています。

点字は、約1ミリの6つの凸点で1音を表し、「あめが□ふって□きた。（⠀⠀⠀⠀　⠀⠀⠀⠀　⠀⠀⠀⠀）」のように、分かち書きをします。両手の指先で分担しながら読み進めます。気温が6℃以下では指先が冷たくなって、点がわからなくなることがあります。また暑いときは汗ばむので読みにくくなります。

高等部では

本科と専攻科を設置しています。本科には、普通科と職業学科（主に保健理療科、まれに音楽科、生活技能科）があります。普通科は通常の高等

ミニ情報

●**特別支援学校（視覚障害）における特色ある職業教育について**

本科の保健理療科は中学校卒業資格のある方、専攻科は高等学校の卒業資格のある方が対象となります。三療といわれる「はり、きゅう、あん摩・マッサージ・指圧」の治療を行うために必要な「はり師」「きゅう師」「あん摩マッサージ指圧師」のそれぞれの国家資格を取得するための教育を行っています。保健理療科は「あん摩マッサージ指圧師」、理療科は「はり師」「きゅう師」「あん摩マッサージ指圧師」の国家資格取得を目指しています。

学校の普通科と同じです。職業学科の保健理療科はあん摩マッサージ指圧師の資格を取るための特別支援学校（視覚障害）の独自のものです。

　専攻科には、職業学科として主に保健理療科、理療科、数校に理学療法科、音楽科、情報処理科などが置かれ、3年間職業的自立のための教育が行われています。

　あん摩マッサージ指圧師、はり師、きゅう師は、視覚障害者の職業として主流であり、最近では健康維持への関心の高まりから需要が増加しています。

白杖による歩行指導

　事故や疾病により中途失明の方が入学することも多く、生徒の年齢は30代、40代またそれ以上と広がり、大学卒もめずらしくありません。

(2) 指導とその関わり方

　盲児の場合は、周囲の状況をすばやく的確につかむことや、触ることのできないものの理解、人の動作の模倣、表情やしぐさでの判断、一人歩行などが困難になります。そこで、視覚以外の触覚、聴覚や嗅覚などからの多様な情報を適切に使って状況を理解し判断することや、小さいときから遊びや買い物、調理など、なんでも自分で体験することが大切です。

　盲児用の教材・教具は、点字教科書、模型や標本、凸地図などの触る教材、レーズライター、感光器などの実験器具、立体コピー機やサーモフォーム、音声点字ワープロなどがあります。

　盲児と接する場合、黙って近づいてもわかりません。「こんにちは、○○です。」と話しかけたり、握手をしたりするのも一つの方法です。会話の時は声に出して返事をしましょう。また、できるだけ触ってもらい説明します。指示代名詞は避けながら、周りの景色や様子も説明したいものです。映画の話、サッカーや音楽の話など楽しい会話を心がけましょう。

　弱視児の場合は、本を速く正確に読むこと、ボール運動や動きの激しいゲーム、地図など細かい作業、極端に明るかったり暗かったりする場所での活動などに困難が伴いがちです。私たちは、一部分が欠けた漢字でも想像で補って読んでいます。そこで、少ない手がかりを利用して類推するな

ど見分ける力の向上を図ることが大切です。また、弱視レンズなどの補助具の使い方の指導も重要です。

弱視児用の教材・教具には、拡大教科書、拡大教材、拡大読書器、コンピュータの拡大ソフト、弱視レンズ、単眼鏡、書見台、タブレット型端末などがあります。

弱視児と接する場合は、個人差が大きいので見え方の状態を正確につかむこと、実験や観察は近くで見させたり弱視レンズを使った

拡大読書器を使って

りすること、見えにくいものは拡大したり説明を加えたりすること、また、戸外で会ったときはこちらから声をかけるようにすることが大切です。

視覚障害と知的障害などの障害を併せ有する子供を重複障害児といいます。重複障害児は、手を使うことや自ら探したり確かめたりすること、昼夜の区別、大勢の中での行動、他者とのコミュニケーションなどが困難で、食べ物の好みも激しい傾向があり、理由がわからず強要されると自傷行為を起こすこともあります。しかし、よく観察すると必ず子供の興味のあるものがわかってきます。

例えば、手を伸ばしてスイッチに触れたとき大好きな曲が流れたりすると、手を使う喜びや次の行動への期待感も大きく育っていきます。そこで、重複障害児用の教材・教具は、目的がはっきりしたもの、触覚や視覚、聴覚に訴えるものなど、一人一人に合わせて改良したり、自作したり工夫します。重複障害児と接する場合は、一緒に相手の興味があるもので遊んだり、好きな活動を行ったりして、信頼感をつくることが大切です。そして、わかりやすい手がかりを使ってていねいに働きかけるとよいでしょう。

(3) 介護等体験の例
アイマスクでの歩行体験

二人組になり、一人はアイマスクをし、一人は介助者になって廊下や階段の介添え歩行をします。次に、広い場所で一人ずつアイマスクをして音源に向かって歩きます。また、白杖をついてまっすぐ歩いてみましょう。あくまで疑似の体験ですが、介助者との信頼関係の大切さが実感できると

思います。

授業を通しての体験

　国語の授業では、盲児は点字盤や点字タイプライターで、弱視児は書見台を使ってマスの大きいノートに書いています。社会では、世界の国々の位置を凹凸のある地球儀や立体地図で確かめています。家庭では、包丁でタマネギのみじん切りに挑戦したり、電磁調理器でハンバーグを焼いたりしています。自立活動では、歩行指導の先生と二人で白杖を使って学校のそばの信号の渡り方を学習しています。

　保健体育の授業ではフロアバレーボールの授業を行っています。床を転がるボールを「ワン、ツー、ラスト！」で相手コートに打ち返します。何事にも挑戦する子供たちの姿に感動することがたくさんあります。

学校行事等での体験

　運動会では盲児のための種目に円周走があります。中心の支柱に結んだひもの先の輪を持って時計の針のように全力で回ります。学芸会では、盲児と弱視児が一緒になって舞台上で迫真の演技をしています。子供の誘導や用具の準備、一緒に応援をするなどすばらしい体験ができます。また、社会見学やマラソン大会、寄宿舎での生活体験などもあります。

(4) 目の不自由な子供と接する方へ

　子供の多くは、障害のことで嫌な思いをしたことがあります。仲間うちでの目配せや指さし、ひそひそ話はとても気になることです。

　私たちは、全盲の人は一人では何もできないというイメージをもちがちです。しかし、5歳以前に見えなくなった場合は「見ることを意識しなくともよい世界」とも言われています。盲児でも視覚以外の感覚の活用により自転車に乗ることもスキーで滑り降りることもできます。

　中途で失明した場合は、それまで目からの情報で判断することの多い生活だったため、深い失望感や喪失感があります。目の病気によっては、次第に視力が落ちていく場合もあります。アイマスク体験などでは計り知れないことがたくさんあることを忘れないでください。何ごとも担当の先生の指示をよく聞いて接することが大切です。

こんなときにはこんな援助を

● 道で迷っていたら「何か手伝いましょうか」と声をかけましょう。

- 案内するときは必ず腕や肩につかまってもらいましょう。白杖や腕をつかんで引っ張ってはいけません。
- 階段や段差の前ではちょっと止まり、言葉で説明します。
- 一時的にそばを離れるときはその旨を言葉で伝え、壁際などへ案内して待ってもらいましょう。
- いすに座るときは背もたれを触れば位置がわかります。
- 食事のときはどこに何があるか物の位置を教えます。
- 部屋で話しているときなどで席をはずす場合は、ひと声かけるようにしましょう。
- 物の位置が変わったり変えたりしたときは必ず説明しましょう。
- 援助をするときはどんなことをして欲しいかを相手に尋ねてからするようにしましょう。

全国盲学校フロアバレーボール大会

> ミニ情報

- **障害者の文化芸術活動やスポーツと、特別支援学校（視覚障害）における部活動**

　2020年（平成32）年に、東京都でオリンピック・パラリンピックが開催されることが決定して、国民の期待と関心が高まっていますが、政府が平成25年9月に策定した「障害者基本計画（第3次）」には、障害者の文化芸術活動やスポーツの振興等が掲げられています。

　特別支援学校（視覚障害）においても、以前から様々な文化芸術活動やスポーツに取り組んでいて、演劇や器楽、合唱、バンド、漫画、珠算、グランドソフトボール（野球）、フロアバレーボール、卓球、柔道、水泳、ゴールボールなどの部活動も盛んに行われてきました。弁論・短歌や音楽、マラソン・駅伝や陸上競技では、各種地区大会に加え全国大会・全国コンクールも行われています。平成29年には、視覚障害スポーツの一層の振興を願って、それまで行われていた全国盲学校野球大会に代わって全国盲学校フロアバレーボール大会が始まり、地区予選を勝ち抜いたチームが熱戦を繰り広げました。

67

●特別支援学校（視覚障害）／介護等体験感想文

■体験先が盲学校と決まったとき、私は始め身構えていました。自分の想いを伝えたり、コミュニケーションをとるということに不安がありました。高校のとき、やはり介護体験で養護学校へ行った際、生徒たちとコミュニケーションをとることができずに終わってしまったためです。自分の想いを、まさに"目に見えない"形で相手に伝える必要がありました。そんな中、1日目の日程でガイダンスを受け、校内の見学をしていると、所々に生徒たちのための工夫や知恵があり、驚きの連続でした。この1日目で視覚障害についてのお話を聞いたり、アイマスクをしての体験を行い、障害の大変さを感じたりしました。目に障害があるということは、ただそこにいるだけでも、常に見えない何かに恐れを抱いているという状態でないのか、と考えていましたが、2日目の体験を終えた今、私は何と失礼なことを考えていたのか思い知らされました。生徒たちは一人一人が本当に活き活きと自分らしく自分の学校生活を過ごしている姿がありました。また、積極的に私のもとへ来てくれる生徒もいて、色々な話をして笑い合ったり触れ合うことができました。自分から声を出して言葉をかけたとき、それに続いて言葉を紡いでくれたり、笑顔を見せてくれたりしたことが印象に残っています。目に障害があっても、それを個性としてたくさんのことを伝えてくれた生徒たち、そして、そんな生徒たちのために最善を尽くしている先生方。盲学校とは目に障害のある生徒の通う学校ではなく、彼らが何よりも自分らしく生きることができる場所であるということが分かりました。生徒の皆からもらった「頑張って」の言葉とたくさんのパワーを胸に、私も色々と頑張らなくてはと思わされました。この度は、本当にお世話になりました。このかけがえのない2日間は、私のこれからの大きな糧になると思います。今回は、貴重な体験をさせていただき、本当にありがとうございました。

●特別支援学校（視覚障害）／介護等体験感想文

■ 1日目の午前はビデオ、講話、校内見学でした。「目の見えない人との接し方」のビデオで視覚障害者の人を助ける時に、ひじや肩をつかんでもらうのが一番良い事をはじめて知りました。また、周囲の情報を伝えるのがとても良いということも知り、とてもためになりました。校内見学では、普通の学校と違う所がたくさんありました。照明は普通の学校の1.5倍の明るさ、廊下には視覚障害の人が安全に歩けるようにたくさんのでこぼこがありました。でも、目があまり見えない生徒が階段を何事もなく駆け足でのぼっているという話を聞いて驚きました。このような補助的なものがあれば、視覚障害者も普通の人と同じように生活できるんだなと思いました。また、アイマスクをし、視覚障害者の体験、またその移動をしました。アイマスクをして、全く見えない状態になると、自分が今どこにいるのか、どこに段差があるのかなど全くわからず、本当に怖かったです。あらためて補助者は必要不可欠だと感じました。

2日目は、中学部の生徒さん達と一緒に社会見学で科学技術館へ出かけました。私は1年2組を担当させてもらったのですが、皆とてもかわいらしく、良い生徒ばかりでした。実際に話したり接してみて分かった事は、私達補助者が必要最低限の事をしてあげれば、障害者は障害者ではなくなる、という事でした。みんな普通の人であるし、普通に生活できるのです。そして、何より一般人よりもきれいな心をもっていると思いました。近くに行くと手をつないできてくれたり、たくさん話してくれたり、生徒のみんなはとてもかわいくて、別れの時はとてもさみしくなりました。正直また行きたいです。そして、今回できなかったいろいろな話をたくさん話したいです。私たちが受け入れれば、障害者は障害者ではなくなる、という事を学びました。2日間ありがとうございました。

●特別支援学校（視覚障害）／介護等体験感想文

■この2日間の体験で私は以前よりも日常的に目が不自由な方の視点で見られるようになったと思います。また、こういった実際に教育の現場を見ることができ、貴重な体験ができたことをうれしく思います。

1日目でまず驚いたことは、校舎のデザインの工夫です。廊下は幅が広く、照明も普通学校の1.5倍と聞き驚きました。教室は狭かったのですが、点字をうつために机は広くなっていました。授業は生徒7人に対し、教員が2人で行うと聞き、盲学校ではいかに一人一人を見るのが難しいか、ということがわかりました。いすも一人一人に合わせて作られていたので驚きました。このように校舎が私の考えている以上に工夫されていて、とてもよい環境だなと思いました。そして、この日一番の発見は目の不自由な人がいかに音の情報を必要としているかということです。アイマスクをつけた歩行訓練と介添歩行は、中学校や大学の授業では何度かやったことはあったのですが、その時は正直ただ、「こわいこわい」と騒いで終わってしまいました。実際に専門の職員の先生方の注意点を聞きながら盲学校でそういった体験をしたことで、急に狭い所に入った時の音の圧迫感や、広い所に出た時の恐怖感を初めて知りました。

2日目は、直接子供と話したり、接することができて本当に楽しかったです。みんなそれぞれが素晴しい個性の持ち主で、素直にうれしさを体いっぱい表現していて、本当に元気いっぱいでした。児童館の子供たちとも同じように、あちこち動き回って宝探しをしていて驚きました。

この体験で目の不自由な子供たちと接することができて本当によかったです。これからの日常生活で目の不自由な方の視点に立って、手伝いが必要ならばできるだけ気付けるようにしたいと思います。

●特別支援学校（視覚障害）／介護等体験感想文

■盲学校という場所を訪れるのは初めてだったので、いったいどのような雰囲気の学校なのだろうと色々と不安に思っていた。1日しか一緒に過ごすことができないのに、生徒達とうまくコミュニケーションがとれるのだろうか、という心配もあった。私が訪れたクラスは生徒が2人という少なさで、最初はそのことに驚かされた。そして、生徒達の元気のよさも印象的だった。とても和やかな雰囲気のため、話もしやすく、初めて来た教室なのに緊張することもなく授業に臨むことができた。

　授業には家庭科があり、女子はスカート、男子はズボン作りをしていた。私自身もかつて使ったものと同じミシンなどが使われており、盲学校でも同じものを使っているのだな、と興味深かった。先生方は丁寧に指導されていたが、自分でできることはきちんと自分でやらせるという姿勢を保っている。「介護」というと「大変なことは何でもしてあげる」という言葉のように思ってしまうが、本人ができること、今はできなくとも多少努力すればできそうなことをさせるようにしなければ、彼もしくは彼女のためにならず、自立ということができなくなってしまう。盲学校といって区別はするが、本質としては他の学校と何ら変わらない。人間の成長の場なのだなと感じた。一方、数学の授業の際にアイマスクを着けながら作図をするという作業をしたが、これが非常に難しかった。間違えて書いてしまった時に訂正できないし、まず線の位置を把握したり道具を正しく使えるようにするにも時間がかかる。全盲の方でも作図を同じようにすると聞き、感嘆してしまった。

　最後に、短い時間だったが生徒の皆さんと一緒に授業を受けることができ本当に良かったと思う。教室を去る時は寂しい気持ちになった。改めて学校という場所について考えを深める良い機会になったし、授業を受けるのは純粋に楽しかった。受け入れてくださった職員の方々、生徒の皆さんにとても感謝している。どうもありがとうございました。

2 耳の不自由な子供との関わり方と介護等体験

(1) 教育とその特色

　聴覚障害とは、身の回りの音や話し言葉が聞こえにくかったり、ほとんど聞こえなかったりする状態をいいます。

　聴力レベルはデシベル（dB）という単位で表されます。学校教育法施行令では対象とする障害の程度を、「両耳の聴力レベルがおおむね60デシベル以上のもののうち、補聴器等の使用によっても通常の話声を解することが不可能又は著しく困難な程度のもの」と定めています。

　聴覚に障害のある子供は、特別支援学校（聴覚障害）のほか、通常の小学校や中学校に設置されている難聴特別支援学級や難聴通級指導教室でも学習しています。難聴特別支援学級の対象は「補聴器等の使用によっても通常の話声を解することが困難な程度のもの」、難聴通級指導教室の対象は「補聴器等の使用によっても通常の話声を解することが困難な程度のもので、通常の学級での学習におおむね参加でき、一部特別な指導を必要とするもの」になります。

　平成28年5月現在、特別支援学校（聴覚障害）は全国に120校（国立1校、私立2校、公立117校）あり、およそ8,400名の子供が通学しています。その多くには、幼稚部、小学部、中学部及び高等部（専攻科を含む）が設置されています。また、遠距離のため通学困難な子供のために寄宿舎を設けている学校もあります。

ミニ情報

●補聴器

　補聴器や補聴援助システムは、音を増幅して音をより大きく聞こえるようにするものです。しかし有毛細胞の損傷が原因とされる高度の感音難聴には、高性能な補聴器であっても有効でない場合があります。

●人工内耳

　手術によって埋め込まれた電極に電流を流し、内耳の聴神経を電気的に刺激することによって、中枢で音あるいは言葉の感覚を得させようとするものです。

聴力レベルと音の種類、聴力レベルによる聞こえの目安
平成14年度就学相談実施要項（東京都教育委員会）

聴力レベルと音の種類	聴力レベルによる聞こえのめやす		施行令第22条の3
	聴力レベル	話の聞こえ方	
0			
10			
20　ささやき声	軽度難聴 聴力レベル 30〜40デシベル	・小さな話し声やささやき声を聞き間ちがえたり聞き取りにくい。 ・普通の会話にはあまり不自由しない。	
30　静かな会話			
40　こおろぎの最大音	聴力レベル 40〜50デシベル	・１対１の会話では困らない。 ・話し手の顔が見えないとよく聞き取れない。 ・会議でときどき聞き取りにくいことがある。	両耳の聴力レベルがおおむね60デシベル以上のもののうち、補聴器等の使用によっても通常の話声を解することが不可能又は著しく困難な程度のもの。
50			
60　普通の会話	中度難聴 聴力レベル 50〜70デシベル	・１ｍくらい離れた所からの大きな声が聞き取れない。 ・大勢での話し合いは難しい。	
70			
80　大声の会話 電話のベル 蝉の鳴き声	高度難聴 聴力レベル 70〜80デシベル	・耳もとで言えば何とか聞こえる。 ・大きな声で話せば聞こえる。	
90　叫び声			
100　電車の通過音	聴力レベル 80デシベル以上	・耳もとで大声で言えば何とか聞き取れる。 ・比較的近い所の大きな音や太鼓の低い音がやっと聞こえる。	
110　耳もとの叫び声			
120　ジェット機の爆音	聴力レベル 100デシベル以上	・補聴器で話を聞き取ることは難しい。 ・かなり大きな音をどうにか感じることができるが、ほとんどの音に対して、反応が少ない。	
130　耳が痛くなるような音			

聴力レベルと音の種類、聴力レベルによる聞こえの目安

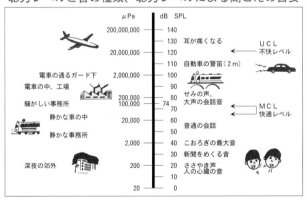

⑵ 指導とその関わり方

　特別支援学校（聴覚障害）は、通常の幼稚園、小学校、中学校又は高等学校に準ずる教育を施すとともに、障害による学習上又は生活上の困難を克服し自立を図るために必要な知識技能を授けることを目的としています。それぞれの学部の教育活動の概要は次のとおりです。

乳幼児教育相談（0歳から2歳）

　この相談は制度上、すべての都道府県で確立されているものではありません。しかし、「障害発見後、聴覚機能や言語能力の発達の面から可能な限り早期に教育を開始するべきである。」という考え方は広く定着しているもので、現在ほとんどの特別支援学校（聴覚障害）で、保護者支援と乳幼児の育児支援を内容とする教育相談を行い、着実に成果を上げています。

幼稚部（3歳から5歳）

　幼稚部の教育は、幼児期の特性を踏まえ環境を通して行うことを基本としています。幼児の主体的な活動を促すこと、遊びを通しての指導を中心とすること、一人一人の特性に応じ、発達の課題に即した指導を行うこと等に努めています。特に補聴器等を活用して話し言葉の習得を促したり、言語力を高めたりする専門的指導を行っています。

小学部、中学部

　小学部、中学部における教育は、子供の障害の状態及び特性を十分に考慮しつつ、通常の小学校、中学校の教育目標の達成に努めています。さらに障害に基づく種々の困難を改善・克服するために必要な知識、技能、態度及び習慣を養うことも目標としています。

　そのため体験的な活動を通して的確な言語概念の形成を図ること、主体的に読書に親しむ態度を養うこと、補聴器等の利用により保有する聴力の活用を図ること、視聴覚教材・教具やコンピュータ等の情報機器を有効に活用すること、相互の意思伝達が活発に行われるよう指導方法を工夫すること等について配慮しながら指導が行われています。

高等部（専攻科を含む）

　高等部における教育は、通常の高等学校の教育目標に加え、障害に基づく種々の困難を改善・克服し、社会参加する資質を養うことを目標としています。高等部は、通常の高等学校に対応する3年間と、その後さらに2年または3年の継続教育を行う専攻科が設置されています。

職業教育として、理容・美容師や歯科技工士、調理師などの資格取得を目指した指導が行われています。また被服科、情報デザイン科、産業工芸科、機械科など多様な学科を設けて、生徒の適性や進路希望に応じた指導が行われています。最近は高等部卒業後、筑波技術大学をはじめ一般の大学等へ進学する生徒も増えています。また聴覚障害に関わる欠格条項が改正されたので、今後、進路選択の幅が一層広くなっていくことが期待されます。

(3) 介護等体験の例

聴覚活用指導の実際と補聴器装用体験

　子供が装用している補聴器を実際に自分の耳にかけて操作をしてみて、その感触を経験すること、また子供の聴力検査の実施場面に立ち会い、聴力のレベルを体験してみること、教室に設置されている集団補聴システムを活用して授業が行われている様子をモニター補聴器を通して見学することなどがあります。

授業を通しての体験

　子供の聴覚障害に配慮した授業が具体的にどのように展開されているのかを実際に参観して理解を深めること、教材選択や教材準備、ＩＣＴ機器等を活用した視覚教材の提示、教員の発問や板書の様子など、学習内容の

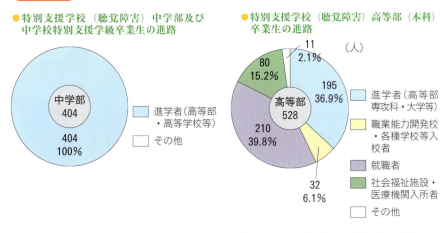

平成29年6月文部科学省　特別支援教育資料より

理解を徹底するための工夫などに視点をおいて参観することなどがあります。

少人数の学級で、子供一人一人の実態に応じてきめ細かな対応がどのような形でなされているのかを注意して見ることも大切です。

作業的な学習活動の場面では、教員の指導の下で子供の活動の補助指導にあたる際には、コミュニケーションが曖昧で正確さに欠けることがないように、きちんと確かめながら進めていくことがあります。

絵画制作などが得意な場合は、ぜひ担任の先生に教材制作の補助を申し出てください。歓迎されることでしょう。自分が制作に関わった教材に、子供がどのような反応を示すかを見ることはとても楽しいことです。

学校行事での体験

学校では様々な行事が行われ、子供もそれぞれ何らかの役割をもって参加しています。学校行事での体験では学級の中に入って、子供の介助にあたる場合もあります。また教員の補助的な役割を任される場合もあります。ビデオ撮影や写真撮影に自信がある場合は、積極的にその仕事を買って出るのもよいでしょう。

特別支援学校（聴覚障害）には幼稚部の子供から高等部の子供までがいるので、必ずしも希望どおりの学部での介護等体験ができるとは限りません。この体験の機会をきっかけにして、自主的に希望の学部についての参観計画を立ててみることもよいと思います。

(4) 耳の不自由な子供と接する方へ

聴覚の障害は、外見からは理解されにくいようです。特別支援学校（聴覚障害）で学ぶ子供の聴力の程度は、それぞれ聞こえにくさを補うために補聴器を使用してはいますが、通常の会話を聴き取り、理解することが不可能であったり著しく困難であったりする状態にあります。

そこで聴覚に障害のある子供と接する時には、まず相手のことを理解すること、そして自分の思いを伝えようとする気持ちをもって接することが基本です。主に話し言葉でコミュニケーションをとるときには、次のような点に気をつけるとよいでしょう。

① まず相手の注意を引いてから話し始めること。
② ゆっくり自然な口調で話すこと。
③ 相手をまっすぐ見て話すこと。
④ 話し手は光を背にしないこと。
⑤ 同じことを何度も繰り返し言わないで、別の表現をしてみること。

このほか、場合によっては身振りや手振りを使って表情豊かに表現したり、筆談をしたりすることもよいでしょう。また手話や指文字を知っている場合は、それらを使ってコミュニケーションを試みるとよいと思います。

左上：聴力検査
右上：集団補聴システムの活用
　　　（学級指導）
　下：発声発語訓練器の活用
　　　（発音指導）

指文字・50音

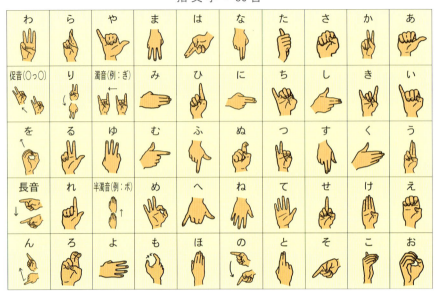

指文字・数字

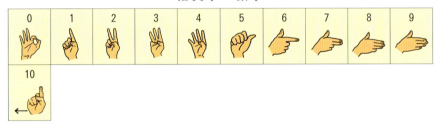

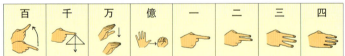

※ 上記は、相手から見た図

> ミニ情報

● **手話言語条例**

　平成18年、国連障害者権利条約（日本は平成26年に批准）で非音声言語も「言語」と明記され、平成23年に改正された障害者基本法で、手話が「言語」であることが明記されたのを受けて、手話の理解や普及を進め、聴覚障害者が生活しやすい環境を整備することを目的とした条例。

●特別支援学校（聴覚障害）／介護等体験感想文

■私はもも組の２年生担当になりました。３歳児ということで、手話はほとんど出来ていないだろうと思っていました。しかし、先生と会話している姿を見て本当に驚きました。まだ３歳児なのにどうしてあんなに手話が覚えられるのか不思議でした。20歳の私でも自分の名前を覚えるのがやっとだったのに…。

私たちは普段いろいろな音を聞いていることが当たり前だけど「特別支援学校（聴覚障害）」の子供たちは聞えないことが当たり前。全く逆の生活をしているんだと改めて実感しました。とにかく最初は生徒と接するのがとても不安でした。話しかけるにも自分は手話が出来ないから先生と生徒のやりとりを後ろからずっと見ていることしか出来ず、何となくゼスチャーを使い、少しだけしか会話は出来ませんでした。初日遊んでいた時に、ある子が物を落としてしまいました。それを私が拾ってあげると、その子は頭を下げ笑顔でありがとうという手話をしました。私はそれがたまらなく嬉しかったです。思わず私も笑顔になってしまいました。やっぱり「表情」が人の気持ちや考えを理解する一番の方法なんだなと改めて感じました。

■１日目を終え、一番感じたことは自分の言いたいことを相手に伝えるという私達の基本のコミュニケーションがこんなに難しいということを感じました。

普段は言葉というコミュニケーション手段があるため、一回一回の会話で相手の顔を見ることや相手の表情など全くと言っていいほど気にしていない私でした。でも、今回の経験では、相手と向き合って話をしないと問題外だし、相手の口の動かし方や表情はもちろん見なければならなく、こんなに１対１で向き合ったのは久しぶりでした。

しかし、私がどれだけ表情から何かを伝えたいんだ！という事は分かっても、私自身、手話がわからないため、きちんと子供たちの気持ちを聞くことが出来ず、何度か私が苦笑いをして会話が終わってしまうことがあり、自分に対する悔しい気持ちと同時に「子供たちに悪いことをしたな、悲しい気持ちにはなっていないだろうか…」と何度も思いました。そんな気持ちからか、自分から積極的に話しかけることが出来なかったことが、今日の反省点です。明日は遠足ということもあるので、多くの子にたくさん話しかけられるように自分から積極的に話しかけていきたいと思います。

● 特別支援学校(聴覚障害)／介護等体験感想文

■１日目、朝、校門から入ってきた時、向こうからとても明るい表情で歩いてくる生徒を見て「ボランティアの高校生かな」と思いました。しかし、実際はそこの学校の生徒で、そのことに気づいた時には驚いたのと同時に自分の間違いに気づきました。私は勝手に「ふさぎこんでいる」等のイメージをもっていたのです。少しの時間の体験でしたが彼らのパワーはとても大きく、清々しい気持ちになりました。また、表現力が大変豊かだと感じました。

体育祭では様々なことを感じました。まず、生徒の精一杯競技する姿に感動しました。ただ外から眺めているだけだったら同じように感じたかどうかは分かりません。マスゲームでは生徒だけでなく先生方も一緒に動き一つの作品を完成させました。これこそ教育の本来の姿だと思います。先生が一人でやるのではなく、生徒だけでもない。校長先生がおっしゃった「みんなが一つに」の言葉を心にとめておきたいと思います。

■私は特別支援学校（聴覚障害）での体験が決まったとき、「特別支援学校（聴覚障害）とはいったいどのような感じなのだろう」「耳が聞えないとはどういうことだろう」と、全くといっていいほど聴覚障害についての知識がなかったために不安でいっぱいでした。インターネットなどで調べても、周囲に聴覚障害の人がいなかったためになかなか実感することができませんでした。しかし、今回の体験を通して聴覚障害や手話の知識はもちろんですが、実際の授業風景を見たり接したりすることで身近に感じることができるようになりました。子供たちがとても真剣に授業を受けている様子、積極的に話しかけてくれる姿勢には心を打たれました。私の方が緊張してしまってなかなか声をかけられなかったので明日はできるだけ多くの子供たちとコミュニケーションを取りたいと思いました。

２日目、昨日は家で指文字の練習をしてきたので子供たちとは指文字を使ってコミュニケーションを取ることができました。うまくできずに困っていると、一生懸命教えてくれてとても温かい気持ちになりました。表現の方法はどうあれ気持ちがあれば必ず相手に伝わると改めて実感しました。

3 知的発達に遅れのある子供との関わり方と介護等体験

(1) 教育とその特色

　知的発達に遅れのある子供の教育は、小・中学校等の特別支援学級（知的障害、自閉症・情緒障害）及び特別支援学校（知的障害）の幼稚部、小学部、中学部、高等部で行われています。教育の目標は、基本的には幼稚園、小学校、中学校、高等学校と同じです。しかし、知的発達に遅れがあり、社会生活への適応が困難であること等を考慮し、生活する力を高め、自立と社会参加するための知識・技能・態度や基本的生活習慣を養うことに教育課程の重きをおいています。

　教育課程の特色は、障害の状況や学習上の特性などを踏まえ、自立と社会参加する力の育成に重点を置いています。教科の内容を系統的に学習するだけでなく、具体的な生活経験を通して各教科の指導内容を総合的に学習する必要があります。このため、指導の形態として各教科別及び特別の教科　道徳（道徳科）、特別活動、自立活動等別の指導の他に、各教科等を合わせて指導を行う場合（日常生活の指導、遊びの指導、生活単元学習、作業学習）があります。

　教科別指導は、生活と関連付けるなどの工夫をしながら各教科の基礎・基本的な内容の学習を行っています。教科書は子供の障害の程度や発達段階に応じて、文部科学省の著作による国語、算数・数学、音楽等の教科書又はその他の適切な教科用図書を使用しています。

　「日常生活の指導」は、衣服の着脱や食事、持ち物の整理等、日常の基本的生活習慣の内容やあいさつ、言葉づかい、礼儀作法等、集団生活をする上で必要な内容を学習します。

　「遊びの指導」は、砂遊びや水遊び等遊びの活動を通して、例えば生活、国語、音楽、自立活動の内容などを学習します。

　「生活単元学習」は、子供の興味・関心を大切にしながら、季節、

81

行事等に関連させた生活に密着した内容を題材として取り上げ、例えば四季折々のテーマを設定して（七夕、豆まき、運動会、収穫祭、お別れ会等）実際的・総合的に学習を計画し、生活上の課題処理や問題解決のために自ら判断・表現・行動する力などを学習します。

「作業学習」は、木工、縫製、窯業、農園芸、清掃、食品加工、事務等の作業活動を通した就労に向けた様々な基本的学習を中心に据え、将来の職業生活や社会的自立を目指し、生活する力を高めることをねらいとしています。そのため、一人一人の子供の卒業後の進路を想定しつつ、基本的な生活習慣、あるいは就労生活する上で必要な知識・技能・態度の向上を目指した学習を行っています。

⑵ 指導とその関わり方

指導については、一人一人の子供の教育ニーズを把握し、障害の程度や発達段階に応じた個別の指導計画が立てられ、それに基づいた指導が行われています。

また、指導にあたっては様々な学習上の工夫をしています。例えば、子供と教員との1対1の個別指導、複数の教員による小集団・大集団による指導等、学習集団編成においての配慮や、一人一人の子供の運動能力や感覚能力等を高めるための教材・教具等の制作、開発を行っています。

知的発達に遅れのある子供は抽象的な理解力やコミュニケーション能力に困難があり、自分の心情や考えを適切に伝えたり、即時に判断することが難しい傾向があります。そのため、行動特徴や心理特性については、一人一人の子供の姿をよく見つめる必要があります。子供の興味・関心に合った活動を計画し、進んで意欲的に活動に参加し、成就感がもてるように適切な支援をすることが大切です。また、集団の中で適切な役割をもち、それを進める中で責任感、仲間意識、社会ルールやきまりを守る態度を育てます。

子供たちと関わる上で最も重要なことは、この子供たちを豊かな個性の持ち主として受け止めることです。それは、一人一人の

子供の個人差に配慮することにほかなりません。

(3) 介護等体験の例
教育活動での体験
①日常生活の指導として、靴の履き替え、食事、歯磨き、持ち物整理、掃除、トイレ（排泄）等があります。身辺処理能力を日常的な生活の中で個に応じた援助をします。

②遊びの指導として、自由遊び、課題遊び等があります。一定の時間、子供が自由に遊ぶほか、簡単な手遊びや簡単なルールによる１対１の遊び、小集団による簡単なルール遊びがあります。子供はなかなか一人では活動的な遊びができないので、この中で興味・関心を広げたり、情緒を安定させたり、友達や大人との関わりやコミュニケーション能力を高めたり、簡単なきまりやルールがわかるようになることをねらっています。また遊具や道具の使い方に慣れ、言葉、数量などの認識力を高めたりすることにもつながります。一緒に遊ぶ相手として、子供の特徴や課題を学ぶ体験ができます。

③作業学習では、製作・生産活動を通して就労に向けた基本を学びます。子供たちと一緒に活動する中で、就労に向けた指導のお手伝いや、子供たちの特性や特徴を知る体験ができます。

④教科別の指導では、国語、算数等の指導の中で、個人差に配慮しながら個別の課題に応じた学習を進めます。教員と一緒に子供たちの課題学習を援助する体験ができます。

⑤生活単元学習では、学習内容に合わせ教員の指示に従って、子供たちと一緒に活動する体験を深めることができます。子供たちが意欲的に活動できるように、共に動いたり、言葉かけをしたり、模範を示したりして教員の手伝いをする中で体験を深めることができます。

⑥部活動やクラブ活動では、内容は学校により様々ですが、教育課程内にとどまらない子供たちの興味・関心を発見し、活動をより豊かにすることができます。例えば、パソコンの活用、サッカー、ソフトボール、調理等の活動が体験できます。

⑦学校行事では、文化祭、運動会、交流会、校外学習、七夕祭り、音楽発表会等に参加することにより様々な体験ができます。

⑧宿泊学習では、事前学習として生活面の個別指導、テーマ別の学習活動、劇化した活動等を実施します。事後学習としてお礼状書き、ビデオ鑑賞、感想文、活動内容の整理、発表等があります。宿泊時には、見学、調理、体験学習があります。子供と共に活動することにより、学校内だけでは味わえない体験ができます。

⑨総合的な学習の時間では、教科の枠組みを超えて、生徒の興味・関心に基づく課題や地域や学校の特色に応じた様々な学習活動が行われます。自然体験、ボランティア活動、交流活動などの学習を体験できます。

その他

　学校教育、社会教育、生涯学習と関連して卒業生を対象とした青年学級や地域との交流を図る夏祭り、地域活動、放課後の課外活動、祝日・休日等の競技大会、長期休業中のキャンプ等の宿泊、保護者会の保育、公開講座の保育等の体験ができる活動があります。

(4) 知的発達に遅れのある子供と接する方へ

　知的に遅れのある子供と接する方は次のようなことを理解しておくことが大切です。

言語

　言語の発達は、子供により様々ですが、特別支援学校では困難のある子

供が多く在籍しています。生理的な欲求や、「痛い」「暑い」等の感覚を言葉で表現することの困難な子供が多く、活動中は目を離さないようにして大人が状況を理解するなどの配慮が必要です。

行動

　一つの遊びを長く続けることが難しかったり、友達と協力・協同しての遊びが苦手だったりする行動が見られます。このような集中力や社会性に関する課題は集団生活を困難にしますが、これも経験や環境によって大きく改善することもあります。

保護者との関係

　知的発達に遅れのある子供一人一人の可能性を最大限に伸ばし、自立的な生活、社会参加を目指すためには学校と家庭との連携が大切です。そのために保護者会、個別面談、日々の連絡帳の活用、授業参観や学校通信など様々な機会があります。

　学校と家庭との連携の基盤になるものは教員と保護者との信頼関係です。教員という立場だけにとらわれずに保護者への温かい対応が必要です。知的発達に遅れのある子供をもつ保護者は多くの悩みや不安、願いをもっています。保護者の置かれた状況を理解し、保護者の立場に立って不安、悩みを受容し、努力を認め、共に考えていく姿勢が大切です。

自閉症児の接し方について

　自閉症は脳に何らかの原因があるとされる発達障害で、特別支援学校（知的障害）には、知的障害を併せ有する自閉症の児童生徒が3〜4割程度在籍していると言われています。

その障害特性は

① 社会的相互交渉の障害（親密で安定した情緒的関係、友達関係等を築くことが困難）
② コミュニケーションの障害（言語発達の遅滞、会話継続能力の障害、反復的・独特な言語等）
③ こだわりと想像力の障害（習慣や特定の行動へのこだわり、強くかつ狭い興味等）

であり、このため自閉症の児童生徒は自分の気持ちを伝えたり、相手の気持ちをくみ取ることがとても苦手です。行動も一見自分勝手に見えることがあります。言葉の話し方やコミュニケーションのもち方、人や物事への適切な関わり方を習得することが容易ではないということを理解してください。聴覚（音）などの感覚が過敏な人もいます。

しかし、視覚的な手がかりに対しては比較的に情報を受け入れやすく記憶に留まりやすいという特徴があり、話し言葉だけに限らずに文字や絵カード、写真、具体物などを使ってコミュニケーションを支援していくことは大切です。このような自閉症児にわかりやすい環境を整えて援助し、場所や物の意味を伝えていく努力をしていくことも効果的です。できるだけ手順や方法を具体的に、その場で、何を、いつ、どのくらいすればよいか等を明確に伝えていきましょう。また、自閉症の児童生徒も障害の程度・特性等の状態が一人一人異なります。一人一人の状態を理解して接しましょう。

ミニ情報

● 知的発達の遅れが軽度の生徒のための高等部について

　学校教育の充実、雇用に向けての法的整備、産業構造の変化による職域拡大等、知的障害者を取り巻く状況が大きく変化してきました。一方では、生徒たちの中には、成長するにつれて、将来、職業的自立をするために専門的な知識や技術を身に付けたいという潜在的にもっていた学習意欲が表面化してきました。また、保護者も社会全体も、そのような教育に期待を寄せました。そこで、知的障害の軽度な生徒を対象として、企業就労に向けた専門的な教育を行う高等部の学校が増加してきました。職業に関する専門教科は学習指導要領に家政、農業、工業、流通・サービス、福祉が示されています。

●特別支援学校（知的障害）／介護等体験感想文

■体験する前はとても不安なことが多くあり、上手く生徒たちとコミュニケーションをとれるか、また、受け入れてもらえるかなど心配でした。しかし実際に話しかけてみると、積極的に話してくれるようになり、給食の時も一緒に話ができてとても楽しく、また、勉強にもなりました。授業を見させていただいたときに、生徒と一緒にパズルなどを行った際、できた時にうれしそうな顔を見た時に、私も同じような気持ちになりました。障害のある人と関わった機会があまりありませんでしたが、今回の体験を通して、特別支援教育にとても興味をもちました。まだまだわからないことが多いですが、勉強していきたいです。ありがとうございました。

■私が体験したクラスは、障害が重いクラスで、言葉が上手く話せない、言葉の意味を理解することが難しい子供が多く、どのように行動すればよいのか非常に悩みました。特に、座ってほしい場面で立って歩き回ってしまう子供を支援するためすぐに座らせるべきなのか、多少は見守りながら対応した方がよいのかの対応に苦しみました。どの程度手助けをして、どの程度自分の力で取り組ませるのかの判断が大切であると同時に難しいポイントだと思いました。

●特別支援学校（知的障害）／介護等体験感想文

■今回の体験を通して一番に感じたことは、子供と関わる難しさと楽しさでした。子供のためを思ってこちら側からいろいろやってしまうのは実は子供のためになっていないことに気づきました。そのため、自分のことは自分でできるようにと、促そうとしましたが子供からの反発にあってしまいました。接し方の工夫や言葉かけの重要さ、難しさに改めて気づかされました。たくさんの難しさを経験しましたが、やはりどの子供もとてもかわいく、個性がそれぞれあり、様々な関わりや体験の中で一緒に成長していきたいと感じました。いつまでもこの気持ちは忘れずにしていきたいです。

●特別支援学校（知的障害）／介護等体験感想文

■自閉症の児童が集まったクラスを担当し、出会った時には手で拒まれるような仕草があったため、距離の詰め方がわかりませんでした。しかし、ランニングを一緒にすることや手をつないで移動をすることで少しずつ距離が縮まったように感じました。午後になると朝は手で拒むような仕草をしていた児童から手を握ってくれることがありました。表情や言葉で表さなくても心で感じてくれているのだということが初めて理解できるようになりました。今までは相手の表情を確認することで考えていることを理解できると思っていましたが、この体験を通して新たな考え方ができるようになり、私の幅が広がりました。自分の配属されるクラスが自閉症の児童のクラスだと聞いて、はじめはどのような子がいるのか全くイメージがつきませんでした。しかし、今回の体験を通して共通に言えることは、教員は常に笑顔で児童と同じ目線で話し続けることが大切だということを感じました。

4 肢体の不自由な子供との関わり方と介護等体験

(1) 教育とその特色

　肢体不自由とは、身体の動きに関する器官が、病気やけがで損なわれたため、歩行や筆記などの日常的な生活動作が不自由な状態のことをいいます。特別支援学校（肢体不自由）は、歩くことや体を動かすことなどが困難な子供たちの学校です。また話すこと、見たり聞いたりすること、自分で考えたり判断したりすることが困難であったり、呼吸や食事をすることに特別な手立てが必要であったりする児童生徒もいます。

　特別支援学校（肢体不自由）は、全国の都道府県にあります。都道府県立の学校が大半ですが、国立、市立、区立、私立の学校もあります。障害や病気との関係から病院や障害者施設に隣接した学校も少なくありません。

　特別支援学校（肢体不自由）には通常、小学部、中学部、高等部がおかれています。ごく一部ですが、幼稚部を設置している学校もあります。また、病院や肢体不自由児施設、重症心身障害児施設などに入院・入所している子供たちのために施設内に分校や分教室を置いている学校もあります。さらに、重症のため通学が困難な子供たちのためには、家庭や病院、施設などに教員を派遣する「訪問教育」も行われています。多くの学校には通学のためのスクールバスが配車されています。また遠隔地に学校があり、通学が困難な児童生徒のために寄宿舎を設置している学校もあります。

　特別支援学校（肢体不自由）では、児童生徒の特性に応じて、三つの教育課程を準備しています。小学校、中学校、高等学校の教育課程に準ずる課程、知的障害を併せ有する児童生徒を対象とした特別支援学校（知的障害）の教育課程に代替する課程、重複障害者のうち障害の状態により特に必要がある児童生徒を対象とする自立活動を主とする課程の三つです。現状では、自立活動を主とする課程で学ぶ児童生徒が多くなってきています。

　このように特別支援学校（肢体不自由）には、障害が軽度の児童生徒か

ら最重度の障害のある児童生徒まで、様々な障害の状態の子供たちが在籍しています。最近では医療技術の進歩や福祉体制の整備により、重度の子供たちも通学できるようになりました。そのため、生活全般にわたり全面的な介助・介護を要する子供たちが大半となり、さらに医療的ケア（口腔・気管からのたんの吸引、鼻腔チューブ等からの経管栄養など）を必要とする子供たちも通学するようになり、医師や看護師と緊密に連携した健康の維持・管理が不可欠となっています。最近では医療的ケアに対応するため、多くの学校に看護師が配置されるようになってきました。一方、高等部を中心に社会自立に向けた資格取得、進学や就職の指導が必要な子供たちもいます。

(2) 指導とその関わり方

　学校生活や毎日の授業や行事などは、小学校、中学校、高等学校等と基本的には同じですが、特別支援学校（肢体不自由）には次のような特徴があります。

命と健康を大切にする

　特別支援学校（肢体不自由）の子供たちは、病気や障害のため、家の外で遊んだり運動で身体を鍛えたりする機会が多くありません。そのため熱を出したり風邪をひきやすかったりすることがあります。また、呼吸が上手にできなかったり飲んだり食べたりを上手にできない人もいます。毎日、発作を抑える薬を飲む必要のある人、定期的に診断が必要な人もいます。まずは健康の維持が学校生活を送る前提となります。教員は常に子供の健康に注意を払いながら、けがや病気につながらないように丁寧に指導を行っています。

自立活動の学習が時間割に組み込まれている

　週時程の中に国語、算数（数学）等の教科の指導時間のほかに、「自立活動」の時間が設定されています。

　自立活動の指導は、個々の児童又は生徒が自立を目指し、障害による学習上又は生活上の困難を主体的に改善・克服するために必要な知識、技能、態度及び習慣を養い、もって心身の調和的発達の基盤を養うことを目標としています。健康の保持、心理的な安定、人間関係の形成、環境の把握、身体の動き、コミュニケーションに関する内容を指導する学習です。例え

ば身体の動きや姿勢動作を改善したり、生活のリズムを整えたり、コミュニケーションの力を高めたりする指導を行います。障害の状況は一人一人違うため「個別の指導計画」により個に応じた指導が行われます。

授業や指導の工夫

どの教育課程においても、児童生徒一人一人に対応した指導を行っています。小学校、中学校、高等学校に準ずる教育課程においても、一人一人の課題等に対応して下の学年の内容を指導している場合もあります。また、知的障害を併せ有する児童生徒については、教科等を合わ

せた指導（日常生活の指導、遊びの指導、生活単元学習など）が行われています。総合的な学習の時間もありますし、商業等の専門教科を授業に取り入れている学校も見受けられます。授業では子供たちが興味・関心をもって学習できるように様々な工夫をしています。日常生活に必要な「食事」「排泄」「衣類の着脱」「乗り物の経験や買い物の経験」なども授業として行います。授業は複数の教員がチームで行うことが多く、授業責任者の教員を中心に役割分担して個別的な援助や指導を行います。

補装具、自助具、教材・教具の工夫

移動が難しい子供は、手動・電動車いすを活用しています。歩行を助けるために足に補装具をつけたり、松葉杖やクラッチという杖を使う子供もいます。歩行を学習するため、歩行器やSRCウォーカー（座付き歩行器）などを活用する場合もあります。不自由な手や姿勢でも学習できるように、特別な机やいすなどの自助具があります。書くことや読むことが困難な場合、パソコンや周辺機器及び入力装置の代わりとして自作スイッチ等を活用します。障害による不都合を補い、学習意欲や興味・関心を引き出す教材・教具の工夫が必要です。

摂食指導と形態別調理について

給食の時間は学校生活の中でも、子供たちにとって楽しみな時間の一つです。肢体の不自由な子供の場合、手指の障害のためにスプーンや食器を保持したり、取り扱ったりすることが困難な場合があります。持ち手を工夫したスプーンやフォーク、食物がすくいやすい変形皿、テーブルに食器

を固定するマットなどを用いて、できる限り自分で食べられるように環境を整えています。しかし、多くの子供たちは、一人で食事をすることが困難なため、教員の介助で食事を取っています。脳性まひなどの障害のため、食べる機能が乳幼児にたとえると離乳の初期や中期の段階にとどまっている子供がいます。また噛むことや飲み込むことが困難なため、誤嚥といって食物を喉に詰まらせたり、気管に入ってしまったりすることがあります。生命に関わる危険な状態になることも考えられますので、食事の介助は特に注意を要します。学校の給食では、普通食のほかに細かく刻んだり、おかゆやペースト状に調理したりして食事をそれぞれの子供に応じて用意しています。また、子供の食べる機能の状態に即して安全に正しく食べられるように介助することができるように研修を行い、摂食指導を行っています。

初期食

中期食

後期食

医療的ケアが必要な子供たちの指導

平成28年5月現在、全国の公立特別支援学校在籍者135,120名のうち、8,116名（6.0%）の日常的に医療的ケアが必要な幼児児童生徒が在籍しており、この内の多くの幼児児童生徒は特別支援学校（肢体不自由）に在籍しています。近年の医学の進歩は目覚ましいものがあり、障害や疾病のために口から物を取り込むことが困難だったり、喉にあるたんを自力で出せなかったり、呼吸を楽にするため気管を切開してカニューレ等の器具を装着したりしている子供たちが、毎日学校へ通学できるようになりました。中には24時間人工呼吸器に生命を託している子供が通学している例もあります。

医療的ケアは、医師法等の法律で「医行為」とされ、医師や医師に指導を受けた看護師などの医療職が行うこととなっています。しかし、法律の

改正により、一定の研修を受けた特別支援学校の教員についても、たんの吸引等の医療的ケアを実施することが制度上可能になりました。現在、医療的ケアが必要な幼児児童生徒が在籍している多くの特別支援学校には看護師が配置されています。このため、特別支援学校（肢体不自由）では、医療的ケアを必要とする幼児児童生徒の状態に応じ、配置された看護師等を中心に教員等が連携協力してたんの吸引等の特定行為を行うようにしています。

(3) 介護等体験の実際

車いすの操作とスクールバス乗降の介助

　多くの子供たちが車いすを使用し、車いすごと乗降できるリフト付きスクールバスで通学しています。自分で動かせる子供もいますが、自力で車いすを動かすことができない場合は教員が介護します。子供の姿勢や状態を見ながら安全に配慮することが大切です。ベルトやテーブルを車いすに装着する場合は、確実に行いましょう。物にぶつかったり急激な方向転換をしたりすることは危険が伴いますし、子供が恐怖心をもつ原因になります。車いすを固定する場合は必ずブレーキを忘れないようにします。ブレーキの位置は、車いすにより様々です。事前に確認しましょう。

　教室では車いすから降りて過ごす場合があります。その際は、自力で降りる子供を援助したり、抱きかかえて降ろしたりする場合もあります。スクールバスの乗降時の補助の仕方を学ぶと同時に、安全な操作を学びましょう。また、リフトに自分の足を挟むことがないように、細心の注意を払ってください。介助を行う際は、必ず教員の指示に従い、自分の考えで勝手に介助を行うことのないようにしましょう。

校外学習（遠足、社会見学）での介護

　肢体の不自由な子供たちは社会的な経験が不足しがちです。そのため、学校では校外での実際の体験を取り入れた学習を多く計画しています。

　2日間の介護等体験ですが、こうした校外学習を体験する機会も少なくありません。戸外に出かける場合は、車いすを押す、歩く子供の腕を支える、転ばないように見守りながら側を歩くなどの介護が必要です。車いすの前輪は、小さな段差や石などの障害物を乗り越えられず前のめりになることがあります。杖の場合は、濡れていたり滑りやすい道路面などに注意

が必要です。また支え歩きの場合は、支える体の部位や支え方の要領を知っておくなどの配慮が必要です。出発前に自分が担当する子供を中心に、介護の要領を十分に学んでおきましょう。

授業での介護

　授業は複数の教員がチームで行うことが多いので、当然チームの一員として介護にあたります。特定の子供を抱いたり、個別の関わりを任せられたりすることもあります。担当する子供の特徴や状態はもちろん、授業のねらいをよく理解し、教育実習のつもりで積極的に関わりましょう。また、運動会、文化祭、学芸会等の行事にあたる場合には、介護だけでなく全体の流れをよく見て、特別支援学校（肢体不自由）の行事についても、学ぶ機会としてください。

⑷ 肢体の不自由な子供と接する方へ

　最後に、肢体の不自由な子供に接する上で大切なことをいくつか挙げておきます。

①肢体不自由児の場合、外見の様子や動作の不自由さばかりに注意を向けていると、時として誤った判断をしてしまうことがあります。一人一人違った理解力があり、それぞれに要求をもっています。肢体不自由児一人一人の人格を忘れてはいけません。そして、一人一人の個性を尊重し、特性を見極めることが大切です。

②重度・重複障害児は、通常発達の初期の段階でつまずいていると考えられます。したがって乳幼児期の接し方に準じた配慮をもって接することも必要です。生活年齢にも配慮しながら、笑顔と優しい言葉かけを心がけましょう。

③言葉がすぐに出てこなかったり、動作が思うようにできなかったりすることがあります。時間をかけて聞いたり、待ってあげたりしてください。

④車いすを動かしたり動作の介助を行ったりするときには、必ず言葉かけをしてから行うことが大切です。過剰な援助は発達や自立の妨げになります。子供の様子をよく見極め、必要な援助の手を差し伸べるように留意しましょう。

⑤健康な人にはなんでもない細菌も、特別支援学校（肢体不自由）の子供には感染の恐れがあります。着替えや手洗いの励行に努め、衛生の確保

にも気をつけましょう。

ミニ情報

● **医療的ケアとは**

　家族や看護師が日常的に行っている経管栄養注入やたんの吸引などの医療行為のことを言い、医師による治療行為と区別するために、介護や教育などの現場で定着してきた用語です。医療的ケアは、医師法等の法律で「医行為」とされ、医師や医師に指導を受けた看護師などの医療職及び家族のみが行うこととなっていましたが、厚生労働省と文部科学省の通知で、平成16年10月以降、看護師が配置された特別支援学校では、教員が(1)たんの吸引、(2)経管栄養、(3)導尿補助（管を使って排尿する）の三つの特定行為を行うことができるようになりました。その後、特別支援学校においては、徐々に看護師の配置等が進み、医療的ケアを実施できる体制が整備されつつあります。さらに、介護保険法等の一部を改正する法律による社会福祉及び介護福祉法の一部改正に伴い、平成24年4月より一定の研修を受けた特別支援学校の教員についても、たんの吸引等の医療的ケアを実施することが制度上可能になりました。従来は、安全性の面から、医療的ケアが必要な児童生徒を学校で集団生活させるのは困難との認識が強かったようですが、現在は、通学することで精神的にも社会的にも成長を促すことができると考えられるようになってきています。今後、一層の医療的ケアを行える体制の整備が求められています。

●特別支援学校（肢体不自由）／介護等体験感想文

■私は、今回の介護等体験に参加するにあたって、特別支援学校の児童と積極的に関わり、授業内容や介助の仕方を学ぶことを目標としていました。この目標は、初日早々につまずいてしまいました。初めて児童に会った時にどのように話しかけたら良いのか全く分からず、戸惑い右往左往してしまったからです。結果的には、朝の会で児童のみなさんから、「好きな食べ物は？」などと質問をしてくれたので、話をすることができました。初日のそれからの時間と二日目の体験では、私の方から積極的に話しかけることができました。最初の朝の会で児童との橋渡しをしてくださり、児童とお話ができるようにしてくださった先生方に感謝しています。

介護等体験の前は、特別支援学校（肢体不自由）で学んでいる児童は、どんな子供たちだろう、あまり自分から積極的に学習に取り組まないのではないか、コミュニケーションがとれるのだろうかと不安さえありました。しかし、実際に体験してみると、児童が思っていたより明るく、積極的に活動する子が多く、良かったなあと思いました。日直の仕事なども、自分がやると意思表明する子がたくさんいて、騒がしいほどでした。その活動意欲や積極性には感心しました。

教員の指導場面で参考になったことは、児童がいけないことをした時に、ただしかるのではなく、どうしていけないのか、相手はどういう気持ちになるのかといった事をていねいに話していたことです。しかられる内容について、なぜダメなのかを理解できるようにすることで、行動を自制できる力をつけているのだと感じました。

私も教員になったら、きっとこの経験を生かしていきたいと考えています。支援を必要としている児童は、一般の小学校にもたくさんいると言われています。特別支援学校（肢体不自由）で学んだ、一人一人を大切にして教育活動を行うことを、これからの教員生活で発揮していきたいと思います。

●特別支援学校（肢体不自由）／介護等体験感想文

■障害のある子供たちと積極的に関わり、障害のある子供たちの生活を知ることができればいいなと思い、特別支援学校の介護等体験に参加しました。体験前の障害のある子供のイメージは、小学校・中学校の頃の特別支援学級の児童生徒でした。しかし、私の体験させていただいた特別支援学校は、肢体不自由の学校であり、知的障害も併せ有している子供たちとの活動でした。イメージとは違って、重い障害があり、一時も目を離すことができない子供たちでした。

　１日目は、自分から子供たちに関わろうと積極的に動きました。自分にでもできるような簡単な仕事は積極的に見つけようとしました。そうすると、先生方が「これ、やってくれる」といった感じで指示を出してくれました。しっかり体験ができたという実感がありました。２日目は、トイレに付き添ったり、授業での子供たちの頑張りについて話したりすることができ、一層、充実した一日となりました。しかし、２日目は子供たちから嫌がられている素振りを感じて、なかなか積極的に仲良くなろうと動くことができませんでした。大きな声で歌ったり、子供たちに呼びかけたりすることも、少し消極的になってしまいました。

　今回の介護等体験では、"先生"と呼ばれる人のそばで体験ができ、先生としての子供たちへの接し方、先生同士の連携の仕方などをそばで見ることができ、とても有意義でした。また、子供のためを思って授業を工夫すること、そして先生方のその姿勢にとても刺激を受けました。今回の体験が無ければ、障害のある子供のことは本当には分からなかっただろうと思っています。今回の体験や関わりを忘れずにこれから生活していこうと思います。障害について、トイレなどの細かいところまで教えていただき、貴重な体験をさせていただいたこと、本当にありがとうございました。

5 病気の子供や体の弱い子供との関わり方と介護等体験

(1) 教育とその特色

　病気になると、子供たちは病院で診察や治療を行いますが、中には病気の回復や改善に時間がかかる場合もあり、入院しなければならないこともあります。

　入院は1週間程度の短時間から長期にわたるものまで様々です。こうした医療を必要とする子供たちの教育は、昭和54年養護学校の義務制が実施される前から入院や治療と併せて行われてきました。しかし、短期入院の子供たちは治療専念ということで、教育を受けない場合がありました。現在は、短期間でも入院して学習できる状態であれば教育を受けています。

　平成14年4月、40年ぶりに就学基準の改正が行われ、平成15年度からは「6ヶ月以上治療にかかるものが対象」という規制がなくなり、「継続して治療を必要とする」場合と改正されたので、安心して治療をしながら教育が受けられるようになりました。

　近年、医学のめざましい進歩に伴い、病気の早期発見や新しい治療法の研究、新薬の開発などにより治療方法が大きく変化しています。以前には長期の入院を必要とした病気でも、集中治療の行われる期間のみの入院で済むようになってきました。併せて小児病棟に入院する子供たちの病気の種類や病状も様々に変化してきています。

ICTを活用した授業

　心身ともに発達の途上にあり、生涯の基盤づくりとなる時期の子供たちにとって治療に合わせて教育を行うことは大切です。子供たち自身、学習をしたいと希望しています。また、健康を回復して前籍校に戻った時に学習の遅れがないようにすることは、退院後の適応や本人の学校生活を送る上での自信につながるため重要なことです。

　また、学習を補償することにより充実した生活を送れるようになり、子

供たちの治療への意欲が高まり、治療効果の上がることが知られるようになってきました。

(2) 指導とその関わり方

子供たちの病気の主なものは次の通りです。

喘息、腎炎、ネフローゼ、虚弱、肥満、筋ジストロフィー、脳性まひ、白血病、心臓病、糖尿病、精神疾患、心身症、悪性新生物などです。

日課表（中学部の例）

		月	火	水	木	金
1	8:40 9:25	音楽	家庭	社会	理科	英語
2	9:30 10:15	理科	英語	国語	保体	数学
3	10:25 11:10	保体	社会	技術	英語	美術
4	11:20 12:10	国語	理科	学活	道徳	国語
5	13:15 14:05	数学	国語	自立	数学	理科
6	14:10 15:00	英語	自立	総合	社会	委員会

これらの病気の子供たちが学ぶ場を大きく分けると、特別支援学校（病弱）と小学校、中学校の病弱・身体虚弱の特別支援学級とになります。入院している子供たちは病院に併設あるいは隣接している特別支援学校（病弱）・分校・分教室に通います。もしくは病院の中に設けられた小学校、中学校の病院内学級に通います。また、体の弱い子供や健康回復が十分でない子供たちは、小学校、中学校の病弱・身体虚弱の特別支援学級で学びます。

特別支援学校（病弱）には寄宿舎を設置した学校や病院への訪問教育を行っている学校もあります。指導は一人一人の病気の状態に合わせて、小集団できめ細かく行われています。安静治療や感染防止が必要な子供には個別指導（ベッドサイド学習）を行っています。

学習内容は前籍校と同じ内容を基本としています。病状の変化により入院・退院を繰り返す子供たちに、学習の遅れや将来への不安を感じさせないためにも、前籍校との連携を維持することが大切であり、学級だよりを送ることやメールの交換などをしています。また、長い入院生活を送る子供たちは、積極性・自主性・社会性が乏しくなりやすいため、学校生活の中で可能な係り活動や学校行

文化祭（舞台発表）

事・校外学習など、工夫して計画的に取り入れています。また、体験的な学習を行うにあたっては、間接体験や疑似体験等を取り入れるなどして指導方法を工夫しています。

小学校、中学校と同じ教科指導の他に「自立活動」の時間が設けられています。そこでは自

教科学習（中学部数学）

分の病気についてよく知り、健康回復のためにどのような生活を送るのがよいのかを学びます。再発しないための生活上の工夫や病状に注意しながら生活する態度・習慣を身につけるなど、自己管理能力を高めて明るく意欲的に生きる力を育みます。

また、病気への不安や家族と離れて生活する孤独感などに対して、病院や家庭と密接な連絡・連携を取りながら、心理的な安定を図ることも大切な教育的関わりとなっています。

(3) 介護等体験の例
授業における介護

子供たちの多くは治療や検査などを受けるために、登校して学習することがしばしば制限されます。そのため、学習に空白が生じて、進度が遅れる場合が多くあります。遅れた部分を個別的に丁寧に指導しながら、勉強の自信をつける必要があります。その個別の援助も「介護等」の一つです。

外国の人に日本の伝統文化を披露

また、車いすやストレッチャー、医療機器などを使用しながら学習している子供の安全を確保するための介助も「介護等」の一つです。

学校行事での介護や交流

経験を広げ社会性を豊かにすることをねらいとして、文化祭等の児童生徒の実態に合わせた学校行事が行われます。身体活動に制限のある子

101

供たちが安全に参加するためには、事前の準備が大切であり、その手伝いが必要です。

寄宿舎生活での介護や交流

寄宿舎生活をする子供たちにとって、寄宿舎は家庭に代わるところです。舎監・寄宿舎指導員の先生と共に身の回りの世話や介護をしたり、家族と離れて生活する寂しさを話し相手をしていやしたりする関わりがあります。

教材・教具の製作補助

子供の障害の状態や生活の制限に合わせた指導を行うためには、いろいろな教材・教具を準備する必要があります。それらの製作の補助をすることも「介護等」の一つです。

環境整備の補助

アレルギーの子供には治療上、ほこり・かびなどのアレルゲンをできる限り除去した環境を整えることが必要です。また、感染症を防ぐためには蚊などの虫さされにも注意します。

日々の掃除や洗濯・除草を丁寧に行い、環境整備に努めていかなければなりません。これらの作業の補助を行うことができます。

部活動やクラブ活動などへの参加や補助

生活に潤いをもたせ、学習意欲・生活意欲の向上を図る活動です。楽器の演奏やパソコン、スポーツなどの特技を生かして補助することができます。

⑷ 前籍校への復学に向けての取組

治療が終了すると退院して元の学校に戻っていくことになります。このことを復学と言いますが、治療が終了したからといっても完全に元の状態に戻って復学というわけにはいかない場合もあります。まず、入院したことにより、体力の低下があります。また、治療により髪の毛が抜けたり顔がむくんだりといった容姿の変化がある場合があります。クラスメイトに対して病名を伝えることも難しいことがあります。また、長い期間学校を離れたことにより、友だち関係や学習に対する不安が大きいこともあります。

安心して復学するためには、①転入の際に前籍校から詳しく情報を収集する。②在学中は、病院・保護者・前籍校・関係機関等との連携を密にして、学校生活を充実させるとともに、転入直後から復学に向けた取組をスタートさせる。③復学に向けて、前籍校と十分に協議し、子供たちが安心

して生活できるような合理的配慮について検討する等、それぞれの時期の取組を行っています。

(5) 病気の子供や体の弱い子供と接する方へ

自分から子供、子供から自分への感染予防に努めること

治療のために免疫力が低くなっている子供がいます。風邪が引き金となって病状が悪くなることがあります。手洗いや消毒、うがいなど健康管理に心がけるとともに、病気を持ち込まない、また持ち出さないように気をつけることが必要です。

同情心や好奇心ではなく、常に「明るさ」をもって自然に接すること

治療のための様々な規制が子供たちの行動を消極的にしたり、自信を失わせたりすることがあります。また、難しいことに出会うと病気だからという理由で、避けたり逃げたりすることもあります。病状の許す範囲内で精一杯努力させることが大切です。そのためには単なる優しい保護や慰めではなく、時には温かい思いを込めた厳しい励ましも必要です。

常に明るく元気な姿勢で接することが大切です。

子供のプライバシーに留意し、知り得た情報を外に漏らさぬこと

子供と接する中で、時に病気に関わる個人の情報を知ることがあります。どんな場合でもそれらの情報を他に漏らすことのないように配慮しなくてはなりません。

清楚で動きやすい服装や靴を用意すること

子供はもちろん、自分もけがをしないようにするためには活動しやすい服装が望まれます。

学校は教育の場ですから清潔で清楚な服装を心がけましょう。

病弱児の治療や病気の種類は、医療の進歩や社会の状況等とともに変化してきており、近年、特別支援学校（病弱）においては、入院の短期

化や頻回化が進むとともに、病気の種類として心身症やうつ病、適応障害等の精神疾患の子供が多くなってきています。

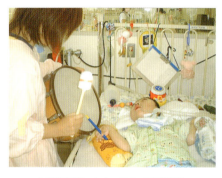
▲自立活動（ベッドサイド学習）

▲教科学習（ベッドサイド学習）

●ミニ情報

●病弱教育対象児童生徒の病気の種類別の推移

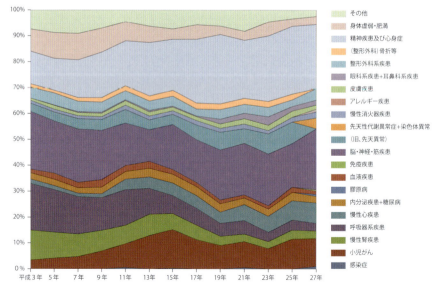

（全国病弱虚弱教育研究連盟による病類調査より）

●特別支援学校（病弱）／介護等体験感想文

■今まで特別支援学校と聞くと、漠然と障害のある子供たちが通っている学校というイメージしか浮かびませんでした。今回、特別支援学校（病弱）で介護等体験をさせていただき、そのイメージは大きく間違っていたことに気づかされました。一見、本当に元気な子供たちが学んでいる学校のように映りました。

　しかし、そのような子供たちの学校生活の背景には先生方の細やかな配慮があることを知らされ、納得するとともに教育の原点を見たような思いにさせられました。特に病状の段階に応じた学習の場が設定されていたり、運動制限がある中でも、その段階に応じた体育の授業内容が工夫されていたりすることなどは印象的でした。そのような中、説明に当たられた先生からの「子供たちは、本当は遊ぶことよりも勉強することが好きなんですよ。」という話には、子供の本来の要求が示されていると思い知らされました。新しいことを知って、学んで、そして自分の世界を広げていくことが生きる力であるのではと感じました。このように子供たちの「知りたい」「学びたい」という芽をつぶさず、育ててあげられるような教員になりたいと思いました。

　最後に、健康であることがどんなに幸せなことかを絶対に忘れてはならないと思いました。そして、子供たちからたくさんのパワーをもらえたことに感謝しています。

●特別支援学校(病弱)／介護等体験感想文

■私は実習に来る前に、特別支援学校(病弱)は、病気を治療しながら通う学校だと聞いていたので、子供たちはみんなおとなしい感じなんだろうと思っていました。うまくコミュニケーションをとれるかとても不安でした。でも実際2日間児童生徒と触れ合ってみて、みんなとても明るいなと思いました。一緒に体育館で遊べるとは思っていなかったので、ボール遊びができてとても楽しかったです。通常の学校にしか通ったことのない私にとって、特別支援学校(病弱)は生徒数が少なくて初めは寂しい気がしたけれど、その分児童生徒と先生との結びつきが強い感じを受けました。児童生徒は教員を信頼しているんだなということが伝わってきました。また先生方も児童生徒一人一人をしっかり受け止めようとしているんだと思います。私も将来教員になったら、児童一人一人と向き合える教員になりたいと思っています。だから昼食のときに、生徒に交じって同じ空間、同じテーブルで食事している先生方の姿を見て、いいなあと思いました。教員と生徒という立場はそれぞれ大切にしながらも、一人の人間対人間としての関わりをもつことで、学校を卒業して社会に出たときに人間関係を築く上で必要なものが身に付けられるのではないかということを考えさせられました。

また琴、茶道、華道など日本の文化に触れる機会が設けられていることが、子供たちにとって素晴らしい環境だと思いました。モンゴルの音楽団の方が演奏にいらっしゃいましたが、相手の文化を受けるだけでなく、こちらからも文化を相手に伝えることができるということは、とても価値のあることで、これこそ国際交流だと思いました。子供たちは恵まれた環境にあってうらやましいなと思いました。何事にも取り組もうとする姿に感動しました。これからまた自分の夢に向かっていろいろなことに挑戦して、もっと視野を広げていこうという活力、やる気を子供たちからもらいました。

Ⅳ 介護等体験を行うときの注意

介護等体験にあたって

　特別支援学校における介護等体験は、これから活躍しようとしている小学校、中学校教諭の免許取得希望者が、障害のある子供たちが学ぶ学校で介護等の体験を行い、その体験をこれからの教育活動に生かすことを目的として行われています。平成19年度からは特別支援教育の制度がはじまり、地域の小学校、中学校においても、障害のある児童生徒を適切に指導することが求められています。その意味では、介護等体験は非常に重要なものとなってきています。小学校、中学校教諭の免許取得希望者であるあなた方にとっては体験の場ですが、そこで学ぶ子供たちにとっては毎日が貴重な学習の機会です。子供たちの大切な時間を利用して体験の機会を与えられているということを忘れずに、真剣に取り組んでください。

(1) 教育実習との違い

　介護等体験はいわゆる教育実習とは違います。介護等体験の内容は、法律にも「障害者、高齢者等に対する介護、介助」に加えて「これらの者との交流」とあるように、介護、介助だけでなく寄宿舎や学校で障害児の話相手や、散歩の付き添い、行事の補助などを通しての交流等の体験、あるいは掃除や洗濯など障害者や高齢者と直接接するわけではないけれども大切な作業など、様々な幅広い活動があります。

(2) 人権への配慮

1. あいさつはきちんとしましょう。子供たちがみなさんを見習います。
2. 障害がある子供と接することは、代わりにしてあげることとは違います。子供たちには年齢相応のプライドがあることを踏まえた活動を心がけましょう。
3. 敬称をつけて名前を呼ぶことなど、一人一人の子供の人権を尊重した対応に配慮しましょう。
4. 同情の目、好奇の目、不必要なおしゃべり、ひそひそ話、指さしなどに気をつけましょう。

(3) 個人情報の保護

教員には、知り得た情報を漏らしてはいけないという守秘義務が課せられています。障害のこと、住所や氏名、家族の事情など、介護等体験を通して知り得た個人情報は、友だちはもちろん、家族にも漏らしてはいけません。個人情報保護法や地方公務員法のもとに厳しく守られるものであることを忘れないでください。

笑顔でのあいさつは出会いの基本

プライドに配慮した支援をしましょう

同情の目、指さしなどは禁物です

個人情報は決して漏らさぬよう要注意

(4) 服装、身だしなみ、言葉づかい

介護、介助、交流等では体を動かす体験が多くなります。安全を踏まえるとともに、機能的な服装に配慮する必要があります。また、思春期を迎え多感な児童生徒が学ぶ学校です。ラフな服装や華美な装飾品は避け、学校にふさわしい服装を心がけましょう。さらに、身だしなみにも注意しましょう。

華美な服装や装飾品は学習の妨げになります

ヒールの高い靴

自分も不安定です。また相手の子供にけがをさせるかもしれません。

ブローチ、指輪、イヤリング、長い爪（着色のマニキュア）等

相手の子供に学習目的以外のことに強い興味をもたせてしまったり、けがをさせたりすることになるかもしれません。

光るものが好きな生徒、また体調に影響する生徒もまれにいます

言葉づかい

子供たちがみなさんを見習います。丁寧な表現を心がけましょう。

仲間同士の私語

大人の話に敏感な子供も多くいます。時には、自分の事を話されていると子供たちは気になることもあります。時には人権尊重の不十分さにつながります。

(5) いくつかのマナー

- 学校は1校時、2校時のように時程で動いています。約束の時間に遅れないようにしてください。
- 体調が悪い、風邪をひいたなどで当日、急に参加できなくなった場合は、開始時刻までに間に合うよう、大学を通して連絡することが一般的です。インフルエンザ等の感染症の疑いのあるときは、医師の診察を受けて確認するとともに、体験の延期等も相談しましょう。特別支援学校には、風邪などの感染症であっても命に関わるような子供たちが通学しています。
- 伝えられた持ち物などを忘れないようにしましょう。昼食が必要な時は弁当を忘れないようにしましょう。
- 介護や介助の内容は、その人のニーズに合わせ、その人に聞き、さらに、担任に確かめてから行います。
- 自分の思いだけで保護者と連携を取らないでください。必要なときは担任に相談しましょう。個人情報保護にも関わります。
- ＊マナーの不十分さは自分一人だけにとどまらず、これから介護等体験を希望するあなたの後輩にも関わることになるかもしれないことに留意しましょう。
- 携帯電話、スマートフォン等の電源は切っておきましょう（この音で子供がパニックを起こすことがあるので注意しましょう）。

時間厳守で

様子がわからないときは、生徒や担任に確かめて進めましょう

スマートフォン等の電源は切っておくこと

- 子供たちから申し出があったとしても携帯番号やメールアドレスの交換は厳禁です。

⑹ 保険、経費

　保険は介護等体験の条件ともいえる大事なことです。大学に相談し事前にかけておきましょう（公益財団法人　日本国際教育支援協会でも取り扱っています。p.132 Q33参照）。

　交通費や食費、その他この体験にかかる費用（例：証明書用印紙代が必要な場合もあります）は本人の負担です。なお、大学で徴収される介護等体験参加費用には含まれていないことがあります。確認しましょう。

　また、介護等体験の内容には様々なケースがありますので、大学や学校からの連絡に注意するとともに、内容も確認するとよいでしょう。

⑺ 証明書の保管

　証明書は大学・短大が用意したものをみなさんが介護等体験を行う各学校に提出してください。終了後に必要事項を記載の上、押印して一人一人に返却されます。この証明書は教員免許状の授与申請の際に介護等体験が行われたことを証明する大事な役割がありますので、各々で大切に保管しておく必要があります。原則的には再発行はされないので注意が必要です。ご自身でこれまで取得してきた各種免許、証明書、認定証などは資格等を証明する大事なものです。保管のためのケースやファイル等を購入し、一か所にまとめて保管することをお勧めします。

資格の証明や証明書等の大事なものは、ケースまたはファイル等で一つにまとめて決めたところに保管しましょう

介護等体験を通して学んだこと (1)　　／ 札幌市立小学校教諭

子供の言動の裏側にあるものをひも解いて

　現在私は、公立小学校で 2 年生の担任をしています。毎日様々な出来事が起こりますが、感じるのは、自分の感情を素直に表現できず、苦しんでいる子供たちが多いということです。子供たちと向き合う時、私はいつも、介護等体験で出会った一人の女の子が教えてくれたことを思い出すようにしています。

　私は、障害のある人たちが仕事を行う作業所で、5 日間実習をさせていただきました。そこで私は、中学校の特別支援学級を卒業したばかりの、A さんという女の子と出会いました。A さんは、とても人懐こく、私ともすぐ打ち解けて話をしてくれました。しかし、実習も最終日に差し迫ったある日、私と A さんがトイレに入った時、急に A さんが「別の職員を呼んで。」と言い出したのです。今までは、このようなことを言うことはありませんでした。私は、「実習も最後の日なのに。私は、結局 A さんに必要とされていないのか。」という気持ちになりました。そこで私は他の方を探しに行ったものの、どの方も手一杯で、A さんに、「他の職員さんは来られないよ。だから、用を済ませて早く出よう。」としか言えませんでした。しかし、A さんは全く納得しません。「別の職員を呼んで。」という声は、大きくなるばかりでした。しばらく同じやり取りが続いた後、私は、ふと、A さんが若い男の人が好きだということを思い出し、「A さんは好きな人、いる？」と聞いてみることにしました。すると、A さんの表情がみるみる明るくなり、今まで好きだった人の話をしてくれました。それから、A さんは、いつものように用を済ませ、トイレから出たのでした。この話を後に職員の方にすると、「きっと A さんは、あなたが今日で終わりだということをなんとなくわかっていて、わがままを言いたくなったのかもしれないね。あなたが好きな人の話を聞いて向き合ってくれて、うれしかったと思うよ。」と言われました。私は A さんに申し訳ないという気持ちでいっぱいになりました。

　A さんは、教員を志していた私に、まずは自分から関わること、そして、そのかかわりから、相手の言葉や行動の背景にあるものをひも解くことの大切さを教えてくれました。教員として大切なのは、子供の言葉の裏側にあるものをひも解きながら、そのような子供たちと向き合うことだと思います。現在、私は子供と向き合う時はいつでも、このことを心掛けています。

　このように、介護等体験には、教育活動の原点になる要素がたくさんあります。これから体験される方々には、ぜひ、自分から相手にかかわって、教員となるうえで大切なことを、自分の目で見つけてほしいと思います。

112

介護等体験を通して学んだこと (2)　　／　仙台市立中学校教諭

「待つ」ということ
── 児童生徒・利用者との関わりの中から ──

　私は現在、公立中学校で勤務しています。教員生活は1年目です。日々の教育活動で心がけていることがあります。それは「待つ」ことです。生徒自らが考え、行動を起こすまでじっくり待つ―これは、介護等体験を通して学び、今も大切にしていることです。

　私は都内の養護学校と社会福祉施設で体験活動を行いました。特別支援学校では、知的障害の学級で2日間体験活動をさせていただきました。積極的に関わろうとする生徒が多い中、自ら言葉を発せずに、教室の片隅に一人たたずむ男子生徒がいました。こちらが話しかけては彼が離れていく、ということをくり返し、コミュニケーションに苦慮したのを覚えています。悩んだあげく、まずは話しかけず、彼の表情や様子を遠くから観察し、彼の方から私に関心をもってくれるのを待ちました。

　2日目の午後、彼と一緒にパズルで遊ぶことになりました。ここで感じたのは、完成を急ごうとしている自分がいたことです。そのパズルを組み立てるのは、私にとっては容易なことであり、彼にとっては困難なことです。私のサポートにより簡単にパズルを完成させてしまえば、彼が得るもの、感じるものはありません。大切なのは彼自身が考え、ピースを埋めていくこと。間違いがあれば、一生懸命に別なピースを探します。その過程こそが彼にとっての「学び」となるのです。時間はかかりましたが、どうしてもピースを埋められないときは私がサポートし、彼はパズルを完成させました。この経験を通して、私は「待つ」ことが彼の「学び」を保障するということを学びました。

　社会福祉施設における体験活動でも同じことを感じました。ストレッチマットから起き上がろうとした利用者の方に手を貸そうとしたとき、「大丈夫、自分でできるから。」と言われ、それまで感じたことのないショックを覚えました。利用者の方の気持ちや意思をくみ取らず、ただ手を貸そうとした私は介護の意味を理解していなかったのです。「最も大切なのは当事者の自主性を重んじること」―これは担当職員の方からいただいたお話です。やはりここでも「待つ」ことが必要だったのです。相手の立場になって考え、利用者の方が何を必要としているのかを見極める必要がありました。

　今思うのは、環境や対象を問わず、教育の本質は根本でつながっているということです。介護等体験を通して学んだ「待つ」ことの大切さを、これからも心に留めて日々の教育活動にあたりたいと思います。これから介護等体験に臨む皆さんが、児童生徒や利用者との関わりの中から何かを発見することを願っています。

介護等体験を通して学んだこと ⑶ ／ 埼玉県特別支援学校教諭

心のつながり

　私は現在、特別支援学校で中学部1年生の担任をしています。もともとは中学校の教員になることが将来の夢でした。そのため、大学では教職課程として介護等体験を行いました。介護等体験では"肢体不自由"の特別支援学校でお世話になり、2日間体験を通してさまざまなことを教わることができました。

　その体験の中でも一番印象に残っている生徒がいます。知的障害を併せ有する肢体不自由の生徒です。体験のときは私がその生徒を担当することになりました。最初にその生徒と関わろうとしたとき、まったく目を合わせてくれませんでした。目を合わせるどころか大きな声を出し、そっぽを向き手や足をバタバタと動かし暴れてしまいました。何をした訳でもなく暴れられてしまい、とても焦ったことを今でも覚えています。担当をしていた先生によると、

　「手や足をバタバタさせるのは喜んでいる証拠。新しい先生だと思って恥ずかしいのとうれしいのが混ざっただけ」と笑いながら言われ安心した一方で、「間違った解釈のままでいたら、この子とはいつまでたっても良い関係を築くことはできなかっただろう。」と思いました。

　その生徒と関わっていく中で、言葉で表現できなくても"楽しい"、"嬉しい"、"悲しい"などの感情表現は声の大きさや高さ、手や足の動きなどさまざまな工夫で表現されていることがわかりました。その表現の仕方も毎回違っており、何を表現しているのかまったくわからなかったです。しかし、担当の先生はその感情を一つ一つ教えてくださり、自分の未熟さを痛感しました。痛感したとともに、人と人とのコミュニケーションの大切さや、子供の心の変容を見ることの大切さを学ぶことができました。

　今の私は、教科の学習に加えて総合・学活・道徳なども教えています。どの授業でも共通して基本となるものは"生徒をみる"ということだと思います。生徒の表情や行動、言動から生徒の心を読み取り授業の指針を定める、教員にとって基本的な部分を介護等体験を通して学ぶことができました。教員生活は4年目になるのですが、まだ、"生徒をみる"という部分に関しては未熟です。これから出会う多くの生徒たちから学んでいきたいと感じております。

介護等体験を通して学んだこと (4) ／ 京都府向日市立小学校教諭

今の自分を振り返る "ものさし"

　私が特別養護老人ホームと身体障害者養護施設を訪れたのは、教員として採用された後の初任者研修講座でのことでした。社会奉仕体験活動として、そこで働いておられる方々の様子を見学させていただいたり、お年寄りの方の食事介助や、障害のある方の日常的なお手伝い（部屋の清掃や布団敷き等）をさせていただいたりしました。

　講座の終わりに、施設で働いておられる方から、お年寄りや障害のある方々と接するときに日々心がけておられることをお聞きしました。それは、私が学校で子供たちと接するときにも言えることで、見習うべき姿勢・態度だなあと思いました。

　具体的にいうと、"今してほしいことを察知する""していけるように仕向ける"技術、"いつでもあなたを受け入れる用意がありますよ"と感じさせる態度、"無視される恐怖を感じさせないようすぐに反応してあげる"ことの大切さなどです。

　今年度、私は5年生を担任しています。元気のよい子供たちと日々共に過ごしています。子供たちの中には、授業中、横や後ろを向いておしゃべりをしたり、ずっと手遊びをしていたり、なかなか落ち着いて話を聞くことができない子が少なからずいます。これからする学習課題の説明をするのですが、説明が一通り終わった後、さあ始めるぞという段階で、「どうすんの？　わからへん。」「先生、来て。」と言うのです。毎日、何度となく繰り返されるその言葉に、「いい加減ちゃんと聞きなさい。」「説明はもうしました。」と言い、「先生、先生。」と呼ぶ声に耳を傾けないこともありました。はじめにきちんと説明をしているのだから、それをほかの皆と同じようにちゃんと聞いてほしい、後で聞けばいいと安易に思ってほしくない、という気持ちからでした。

　研修で学んだあの言葉を思い出すと、今の自分の態度はどうだろうかと振り返ることができます。"していけるように仕向ける"ことをもっと工夫してやっていきたい、きちんと話を聞いてほしいという気持ちはさておき、すぐに反応してあげることが大切だったのではないか、と思います。

　あのとき教えていただいたことを、いつでも胸にしまっておき、ときどき思い出しては今の自分を振り返る "ものさし" にしたいと思っています。

介護等体験を通して学んだこと (5) ／ 島根県安来市立小学校教諭

できないことではなく、できることをもとに

　私は現在、県内の公立小学校で1年生の担任をしています。個性あふれる1年生と毎日を過ごす中で、介護等体験を通して学んだことを思い出すことが多々あります。それは、「何ができないかではなく、何ができるかを考える」という子供観と、「待つ」姿勢です。

　私が介護等体験をしたのは特別支援学校（視覚障害）です。介護等体験の内容は、校舎内見学、授業見学、講話でしたが、生徒と教員が直接関わり合う様子を見学した授業の様子が最も印象に残っています。私が見学したのは中等部の家庭科の授業で、視覚障害のある中学2年生の男子生徒に、2人の先生が裁縫を教えていらっしゃいました。縫い目が視覚では確認できづらい様子の生徒でしたが、先生方が用意した見本の布の縫い目を指先で何度もなぞって、完成図のイメージをつかもうとしていました。先生方はその様子をじっと見守り、生徒が大丈夫と言うようにうなずくと、彼の手に針を持たせ、布の縫い始めの場所を触らせて教えてあげました。そして彼の手を持って一針縫いました。彼は先生と一緒に一針縫う度に、次の縫い目を指でなぞって確認する作業を繰り返していきましたが、そのうちに針山の場所や次に布のどこに針を刺せばいいかなどを心得たようで、徐々に一人で作業ができるようになりました。その間2人の先生は彼の様子をじっと見守り、危ない時だけ手伝っては「上手」「できてきたよ」と声をかけておられました。授業の最後に刺繍が完成すると、彼は自分の作品の縫い目を何度も指でなぞって満足そうな表情を浮かべました。

　この授業を通して私が学んだのは、「できないことではなく、できることをもとに授業づくりをする」、「生徒のペースに合わせる」という、特別支援学校や小学校といった校種にかかわらず教員にとって大切な視点だったように思います。視覚障害があるから裁縫の学習を諦めるという「できないこと」への着目ではなく、普段から点字でコミュニケーションをとるなどして研ぎ澄まされた指先の感覚をもとに、裁縫の手法を工夫するという「できること」に着目した授業づくりや、生徒のペースや気持ちを尊重する授業中の先生方の姿勢があったからこそ、彼の満足感やあの表情があったのだと思いました。

　つい「○○さんは〜ができないからなぁ」と考えてしまったり、時間に追われて急がしてしまったりと、まだまだ子供たちに負担をかけてばかりの私ですが、介護等体験で学んだことを思い出して日々努力していきたいと思います。

116

介護等体験を通して学んだこと ⑹ ／ 島根県安来市立小学校教諭

誰もが「特殊」な人間

　私は現在、教職について3年目、22名の小学校4年生を担任しています。と、同時に、現在妊娠6カ月のプレ母親でもあります。介護等体験での経験は、学級の子供たちと向き合う中でも、これから生まれてくる自分の子供について考える中でも、よく頭に浮かんできます。

　「自分は特殊な存在である」―これが介護等体験を通して変わった私の意識です。なんとなく、自分の考え方や生き方は世の中の「普通」だという意識はありませんか。「普通ならこう考えるだろう。」「普通ならこうするだろう。」と無意識のうちに考えて行動してしまいます。

　私の実習先は特別支援学校でした。その学校では、2日間、ある自閉症の男の子とずっと一緒にいました。階段にいきなりしゃがみこんで15分くらい一点を見つめていたり、いきなり笑い出したり、走りだしたり…先の行動が読めず、あたふたしました。「どうしてこんな行動をしているのだろう。」といつでも考えずにはいられませんでした。そんなことをしているうちに2日間が過ぎました。不思議なもので、2日目の最後には「雲の動きが好きで、ずっと眺めているのだなあ。」など、それなりに判断するようになっていました（合っているのかどうかはわかりませんが）。今思うと、階段にいきなりしゃがみこんだり、いきなり笑い出したりするのは「普通ではない」と考えていたのでしょう。だから戸惑ったのだと思います。しかし、2日間の実習を終えるころには、彼のあらゆる行動は私の中で「普通」のことになっていました。

　小学校に勤務してから3年が過ぎ、今まで担任した子供たちは全部で68人となりました。68人いると、68通りの価値観に出会います（それどころか、保護者の方も含めるとその3倍以上です）。「普通はこうするだろう。」が通じないことばかりです。担任をする間、つまり、1年間以上そんな感じです。みんながみんな、自分の価値観を「普通」だと思っているのです。だから、「自分は普通である」と思っていると、衝突してしまうと思います。私は、自閉症の彼と出会ったことで、「自分は特殊である」と考えられるようになり、出会った人の価値観から学ぶことができたように思います。

　これから担任する子供たちも、生まれてくる私の子供も、私とは別の価値観をもっているでしょう。どんな子供であろうと、一人一人の価値観から学ぶ姿勢をずっともっていたいものだと思います。

介護等体験を通して学んだこと (7) ／ 島根県海士町立小学校教諭

介護等体験で学んだこと

　私は現在、公立小学校で5年生の担任をしています。もともと、私は小学校の教員になることが将来の夢でした。そのため、大学でも小学校課程を専攻しました。介護等体験のことを知ったのは、大学2年生の時です。私は、初め「どうして小学校専攻なのに体験活動をしないといけないのだろう」、「自分には関係ない」と考えていました。しかし、実際の体験活動を通して、私はとても大切なことに気づくことができました。

　私は特別支援学校で2日間の体験をしました。1日目は、小学部の児童と一緒に授業や、レクリエーション活動をし、2日目は高等部の生徒と水泳実習を一緒にしました。私は、高等部の1人の生徒との関わりが今でも強く心に残っています。私が、言葉を掛けながら一緒にクロールをしていた時でした。突然泳ぐのをやめ、プールサイドに伏せて動かなくなってしまったのです。私は初め、何が起こったのかよくわかりませんでした。しかし、後で職員の方の話を聞いてわかりました。私が彼のことを思い、クロールの補助をしたことが、本人は嫌だったのです。「自分の力で泳ぎたい」という気持ちが彼にあったのです。私はそのとき、はっとしました。私はそのときまで、彼の練習を補助することが良いことだと考えていたのです。それが彼のためだと。しかし、違っていました。手取り足取り全部助けることが本当の意味で「相手のことを考える」ということではなかったのです。

　それからは、自分が支援をする際に「どこまで自分がするのか」、「何のためにするのか」という視点をもち、取り組みました。そうすることで今まで何気なくやっていた一つ一つの行動にも、少しですが自信をもって取り組めるようになりました。

　この介護等体験を通して学んだことは、今の学校現場でも活かしています。授業中の発問や活動、学級での子供とのやりとりもその一つです。「どこまで自分がするのか」「何のためにするのか」、ということを意識しています。自分が全て教えたり、伝えたりすることは簡単ですが、本当の意味で「相手のことを考える」とは何なのかということを考え、子供たちと日々接しています。まだまだ、うまくいかないことも多いですが、これからも「相手のことを考える」ことを大切に、子供たちと共に成長しながら教員として頑張っていきたいと思います。

118

介護等体験を通して学んだこと ⑧ ／ 福岡県須恵町立中学校教諭

笑顔の裏の努力

　私は現在、公立中学校で3年生の担任をしています。私の学級には様々な個性をもった生徒がいますが、特に支援が必要な生徒もいます。そんな生徒たちと過ごす中で、いつも心がけていることは、「できることはやらせよう」ということです。このことは私が介護等体験で学んだことでもありました。

　私は介護等体験で聾学校と障害者授産施設という2つの施設に行きました。聾学校では小学校3年生のクラスに入りました。「耳が聞こえない」ということで、自分自身がとても構えていたのを覚えています。「きっと大変だろうな」「どんなきついことをさせられるかな、汚いこともあるかな」という偏見や先入観がありました。初めて教室に入ったとき、目の前には「普通」の子供たちが座っていました。言葉はふさわしくないかもしれませんが、私にはとても「普通」の子供たちに見えました。算数や国語の授業を一緒に受けたり、休み時間遊んだりする中で、自分は大きな偏見をもっていたことに気づかされました。耳が聞こえないということ以外はなんら健常児と変わらない子供たちでした。昼食時には上級生が下級生のお世話をして、一緒に助け合って昼食をとっていました。昼休みには元気に走り回って笑顔で過ごす姿がありました。そんな子供たちにはいつも先生がそばに寄り添っていました。そばに寄り添っていると言っても、何から何まで手助けをしているわけではありませんでした。逆にできるだけ手は貸さずにできることをやらせようとしていました。悪戦苦闘しながら目標を達成しようとしている子供たちを見守っていました。そして何かを達成したときは、全身で誉め、共に笑顔で喜び合う姿には心に感じるものがありました。自分の手で目標を達成したからこそ喜びは大きいのでしょう。

　今、自分自身が教員となって気づいたことは、そんな子供たちが笑顔でいるためには、先生方がたゆまぬ努力をしていたのだろうということです。これからも様々な生徒と出会うと思います。子供たちの笑顔が見られるよう、更に学び、努力を重ねていきたいと思います。

119

Ⅴ 介護等体験『Q&A』

Q1 介護等体験とは何ですか？

A この制度を定めた法律（p.147参照）は平成 9 年に、議員立法として提出され、衆議院、参議院ともに全会一致で可決されたものです。そして、制定の趣旨として法律の施行通達では次のように記されています。

『今回の法の制定趣旨は、義務教育に従事する教員が個人の尊厳及び社会連帯の理念に関する認識を深めることの重要性にかんがみ、教員としての資質の向上を図り、義務教育の一層の充実を期する観点から、小学校又は中学校の教諭の普通免許状の授与を受けようとする者に、障害者、高齢者等に対する介護、介助、これらの者との交流等の体験（以下「介護等の体験」という。）を行わせる措置を講ずるため、小学校及び中学校の教諭の普通免許状の授与について教育職員免許法（昭和24年法律第147号）の特例等を定めるものであること。』（平成 9 年法律第90号）

少子・高齢化の時代にあって、互いに助け合い、より豊かな福祉社会を築くために、今後の日本を担っていく子供たちを育てる教員はとりわけ重要な役割を果たしているといってもよいでしょう。その教員となるために、障害児・者や高齢者等への理解を深める体験を義務づけたことは画期的なことであり、またその評価は衆参両議院とも全会一致で可決という形で表れています。ぜひ、この法律の目指すところをよく理解し、『個人の尊厳及び社会連帯の理念に関する認識を深め』、より実りある介護等体験を積んでほしいと願います。

Q2 介護等体験の内容はどのようなものがあるのですか？

A 『障害者、高齢者等に対する介護、介助、これらの者との交流等の体験』と施行通達に示されていますが、さらに留意事項の

中で『介護、介助のほか、障害者等の話相手、散歩の付き添いなどの交流等の体験、あるいは掃除や洗濯といった、障害者等と直接接するわけではないが、受入施設の職員に必要とされる業務の補助など、介護等の体験を行う者の知識・技能の程度、受入施設の種類、業務の内容、業務の状況等に応じ、幅広い体験が想定されること。』とされています。

このように介護等体験は、体験先の実態や状況により様々なものが想定され、一律にこれこれというモデルのようなものはありません。しかし、皆さんが行かれる学校ではよりよい体験が受けられるよう準備をしています。学校によっては独自の事前説明がある所もあるでしょう。

また、特別支援学校では子供の障害の違いにより、視覚障害教育、聴覚障害教育、知的障害教育、肢体不自由教育、病弱教育と専門性が分かれています。それぞれの障害種別によって教育の内容も変わってきますので、その介護等体験もまた違ってくると思います。自分が体験をする学校が、あるいは体験を希望する学校がどのような障害種別に対応する学校なのか、事前に勉強して（この冊子の中にある障害種別の介護等体験をまずは読んで）どのような介護等体験ができるか考えてみましょう。

Q3 介護等体験をする施設にはどのようなものがありますか？

A 学校では特別支援学校です。施設では社会福祉施設等で、乳児院や生活訓練施設、老人ホームなど様々です。詳しくは巻末の＜資料2＞をご覧ください。

Q4 幼稚園、高等学校の免許取得者が新たに小学校、中学校の免許を取得する場合、介護等体験は必要ですか?

A 必要です。<資料2>をご覧ください。

Q5 小学校または中学校のみの免許取得者が、それぞれ中学校、小学校の免許を新たに取得する場合、介護等体験は必要ですか?

A 現在、小学校、中学校どちらかの免許状を持っている方は必要ありません。

Q6 高等学校の免許を取得するときにも介護等体験は必要ですか?

A 高等学校免許状取得には必要ありません。
この法律は、小学校、中学校の免許状取得のための授与申請にあたって必要なものであると定めています。

Q7 特別支援学校の免許を取得している人でも、小学校、中学校の免許を取得する場合、介護等体験は必要ですか?

A 介護等体験の必要はありません。
『教育職員免許法の特別支援学校の教員の免許を受けている者は、介護等体験を要しない者(Q15参照)』とされています。

Q8 特別支援学校で教育実習を終了していても、小学校、中学校の免許を取得する場合、介護等体験は必要ですか?

A 特別支援学校での教育実習をしている場合は教育実習を介護等体験として算入することができ、小学校、中学校の教員免許を取得するときに改めて介護等体験をする必要はありません。ただし教育実習の終了の際に校長に証明書を発行してもらう必要があるので注意し

てください。

　施行通達では『特別支援学校において行われた教育実習や、受入施設において行われた他の資格取得に際しての介護実習等は、介護等の体験として、介護等の体験の期間に算入し得ること。』とされています。

＊大学の履修指導上の方針として、特別支援学校において教育実習を行った場合でも、介護等体験が必要となる大学もあります。入学した大学の学則、教育課程に基づく履修指導に従ってください。

Q9 介護等体験は小学校、中学校の教員になったとき、具体的にどのように役立ちますか？

A 　この体験を通して、「子供への理解、人間への理解」を深めていくことは教員の仕事の土台になるものです。同時にこの介護等体験はこれからの小学校、中学校での指導に具体的に役立っていきます。現在、小学校、中学校では様々な子供たちが学んでいます。中には障害のある子供たちもいます。このような状況を踏まえ、小学校の指導要領では、特別な配慮を必要とする児童への指導に当たって配慮すべき事項として次のように示しています。

　「障害のある児童などについては、個々の児童の障害の状態等に応じた指導内容や指導方法の工夫を組織的かつ計画的に行うものとする。特に、特別支援学級に在籍する児童や通級による指導を受ける児童については、個々の児童の実態を的確に把握し、個別の教育支援計画や個別の指導計画を作成し、効果的に活用するものとする。」

　また、これからの学校は家庭や地域社会との連携及び協働と学校間の連携を深めていく必要がありますが、このことについても次のように示しています。

　「学校がその目的を達成するため、学校や地域の実態等に応じ、教育活動の実施に必要な人的又は物的な体制を家庭や地域の人々の協力を得ながら整えるなど、家庭や地域社会との連携及び協働を深めること。さらに、他の小学校や、幼稚園、認定こども園、保育所、中学校、高等学校、特別支援学校などとの間の連携や交流を図るとともに、障害のある幼児児童生徒との交流及び共同学習の機会を設け、共に尊重し合いなが

123

ら協働して生活していく態度を育むようにすること。」このことは、幼稚園、中学校の指導要領にも同じように示されています。

Q10 卒業後、小学校、中学校の免許取得のために、科目履修生として大学に在籍している者も介護等体験は必要ですか？

A 介護等体験は必要です。

Q11 通信教育の教職課程受講者も介護等体験は必要ですか？　また、大学が遠い場合、手続きはどのようにするのでしょうか？

A 必要です。介護等体験の手続きはまず大学の担当者と相談してください。ただし、居住地と大学の所在地とが離れている場合もありますので、大学と連絡を取り自分が受けたい地域の教育委員会の担当者と相談してください。ほとんどの地域の教育委員会に担当の窓口があります。

Q12 介護等体験は何歳から受けられるのですか？

A 法律では18歳に達した後となっています。おおむね大学入学（高校卒業）の年齢だと考えられます。

Q13 高校生でも受けられますか？

A 法律上の解釈では受けられます。しかし、この法律は小学校、中学校教諭の免許状取得にあたって必要となってくるものなので、大学に入学してからでも遅くはないと思います。
　また受け入れ先でも原則的には大学生以上を想定していますので、受け入れが可能かどうか事前に関係機関や学校とよく相談してください。

Q14 教育実習と介護等体験とはどこが違いますか？

A 教育実習は、それまでにほぼ教職に関する単位を取得し、最後に教育現場での研究授業等の実地研修を行うものです。期間も2週間、3週間が義務づけられています。4年生がほとんどでそれなりの準備をして教育実習に臨みます。大学でも教育実習の単位を取得させるための事前準備、実習中の巡回、事後指導を行っています。また、教育実習生を受け入れる学校では、実習生一人一人に対し指導教員を決め、研究授業での指導案への指導を中心に日々の指導計画を作りきめ細かい指導を行い、最後に評価をします。

一方、介護等体験は、教職への希望をもちながらまだ十分教職に関する単位を取得していない下学年の学生が多く参加します。期間も7日間（学校2日間、施設5日間）と短く、評価は行わずに体験に関する証明書を発行します。

教員になるために必要な体験なわけですが、この介護等体験を通して教職につく意欲を高めていく学生もいます。

結果として教職につかなくても、高齢者や障害のある子供たちとの触れ合いは、一人一人のライフサイクルの中できっと役立つでしょう。

Q15 介護等体験を受けなくてもよいのはどういう人たちですか？

A 介護等に関する専門的知識をもっている人、身体障害があって介護等の体験を行うことが困難な人です。

まとめると、次の資格を取得した方々です。各資格は各々の法令で定められています。詳しくは巻末の＜資料2＞を参照してください。
①保健師、②助産師、③看護師、④准看護師、⑤特別支援学校の教員の免許を受けている者、⑥理学療法士、⑦作業療法士、⑧社会福祉士、⑨介護福祉士、⑩義肢装具士、⑪身体上の障害により介護等の体験を行うことが困難な者（身体障害者福祉法に規定する身体障害者のうち、身体障害者手帳の交付を受け、その障害の程度が1級から6級である者）

Q16 私は看護師で介護等体験は受けなくてもよいとされています。でも介護等体験を受けたいのですが受けられるのでしょうか？

A 受けられます。

法律の趣旨から、介護等体験を通してできるだけ多くの高齢者や障害者に接することが大切です。受け入れ機関・学校と相談してください。

施行通達では『法第2条第3項の規定により介護等の体験を要しないこととされた者についても、介護等の体験を行いたい旨の希望があれば、本人の身体の状況、受入施設の状況等を総合的に勘案しつつ、可能な限りその意思を尊重することが望ましいこと。』と述べられています。

Q17 介護等体験には費用がかかるのですか？

A 特別支援学校では、体験のための実費以外には体験で校外学習に行く場合などに、自分の交通費や入園料・入場料等々、体験にあたって必要な実費を負担することになります。なお、証明書の発行にあたっては印紙を必要とする場合もありますので関係機関の指示に従ってください。

費用については施行通達に次のように述べられています。

『介護等体験希望者の受入に伴い、社会福祉施設における介護等の体験については、必要な経費の徴収等が行われることが予定されていること。なお、その他の施設等においても必要な経費の徴収等が行われる場合があること。』と、留意事項に示されています。

Q18 学校での介護等体験では、昼食はどのようになりますか？

A 給食を提供している特別支援学校であっても、原則として給食は用意できません。各自で弁当を用意してください。

Q19 介護等体験の様子について、インターネットで情報を交換したいのですが？

A 自分が体験した学校や施設の様子や、そこでの障害のある子供たちのことについてインターネットを通して情報提供をしたり、意見交換をしたりする場合、学校名や子供たちの名前を実名で出すことはできません。個人が特定されるようなことがありますと個人情報の保護の点から問題になります。

Q20 体験の期間は7日ですが、その内訳と理由は？

A 7日間の内訳については、「社会福祉施設等5日間、特別支援学校2日間とすることが望ましいこと。」とされています。原則としては、特別支援学校で2日間の体験ができると考えてよいと思います。

わざわざ社会福祉施設等を5日間、特別支援学校を2日とした理由は、1カ所だけでなく様々な所で体験してほしいということと、教員免許状（小学校、中学校）を取る方は年間で約11万人ほどいるので、どちらか1カ所の体験では受け入れ人数が増えて受け入れ先確保が困難であるということ、さらに障害児の理解を深める場と高齢者等の理解を深める場とを用意したということです。

両方の体験ができる機会が得られ、幅の広い研修ができるのだと考えてください。

Q21 1カ所で7日以上の体験をやってもよいのですか？　また、1カ所の体験で介護等体験をすべて終了できるのですか？

A 介護等の体験の期間については、7日間を下らない範囲内において行うこととされています。このことは7日間を超えて介護等の体験を行ってもさしつかえないということです。詳細については受入調整機関や大学等と相談してください。

また、1カ所だけでよいのかという質問ですが、7日間指定された所

で体験すれば、法律上では体験証明は出され、修了ということになります。しかし、法律の主旨から福祉施設等と特別支援学校の両方の場での体験が望ましいと言えます。大学等との相談が必要です。

Q22 夏休み等で特別支援学校が休みの期間にまとめて体験できるのですか？

A 原則的には可能です。しかし、学校での介護等体験の趣旨からいっても子供のいない場での体験はできるだけ避けるように学校では考えています。

　ただし、休み期間中でも学校ではプール指導や部活動、その他様々な教育活動を展開しています。そのようなときには介護等体験は可能です。まず、大学等を通して受入調整機関や受入校とよく相談してください。

Q23 介護等体験の1日の時間は決められているのですか？

A 介護等体験の時間の目安としては施行通達に『1日当たりの介護等の体験の時間としては、受入施設の職員の通常の業務量、介護等の体験の内容等を総合的に勘案しつつ、適切な時間を確保するものとすること。』と示されています。

　学校においては、教育実習と同様な時間と考えてよいと思います。

　ただし、教育実習と異なり介護等の体験をすることが目的ですから、学校によってそれぞれ体験内容が違ってきますし、学校行事等との関係もありますので、受入先の学校の指示に従ってください。

　また、学校によっては交通の不便なところもあるでしょうし、皆さんの居住地との関係で通学に時間がかかる所もあると思います。できるだけ円滑に介護等体験をするために、通学等で困難な事情が予想される場合、事前に学校と連絡をとって早めに体験時間や体験内容についての相談をしてください。

Q24 体験日を指定できますか？

A 学校は児童生徒のために教育活動をしています。皆さんを受入れられるときと受け入れられないときがあります。事前に大学や受入調整機関と相談をしてください。

Q25 毎日１時間ずつ長期にわたるような体験もできるのですか？

A 原則的には可能です。しかし、学校は児童生徒の教育の場です。誰でもいつでもそれぞれ違う内容の体験ができるわけではありません。大学や受入校とよく相談してください。

Q26 体験先の障害種別の指定はできるのですか？

A 特別支援学校は国立・都道府県立・市区立・私立併せても1,000校程度しかありません。年間11万人の希望者を受け入れるには、単純計算しても１校あたり約110名（年間）です。また、それぞれの学校は様々な学校行事のため、またその他の事情により、年間を通していつでも受け入れられるわけではありません。場合によっては受け入れのできない時期もあります。希望した学校での介護等体験が可能かどうか、時期等との関係もありますので、ぜひ早めに大学の担当者や受入機関と相談してください。

Q27 介護等体験は帰省先でも受けられますか？

A 帰省先での介護等体験は可能です。しかし、地域や学校によっては希望日に受入困難な状況もでてきます。まず事前に受入調整機関や大学等に相談をしてみてください。

施行通達には『首都圏、近畿圏等に所在する大学等については、近隣の受入施設に不足が生じることが予想されることから、とりわけ介護等の体験を希望する学生のうちこれらの地域以外に帰省先を有する者等については、可能な限り、長期休業期間を活用するなどして帰省先等での

介護等の体験の実施促進に協力願いたいこと。この場合における、受入に関する相談は、当該帰省先等の都道府県社会福祉協議会及び都道府県教育委員会等に協力願いたいこと。』と示されています。

Q28 体験した証明書には優良可等の評価が記入されるのですか?

A 評価はしません。介護等体験をしたという証明のみです。

Q29 証明書を出してもらえない場合もあるのですか?

A あります。
　　　優良可などの評価はしませんが、人権尊重等の観点から明らかに社会通念上問題がある場合などには証明はできないでしょう。これまで実施してみて次のようなケースがありました。

ケース1：遅刻、無断早退など
○体験校では待っていたにもかかわらず当日遅刻をして昼近くになって来た。体験校への連絡がなく、理由も明確でなかった。
○体験中に無断でいなくなった。
　　誰にも連絡せずにいなくなり、体験校の先生方が心配して調べた結果、自宅に戻っていた。
○体験中に睡眠不足から寝てしまい、注意力散漫により子供にけがをさせてしまった。

ケース2：無断欠席
○体験校へ連絡せずに欠席した。

ケース3：暴言、粗暴な行為
○児童生徒への不的確な発言（差別的な言葉など）、乱暴な行為。
○体験中、携帯電話で連絡を取り合うなどの行為。

ケース4：服装の乱れ等
○体験にふさわしくない服装（児童生徒の教育の場と考えていないような）で、注意しても改めない。

ケース5：不適切な行動

介護等体験が取りやめになった事例。

○ 介護等体験当日、朝、コンビニエンスストアでアルコール飲料を購入し、飲酒をして通学した。

○ 介護等体験中に、校内のトイレで喫煙した。

学校はみなさんの介護等体験のためにあるのではありません。第一に障害のある児童生徒の教育活動の場です。主客を転倒しないようにしましょう。自分の服装や言葉づかいも含め、子供たちが皆さんを見習うと考えてください。

Q30 介護等体験はどなたが証明してくださるのですか？

A 学校においては体験先の学校長です。体験後、必ず学校長の証明印等をもらってください。証明印等がない場合は体験自体が無効となることがありますので注意しましょう。

Q31 介護等体験の証明書を紛失した場合は再発行してもらえるのですか？

A 原則的には再発行はしません。教員免許状交付申請には必ず添付する必要のある書類ですから、自分でよく管理し、紛失、破損などしないように気をつけましょう。

Q32 障害のある子供との接し方が心配です。事故の際の補償はありますか？

A 介護等体験の実施にあたっては各学校ともオリエンテーションをもつと思います。そのときに不安なことがあれば質問をしてください。また、事前に障害のある子供に対する基本的な知識も身につけてほしいと思います。この本にもそれぞれの障害別に触れているのでよく読んでください。

事故については、大学等で必ず保険に入ることになっていますが、大学の担当者に確認を必ず取ってください。そして、よく保険の内容を確

かめてください。また、受入校では皆さんが入っている保険について尋ねられると考えてください（p.111(6)保険、経費、Q33参照）。

　また、子供への事故責任も心配されると思いますが、学校では事故が起こらないよう十分注意して介護等体験を実施する予定です。皆さんもこれは危険だ、これは私にはできない等々の心配があればその場で担当の教職員に相談してください。

Q33 事前に保険に加入する必要があるのですか？　どのような保険ですか？

A　介護等体験の事前に保険に加入することが大切です。公益財団法人　日本国際教育支援協会　（〒153-8503東京都目黒区駒場4-5-29　Tel.03-5454-5275）で運営する「学研災付帯賠償責任保険（略称：付帯賠責）」があります。

　同保険は、介護等体験時及びその往復中に生じた対人対物の賠償責任事故に対する補償を行う保険で、大学の窓口を通して加入の手続きを行います（学生が直接同協会に加入の申込みをすることはできません）。ただし、同協会の運営する「学生教育研究災害傷害保険（略称：学研災）」という学生本人のけがを補償する傷害保険に加入していることが前提で、学研災に加入していない学生は、付帯賠責に加入することはできません。

　同協会によれば、学研災は国内の約96％の大学が、また学研災に加入している大学の内、付帯賠責を採用している大学は約96％になります（平成29年3月現在）。自分の大学が学研災や付帯賠責に加入しているかどうかについては、各大学の学生課や学生支援課、保健センターなどの担当窓口へ、保険の内容等については、大学または同協会まで問い合わせてください。

Q34 体験の記録ノートやレポートなどの提出は必要ですか？　受入校では指導教員がつくのですか？

A　大学等によっては、皆さんの介護等体験をより実りあるものにするために、レポート等の提出が必要だと考えることもあるでしょう。また、受け入れる学校でも感想文の提出を求められることもあるかと思います。それぞれの大学等の指示に従ってください。学校では一人一人に指導教員がつくことはまれですが、体験を円滑に実施するために必要な体制を作っています。

Q35 子供にけがをさせてしまったらどうすればよいのですか？

A　まずはけがなどが起こらないように事前の学習や体験校での講義を十分に把握し、細心の注意を払って体験を行ってください。子供たちのかけがえのない命に向き合っていることを自覚しましょう。

　不幸にも起こってしまったら何よりも早い対応が必要です。すぐに教職員にけが等の状況を正確に伝えるとともに応急処置をすることです。その後の対応については学校の指示に従ってください。

　次のQ36とも関連しますが、大学が一括で申し込んだ保険の内容について十分把握しておいてください。

＊特別支援学校（肢体不自由）での事例

　授業中、体験学生が子供の目の前に何気なく置いたフェルトペンのキャップを子供が誤飲。その報告が遅れ、あわや窒息ということがありました。

　不注意な対応は子供の命の危険性を伴うことを自覚してください。

Q36 学校の備品を壊してしまったらどうすればよいのですか？

A　事実関係と状況を学校及び大学担当者に正確にきちんと伝えることです。その後は学校の判断になり、必要に応じて大学と協議をします。

Q37 体験日当日に体調不良等で学校に行けない場合、次の体験はあるのでしょうか？

A 体調を崩したときは、学校及び大学に状況を正確に伝えてください。感染症（インフルエンザ等）の場合は子供たちにも影響が及ぶので無理は禁物です。次の体験については、大学に希望を述べ、大学から学校に連絡をしてください。学校は調整をして組み替えが可能ならば対応することができる場合もあります。ご相談ください。

Q38 体験学生の理由により当日学校へ行けない場合はどうしたらよいのでしょうか？　また、期日の変更は可能でしょうか？

A なるべく早く学校及び大学に連絡をしてください。学校が判断し、理由によっては変更が可能です。

Q39 介護等体験をボランティア活動にどう結びつけたらよいのでしょうか？

A 介護等体験は小学校、中学校の免許取得のため7日間義務づけられたものです。本質的にはボランティア活動とは異なります。体験活動を通じてぜひボランティア活動を行ってみたいと考えている方があれば、まず学校にご相談ください。学校は各校種によって事情が違いますが、たくさんのボランティアを必要としているところもあります。学校によっては行事のボランティアとして活動することは可能です。障害のある方へのボランティアだけではなく、広くボランティア活動を希望する場合は各地域の社会福祉協議会にご相談ください。地域によっては学校や社会福祉協議会がボランティア養成講座を実施しています。それに参加するのもよいかと思います。

　学校の教員に求められる資質の一つとして、社会教育活動の経験が問われています。ぜひ体験してみることをお勧めします。

Q40 事前に学習するための教材にはどんなものがありますか?

A 基本的な事項は本書を参考にすれば良いと思います。受け入れ校のホームページにも様々な情報が掲載されていますので、事前に見ておくと良いでしょう。

Q41 車いすの使い方など技術的なことは事前に学習しておく必要はありますか?

A 事前に大学等で学習することもありますが、学校によっては受入校で体験が組み込まれています。体験内容とも関係しますので受入校担当者にお問い合わせください。

Q42 障害種別による体験の違いはあるのでしょうか?

A あります。本書の障害種別の体験例を参考にしてください。

Q43 体験中の事故には今までどのようなものがありましたか?

A ①特別支援学校(肢体不自由)での体験後、体験学生が結核にかかっていたことが判明し、子供と教職員の健康診断や学校内の消毒をせざるを得なくなり、その間学校の機能が麻痺してしまいました。大学内での事前健康診断の義務付けが必要ではないかと考えます。②貴重品、特に現金の盗難が体験生の更衣場所で発生しました。貴重品の持ち込みは絶対にやめてください。

Q44 介護等体験でのトラブルにはどのようなものがありましたか?

A 事前に体験場所の確認のために実施要項を取りに来させた際、期日を過ぎても取りに来ない学生に対し大学を通じて連絡をしたところ、実家でのアルバイトのために行けないので要項をFAXで送れと要求、事務職員が断ると暴言を吐いた上、学生の保護者がなぜでき

ないのかとクレームをつけた例があります。

Q45 児童生徒の指導にあたるとき、特にどんなことに注意すればよいですか？

A 児童生徒にとって体験生の皆さんは教員と同じに映ります。したがって、基本的なことについていえば、服装、髪形、言葉づかいも含めて注意する必要があります。また、体調が不十分なときは無理をしないことが大切です。その際は、大学に連絡・相談するようにしてください。本書p.107〜111もよく読んで参考にしてください。

Ⅵ トピック

1 生涯学習の充実に向けて

○ 障害者の生涯を通じた多様な学習活動の充実について

　「特別支援教育の生涯学習化に向けて」（平成29年4月7日付文部科学大臣メッセージ）にもあるように、文部科学省では、障害者が生涯にわたり自らの可能性を追求できる環境を整え、地域の一員として豊かな人生を送ることができるようにすることが重要であるという認識のもと、文部科学省内に「特別支援総合プロジェクト特命チーム」を設置するとともに、平成29年度から生涯学習政策局に「障害者学習支援推進室」を新設しました。

　このことにより、障害のある方々が生涯を通じて教育、文化、スポーツなどの様々な機会に親しむことをができるよう、教育施策とスポーツ施策、福祉施策と労働施策等を連動させながら支援していくことが可能となります。

　平成29年度は、以下の5つの事業を実施しました。「Specialプロジェクト2020（新規）」「特別な支援を必要とする子供への就学前から学齢期、社会参加までの切れ目のない支援体制整備（新規）」「地域学校協働活動推進事業（拡充）」「障害者の文化芸術活動の充実（拡充）」「社会で活躍する障害学生支援センター形成事業（新規）」です。

　併せて、①障害者の生涯学習支援活動に係る文部科学大臣表彰（後掲）、②平成29年度事業の障害者支援の観点からの総点検、③各方面への周知・機運醸成、などを進めています。

　平成28年度から全国特別支援学校長会が推進している「みんなdeスポーツ推進委員会」も、この施策に位置付けて、東京2020オリンピック・パラリンピック実施後においても障害者の生涯を通じた多様な学習活動の充実の推進役としての役割を担っています。

2 みんなdeスポーツ推進委員会の活動

運動やスポーツに親しみ、体を動かすという行動は、体力の向上・ストレス発散・生活習慣病の予防など、心身両面にわたる健康の保持増進に大きな効果を得ることができます。

全国特別支援学校長会は、特別支援学校の幼児児童生徒が、どのように取り組んでいるのか、また、どのような課題があるのかなどを明らかにしていきながら、誰もがみんなで運動やスポーツを楽しむことができる共生社会を目指すことを目標にして、平成28年度から「みんなdeスポーツ推進委員会」を特設委員会として設置して、活動を始めました。

⑴ 調査活動について

平成28年度に全国の特別支援学校を対象に各学校が取り組んでいる体育活動の実態について、調査しました。

障害のある幼児児童生徒は、小さい時からの運動経験が少なく、幼稚部・小学部低学年からの体育的活動の重要性を感じます。そのため各学校とも、障害の状況や実態に合わせて工夫した運動を取り入れているようです。集団スポーツについての質問では、一般的な競技種目はルールに縛られ、取り組みにくいところもあり、学校や地域の状況に合わせたものに変えているため、サッカー、野球、バスケットボールなど競技の種目名があがってこなかったのは、重度重複障害の割合の高い特別支援学校の特徴かと思います。

また、社会問題ともなりましたが、障害者スポーツの活動について社会全体が理解を深める必要があります。障害のある方に配慮した特別支援学校の体育館やグランドは、障害者スポーツの方々にとっても活動しやすい場所です。これからますます需要は高まりますので、特別支援学校の体育施設の開放にも積極的に取り組む必要があります。

今後は、調査結果をもとに各学校が積極的に幼児児童生徒が体育的活動に取り組み、障害のある方もない方も共に運動やスポーツに関われるように進めていきたいと考えています。

⑵ 広報・活動支援について

　東京2020オリンピック・パラリンピックに向けて、様々な活動が展開され、障害者スポーツについての理解も少しずつ進んできたように感じます。今後は、特別支援学校の取組もインターネットやテレビ・新聞等、様々なメディアを通して紹介し、特別支援学校における運動・スポーツの推進を進めていきたいと考えています。

　また、各競技団体や文化的活動団体とも連携し、特別支援学校の幼児児童生徒の取組が広がるように、様々な情報を学校に伝えていきます。

⑶ 人材ネットワークについて

　学校には保健体育科の免許をもつ教員がいます。そのため、学校内での体育の指導は可能です。しかしながら、障害者スポーツを広く発展させるためには、障がい者スポーツ指導員の資格者との連携は欠かせません。調査を進めると学校や福祉施設に勤めている方々の中には、初級を取得された方が多くありました。しかし、資格取得後、指導経験がなく、中級・上級を取られる方の数は激減します。そこで、特別支援学校が「日本障がい者スポーツ協会」と連携して、指導員の方々をつなぎ止める手立てはないかと模索していきたいと考えています。

　運動やスポーツは、青少年の心身の健全な発達を促し、特に自己責任、克己心やフェアプレーの精神を培うとともに、仲間や指導者との交流を通じて、青少年のコミュニケーション能力を育成し、豊かな心と他人に対する思いやりの心を育みます。現在、東京2020オリンピック・パラリンピックに向けて、社会全体が大きく動き出しています。全国特別支援学校長会「みんなdeスポーツ推進委員会」としても、障害のあるなしに関わらず、誰もが運動やスポーツに関わるような取組を考え、各学校に発信していく役割を担っていきます。

3 障害者スポーツの紹介

(1) 視覚障害スポーツ

サウンドテーブルテニス（STT）

アイマスクをして、鈴の入ったボールを使い、ネットの下を転がして打ち合う卓球。

試合中は、観戦している人を含めてしゃべることが禁止されています。

水　泳

視覚障害の程度によってクラスが分かれています。そのクラスごとに記録を競います。

ゴールやターンのためにスピードが落ちないように、壁が近づいてきたことを「タッピング棒」で頭や背中にタッチして教えます。

ゴールボール

アイシェード（目を覆うマスク）をし、鈴の入ったバスケットボール位の大きさの重さ1.25kgのボールを転がし合って、相手のゴールに入れて得点する対戦型競技。

1976年トロントパラリンピック大会から正式競技となっています。

⑵ 聴覚障害スポーツ

デフリンピック

　国際ろう者スポーツ委員会（ICSD）が開催する聾（ろう）者のための国際的な総合スポーツ大会。夏季大会と冬季大会があり、2年ごとに交互に開催されます。第1回夏季大会は1924年にパリで開催され、9か国から145人の選手が参加しました。日本は1965年の夏季大会（ワシントン）に初めて参加しました。冬季大会には1967年のベルヒテスガーデン（西ドイツ）から参加しています。

スタートランプ

　陸上競技（短距離）で、聴覚障害者はスタート音が聞こえない・聞こえにくいためスタート音の代わりに、スタートランプを使用して合図を送ります。

　スタートランプはスタータのピストルと連動していて、1～8（9）レーンすべてに配置することができます。ランプの合図は信号機と同じで、赤→黄→緑の順に光ります。赤は、位置について（オンユアマークス）、黄は用意（セット）、緑でスタートとなります。

(3) 知的障害スポーツ

フットベースボール

ソフトボールのルールを基本にしています。男女の区別はありません。ボールはサッカーボール（ゴム製）。ピッチャーがホームベースに向けて転がしたボールをバッターがキックして攻撃を行います。グローブやバットは使わず、盗塁や死球はありません。

フライングディスク『アキュラシー』

直径23.5cm、重量100±5gのディスクを使用します。「アキュラシー」は、5mまたは7m離れたアキュラシーゴール（直径91.5cmの円形）に向けて10回投げ、その通過回数、投球の正確さを競います。

フライングディスク『ディスタンス』

「ディスタンス」は、ディスクを3回投げて投球の最長記録を競います。「アキュラシー」も、「ディスタンス」も手、足、口等身体のあらゆる部分を使って投げることができます。視覚障害者へは、アキュラシーゴール後方から、なんらかの音源で方向を知らせることもできます。

(4) 肢体不自由スポーツ

ボッチャ

ボッチャは、ヨーロッパで生まれた重度脳性麻痺者もしくは同程度の四肢重度機能障害者のために考案されたスポーツです。ジャックボール（目標球）と呼ばれる白いボールに、赤・青のそれぞれ6球ずつのボールを投げて、いかに近づけるかを競います。障害によりボールを投げることができなくても、勾配具（ランプ）を使い、自分の意思を介助者に伝えることができれば参加できます。2016年のリオデジャネイロ・パラリンピックでは、日本チームが銀メダルを獲得しました。

ハンドサッカー

ハンドサッカーは、特別支援学校（肢体不自由）に在籍する全ての子供たちが同じコートで一緒にプレーできる球技として考案され、工夫されてきたものです。基本的には、相手ゴールに入れたボールの得点数を競う競技ですが、フィールド内を自由に動けるフィールドプレイヤーとゴールを守るゴールキーパーだけでなく、運動機能に制限のある選手を対象として、スペシャルシューター、ポイントゲッターといったポジションでそれぞれに活躍することができます。各選手が自分のできることを最大限に発揮し、達成感を仲間と共有していくスポーツになっています。

143

4　芸術的分野

⑴　全国特別支援学校文化連盟の活動

　全国特別支援学校文化連盟は、特別支援学校幼児児童生徒の芸術・創造活動の充実・向上を図るとともに、心身障害児（者）の特性にふさわしい文化活動の振興と発展に資することを目的とし、りそなホールディングスの協力のもと、幼児児童生徒の芸術・文化活動の成果を展示・発表する全国特別支援学校文化祭を企画・開催しています。

⑵　全国特別支援学校文化祭

　全国特別支援学校文化祭は、平成 6 年度に造形・美術部門の展示会でスタートし、第 4 回から書道部門、写真部門を加えて実施してきました。第10回からは、全国特別支援学校長会作成のカレンダーに文化連盟会長賞、りそな銀行賞等の作品を掲載し、全国の特別支援学校や関係機関に配布しています。さらに、独立行政法人国立特別支援教育総合研究所のホームページ「障害のある子供のためのインターネットギャラリー」に、造形・美術部門、書道部門の応募全作品を掲載しています。また、第14回から、りそな銀行において作品の展示会を開催しています。第23回からは、最高賞として文部科学大臣賞が新設されました。

作品展示会（りそな銀行東京本社）

作品展示会（りそな銀行東京本社）

　全国特別支援学校文化祭の審査は、全国の障害のある幼児児童生徒の造形・美術、書道、写真部門の作品出展を通した魅力ある多様な個性の発露及び障害者理解啓発の推進を目的として行われます。審査基準は、キラリと光る可能性、色彩感覚、物のとらえ方、表現の仕方、感性、気韻生動、その他その人の醸し出す才能の芽としています。

　全国特別支援学校文化祭には、毎年全国から200を超える作品の出展があり、50作品以上が表彰されます。中でも特に優秀な作品については、全国高等学校総合文化祭・特別支援学校部門に展示されています。

インターネットギャラリー
(http://www.nise.go.jp/kenshuka/jokan/gallary/)

Ⅶ 参考資料

資料1　　　　　　　　　　　証明書見本

証　明　書

本籍地
氏　名
年　　月　　日生

上記の者は、下記のとおり本施設において、小学校及び中学校の教諭の普通免許状授与に係る教育職員免許法の特例等に関する法律第2条に規定する介護等の体験を行ったことを証明する。

記

期　　　　　間	学校名又は施設名及び住所	体験の概要	学校又は施設の長の名及び印
年　月　日～ 年　月　日 （　　日間）			
年　月　日～ 年　月　日 （　　日間）			
年　月　日～ 年　月　日 （　　日間）			
年　月　日～ 年　月　日 （　　日間）			

備考1　「期間」の欄には、複数の期間にわたる場合には期間毎に記入すること。
　　　2　「体験の概要」の欄には、「高齢者介護等」「知的障害者の介護等」等の区分を記入すること。

[資料 2]

小学校及び中学校の教諭の普通免許状授与に係る教育職員免許法の特例等に関する法律 （平成 9 年 6 月18日法律第90号）

最終改正　平成18年 6 月21日法律第80号

（趣旨）

第 1 条　この法律は、義務教育に従事する教員が個人の尊厳及び社会連帯の理念に関する認識を深めることの重要性にかんがみ、教員としての資質の向上を図り、義務教育の一層の充実を期する観点から、小学校又は中学校の教諭の普通免許状の授与を受けようとする者に、障害者、高齢者等に対する介護、介助、これらの者との交流等の体験を行わせる措置を講ずるため、小学校及び中学校の教諭の普通免許状の授与について教育職員免許法（昭和24年法律第147号）の特例等を定めるものとする。

（教育職員免許法の特例）

第 2 条　小学校及び中学校の教諭の普通免許状の授与についての教育職員免許法第 5 条第 1 項の規定の適用については、当分の間、同項 中「修得した者」とあるのは、「修得した者（18歳に達した後、 7 日を下らない範囲内において文部科学省令で定める期間、特別支援学校又は社会福祉施設その他の施設で文部科学大臣が厚生労働大臣と協議して定めるものにおいて、障害者、高齢者等に対する介護、介助、これらの者との交流等の体験を行った者に限る。）」とする。

2　前項の規定により読み替えられた教育職員免許法第 5 条第 1 項の規定による体験（以下「介護等の体験」という。）に関し必要な事項は、文部科学省令で定める。

3　介護等に関する専門的知識及び技術を有する者又は身体上の障害により介護等の体験を行うことが困難な者として文部科学省令で定めるものについての小学校及び中学校の教諭の普通免許状の授与については、第一項の規定は、適用しない。

（関係者の責務）

第 3 条　国、地方公共団体及びその他の関係機関は、介護等の体験が適切に行われるようにするために必要な措置を講ずるよう努めるものとする。

2　特別支援学校及び社会福祉施設その他の施設で文部科学大臣が厚生労働大臣と協議して定めるものの設置者は、介護等の体験に関し必要な協

力を行うよう努めるものとする。

3　大学及び文部科学大臣の指定する教員養成機関は、その学生又は生徒が介護等の体験を円滑に行うことができるよう適切な配慮をするものとする。

（教員の採用時における介護等の体験の勘案）

第4条　小学校又は中学校の教員を採用しようとする者は、その選考に当たっては、この法律の趣旨にのっとり、教員になろうとする者が行った介護等の体験を勘案するよう努めるものとする。

附　則

1　この法律は、平成10年4月1日から施行する。

2　この法律の施行の日前に大学又は文部大臣の指定する教員養成機関に在学した者で、これらを卒業するまでに教育職員免許法別表第1に規定する小学校又は中学校の教諭の普通免許状に係る所要資格を得たものについては、第2条第1項の規定は、適用しない。

附　則（平成11年12月22日法律第160号）抄

（施行期日）

第1条　この法律（第2条及び第3条を除く。）は平成13年1月6日から施行する。

附　則（平成18年6月21日法律第80号）抄

（施行期日）

第1条　この法律は、平成19年4月1日から施行する。

小学校及び中学校の教諭の普通免許状授与に係る教育職員免許法の特例等に関する法律施行規則

［平成9年11月26日
文部省令第40号］

最終改正　平成19年3月30日文部科学省令第5号

小学校及び中学校の教諭の普通免許状授与に係る教育職員免許法の特例等に関する法律（平成9年法律第90号）第2条第1項、第2項及び第3項の規定に基づき、小学校及び中学校の教諭の普通免許状授与に係る教育職員免許法の特例等に関する法律施行規則を次のように定める。

（介護等の体験の期間）

第1条　小学校及び中学校の教諭の普通免許状授与に係る教育職員免許法

の特例等に関する法律（以下「特例法」という。）第2条第1項の文部
科学省令で定める期間は、7日間とする。
（介護等の体験を行う施設）
第2条　特例法第2条第1項の文部科学大臣が定める施設は、次のとおり
とする。
　一　児童福祉法（昭和22年法律第164号）に規定する乳児院、母子生活
　　支援施設、児童養護施設、知的障害児施設、知的障害児通園施設、盲
　　ろうあ児施設、肢体不自由児施設、重症心身障害児施設、情緒障害児
　　短期治療施設及び児童自立支援施設
　二　削　　除
　三　削　　除
　四　生活保護法（昭和25年法律第144号）に規定する救護施設、更生施
　　設及び授産施設
　五　社会福祉法（昭和26年法律第45号）に規定する授産施設
　六　削　　除
　七　老人福祉法（昭和38年法律第133号）に規定する老人デイサービス
　　センター、老人短期入所施設、養護老人ホーム及び特別養護老人ホー
　　ム
　八　介護保険法（平成9年法律第123号）に規定する介護老人保健施設
　九　独立行政法人国立重度知的障害者総合施設のぞみの園法（平成14年
　　法律第167号）第11条第1号　の規定により独立行政法人国立重度知的
　　障害者総合施設のぞみの園が設置する施設
　九の二　障害者自立支援法（平成17年法律第123号）に規定する障害者
　　支援施設及び地域活動支援センター
　十　前各号に掲げる施設に準ずる施設として文部科学大臣が認める施設
　（介護等の体験を免除する者）
第3条　特例法第2条第3項に規定する介護等に関する専門的知識及び技
術を有する者として文部科学省令で定めるものは次の各号の1に該当す
る者とする。
　一　保健師助産師看護師法（昭和23年法律第203号）第7条の規定によ
　　り保健師の免許を受けている者
　二　保健師助産師看護師法第7条の規定により助産師の免許を受けている

149

者

三　保健師助産師看護師法第 7 条の規定により看護師の免許を受けている者

四　保健師助産師看護師法第 8 条の規定により准看護師の免許を受けている者

五　教育職員免許法（昭和24年法律第147号）第 5 条第 1 項の規定により特別支援学校の教員の免許を受けている者

六　理学療法士及び作業療法士法（昭和40年法律第137号）第 3 条の規定により理学療法士の免許を受けている者

七　理学療法士及び作業療法士法第 3 条の規定により作業療法士の免許を受けている者

八　社会福祉士及び介護福祉士法（昭和62年法律第30号）第 4 条の規定により社会福祉士の資格を有する者

九　社会福祉士及び介護福祉士法第39条の規定により介護福祉士の資格を有する者

十　義肢装具士法（昭和62年法律第61号）第 3 条の規定により義肢装具士の免許を受けている者

2　特例法第 2 条第 3 項に規定する身体上の障害により介護等の体験を行うことが困難な者として文部科学省令で定めるものは、身体障害者福祉法第四条に規定する身体障害者のうち、同法第15条第 4 項の規定により交付を受けた身体障害者手帳に、障害の程度が 1 級から 6 級である者として記載されている者とする。

（介護等の体験に関する証明書）

第 4 条　小学校又は中学校の教諭の普通免許状の授与を受けようとする者は、教育職員免許法第 5 条の 2 第 1 項に規定による免許状の授与の申出を行うに当たって、同項に規定する書類のほか、介護等の体験を行った学校又は施設の長が発行する介護等の体験に関する証明書を提出するものとする。

2　学校又は施設の長は、小学校又は中学校の普通免許状の授与を受けようとする者から請求があったときは、その者の介護等の体験に関する証明書を発行しなければならない。

3　証明書の様式は、別記様式のとおりとする。

附　　則

　この省令は、平成10年４月１日から施行する。

附　　則（平成11年３月23日文部省令第５号）

　この省令は、平成11年４月１日から施行する。

附　　則（平成12年６月30日文部省令第48号）

　この省令は、公布の日から施行し、社会福祉の増進のための社会福祉事業法等の一部を改正する等の法律の施行の日（平成12年６月７日）から適用する。

附　　則（平成12年10月31日文部省令第53号）抄

（施行期日）

第１条　この省令は、内閣法の一部を改正する法律（平成11年法律第88号）の施行の日（平成13年１月６日）から施行する。

附　　則（平成14年３月１日文部科学省令第３号）

　この省令は、保健婦助産婦看護婦法の一部を改正する法律の施行の日（平成14年３月１日）から施行する。

附　　則（平成16年３月31日文部科学省令第19号）

　この省令は、公布の日から施行し、第２条第６号の改正規定は、社会福祉の増進のための社会福祉事業法等の一部を改正する等の法律第六条の規定の施行の日から、同条第８号の改正規定は、独立行政法人国立重度知的障害者総合福祉施設のぞみの園の設立の日から、同条第９号の改正規定は、介護保険法の施行の日から適用する。

附　　則（平成18年９月25日文部科学省令第36号）

１　この省令は、平成18年10月１日から施行する。

２　この省令の施行の日から障害者自立支援法（平成17年法律第123号）附則第１条第３号に掲げる規定の施行の日の前日までの間は、改正後の第２条第９号の２中「及び地域活動支援センター」とあるのは、「、地域活動支援センター並びに同法附則第41条第１項、同法附則第48条又は同法附則第58条第１項の規定によりなお従前の例により運営をすることができることとされた同法附則第41条第１項に規定する身体障害者更生援護施設、同法附則第48条に規定する精神障害者社会復帰施設（同法附則第46条の規定による改正前の精神保健及び精神障害者の福祉に関する法律（昭和25年法律第123号）に規定する精神障害者生活訓練施設、精

神障害者授産施設及び精神障害者福祉工場に限る。）及び同法附則第58条第1項に規定する知的障害者援護施設（同法附則第52条の規定による改正前の知的障害者福祉法（昭和35年法律第37号）に規定する知的障害者更生施設及び知的障害者授産施設に限る。）」とする。

附　則（平成19年3月30日文部科学省令第5号）抄

（施行期日）

第1条　この省令は、学校教育法等の一部を改正する法律（以下「改正法」という。）の施行の日（平成19年4月1日）から施行する。

（免許特例法施行規則の一部改正に伴う経過措置）

第4条　施行日前に旧盲学校等において小学校及び中学校の教諭の普通免許状授与に係る教育職員免許法の特例等に関する法律（平成9年法律第90号）第2条第2項に規定する介護等の体験を行った者に対するこの省令第22条の規定による改正後の免許特例法施行規則第1条の適用については、同条に規定する期間には、当該者が旧盲学校等において行った介護等の体験の期間を通算するものとする。

2　前項の場合において、旧盲学校等における介護等の体験に関するこの省令第22条の規定による改正後の免許特例法施行規則第4条に規定する証明書は、改正法附則第2条第1項の規定により当該旧盲学校等がなるものとされた特別支援学校の校長が発行するものとする。

資料3

文 教 教 第 230 号
平成 9 年11月26日

各都道府県知事
各都道府県・指定都市教育委員会
各国公私立大学長
各国立短期大学部学長　　　　　殿
各指定教員養成機関の長
国立久里浜養護学校長
国立特殊教育総合研究所長

文部事務次官
佐藤　禎一

小学校及び中学校の教諭の普通免許状授与に係る教育職員免許法の特例等に関する法律等の施行について（通達）

1．制定趣旨等　省略

2．内容　省略

3．留意事項

(1)　介護等の体験の内容について

①　法第 2 条第 1 項にいう「障害者、高齢者等に対する介護、介助、これらの者との交流等の体験（介護等の体験）」とは、介護、介助のほか、障害者等の話相手、散歩の付添いなどの交流等の体験、あるいは掃除や洗濯といった、障害者等と直接接するわけではないが、受入施設の職員に必要とされる業務の補助など、介護等の体験を行う者の知識・技能の程度、受入施設の種類、業務の内容、業務の状況等に応じ、幅広い体験が想定されること。

　また、特殊教育諸学校において行われた教育実習や、受入施設において行われた他の資格取得に際しての介護実習等は、介護等の体験として、介護等の体験の期間に算入し得ること。

②　1 日当たりの介護等の体験の時間としては、受入施設の職員の通常の

業務量、介護等の体験の内容等を総合的に勘案しつつ、適切な時間を確保するものとすること。

③　介護等の体験の期間については、７日間を超えて介護等の体験を行っても差し支えないこと。また、７日間の内訳については、社会福祉施設等５日間、特殊教育諸学校２日間とすることが望ましいこと。

　　期間の計算については、受入施設においてそれぞれ連続して介護等の体験を行う場合のほか、免許状取得までの数年間を通じ、長期休業期間中や土曜日・日曜日などに数度に渡って、異なる２以上の受入施設において１日単位で介護等の体験を行うことなども想定されること。

④　告示第１号から第４号に規定する各施設は、主に下表別添通知の欄に掲げる通知に記された施設であることから、当該通知を参考にされたいこと。（表省略）

⑤　法第２条第３項の規定により介護等の体験を要しないこととされた者についても、介護等の体験を行いたい旨の希望があれば、本人の身体の状況、受入施設の状況等を総合的に勘案しつつ、可能な限りその意思を尊重することが望ましいこと。

(2)　受入の調整等について

①　介護等の体験を行う学生の円滑な受入の確保については、とりわけ社会福祉協議会、社会福祉施設、都道府県教育委員会・社会福祉施設担当部局、指定都市教育委員会、特殊教育諸学校等の関係者に格段の協力を願いたいこと。

　　なお、そのための連絡協議の体制整備を文部省において検討中であるが、当面、必要に応じ、関係者の情報交換の機会の設定等を都道府県教育委員会にお願いしたいこと。

②　学生の受入のための調整窓口に関しては、各都道府県ごとに、社会福祉施設等については各都道府県社会福祉協議会、都道府県立・指定都市立特殊教育諸学校については各都道府県・指定都市教育委員会に協力を願いたいこと。

③　大学等においては、受入施設における介護等の体験を希望する学生の円滑な受入を促進するため、介護等の体験を希望する者の名簿の取りまとめ、大学等の所在地の社会福祉協議会や都道府県教育委員会等への一括受入依頼等について格段の協力を願いたいこと。その際、学生の介護

等体験の時期について、最終学年等特定の時期に偏らないようにするなどの可能な調整を願いたいこと。

④　首都圏、近畿圏等に所在する大学等については、近隣の受入施設に不足が生じることが予想されることから、とりわけ介護等の体験を希望する学生のうちこれらの地域以外に帰省先を有する者等については、可能な限り、長期休業期間を活用するなどして帰省先等での介護等の体験の実施促進に協力願いたいこと。この場合における、受入に関する相談は、当該帰省先等の都道府県社会福祉協議会及び都道府県教育委員会等に協力願いたいこと。

⑤　大学等においては、介護等の体験に必要な事前指導の実施に格段の協力を願いたいこと。なお、文部省において、事前指導のための参考資料の作成等を予定していること。

⑥　介護等体験希望者の受入に伴い、社会福祉施設における介護等の体験については、必要な経費の徴収等が行われることが予定されていること。なお、その他の施設等においても必要な経費の徴収等が行われる場合があること。

これらのことについて、大学は、混乱の生じること等がないよう、介護等の体験を希望する学生に周知されたいこと。

(3)　施行期日その他について

①　この制度は、主として平成10年４月の大学等の新入学生から適用されるものであるが、平成10年３月31日以前に大学等に在学した者であっても、卒業までの間に小学校又は中学校教諭の専修、１種若しくは２種のいずれかの免許状取得のための所要資格を得なかった者については、平成10年４月以降新たにこれら免許状を取得しようとする場合、介護等の体験を行うことが必要となること。

このため、例えば、平成10年３月に大学を卒業したが卒業までに上記いずれの免許状取得のための所要資格をも得ておらず、平成10年４月以降大学に聴講生等として在学し免許状取得のための単位修得をするような場合については、介護等の体験を行うことが必要となること。

②　介護等の体験に伴い想定される事故等に対応した保険について、文部省において関係機関と調整中であること。その詳細については別途周知する予定であること。

資料4

17 文 科 初 第 211 号
平成17年4月1日

各都道府県知事
各都道府県教育委員会教育長
各指定都市教育委員会教育長　　　　　殿
各国公私立大学長
各国公私立高等専門学校長
独立行政法人国立特殊教育総合研究所理事長

文部科学省初等中等教育局長
銭谷　眞美
文部科学省高等教育局長
石川　明
文部科学省スポーツ・青少年局長
素川　富司

発達障害のある児童生徒等への支援について（通知）

　「発達障害者支援法」（平成16年法律第167号）、「発達障害者支援法施行令」（平成17年政令第150号）及び「発達障害者支援法施行規則」（平成17年厚生労働省令第81号）の趣旨及び概要については、「発達障害者支援法の施行について」（平成17年4月1日付け文科初第16号・厚生労働省発障第0401008号）をもってお知らせしました。

　本法の施行に伴い、教育の部分について、留意すべき事項については下記のとおりですので、十分に御了知の上、適切に対処下さるようお願いします。

　また、都道府県知事及び都道府県教育委員会におかれては、域内の区市町村教育委員会、所管の学校への周知に努めていただきますようお願いいたします。

記

第1　発達障害について
1．対象となる障害

　本法における発達障害とは、脳機能の障害であってその症状が通常低年齢において発現するもののうち、ICD-10（疾病及び関連保健問題の国際統計分類）における「心理的発達の障害（F80-89）」及び「小児〈児童〉期及び青年期に通常発症する行動及び情緒の障害（F90-98）」に含まれる障害であるが、これらは、基本的に、従来から、盲・聾・養護学校、特殊学級若しくは通級による指導の対象となってい

るもの、又は小学校及び中学校（以下「小学校等」という。）の通常の学級に在籍する学習障害（LD）、注意欠陥多動性障害（ADHD）、高機能自閉症及びアスペルガー症候群（以下「LD等」という。）の児童生徒に対する支援体制整備の対象とされているものであること。

2．発達障害の早期発見

　市町村教育委員会は、学校保健法（昭和33年法律第56号）第4条に規定する健康診断を行うに当たり、発達障害の早期発見に十分留意するとともに、発達障害の疑いのある者に対し、継続的に相談を行い、必要に応じ、早期に医学的又は心理的判断がなされるよう、また、就学後に適切な教育的支援を受けられるよう必要な措置をとること。

　なお、その際には、関係部局や関係機関との緊密な連携の下、必要に応じ、専門家等の協力を得ること。

第2　発達障害のある児童生徒等への支援について

1．学校における発達障害のある幼児児童生徒への支援

(1)　文部科学省としては、平成19年度までを目途に、全ての小学校等の通常の学級に在籍するLD等を含む障害のある児童生徒に対する適切な教育的支援のための支援体制を整備することを目指し、各都道府県への委嘱事業を通じ、次のような取組を進めることとしていること。

　また、平成17年度においては、幼稚園及び高等学校についても、一貫した支援体制の整備を推進するため、同様の取組を進めていること。

　なお、教育委員会及び学校において支援体制を整備する際には、平成16年1月に文部科学省が作成した「小・中学校におけるLD（学習障害）、ADHD（注意欠陥／多動性障害）、高機能自閉症の児童生徒への教育支援体制の整備のためのガイドライン（試案）」を参考にされたい。

①　教育委員会における専門家チームの設置及び巡回相談の実施

　都道府県及び指定都市教育委員会において、LD等か否かの判断や望ましい教育的対応について、専門的な意見等を小学校等に提示する専門家チームを設置すること。また、小学校等を巡回して教員等に指導内容や方法に関する指導や助言を行う巡回相談を実施すること。

②　小学校等における校内の体制整備

　小学校等においては、校長のリーダーシップの下、全校的な支援体制を確立するため、LD等の実態把握や支援方策の検討等を行う校内委員会を設置するとともに、関係機関との連絡調整や保護者の連絡窓口、校内委員会の推進役としてのコーディネーター的な役割を担う教員（以下「特別支援教育コーディネーター」という。）を指名し、これらを校務分掌に明確に位置付けること。

③　小学校等における「個別の指導計画」及び「個別の教育支援計画」の作成

　小学校等においては、必要に応じ、児童生徒一人一人のニーズに応じた指導目標

157

や内容、方法等を示した「個別の指導計画」及び関係機関の連携による乳幼児期から学校卒業後まで一貫した支援を行うための教育的支援の目標や内容等を盛り込んだ「個別の教育支援計画」の作成を進めること。
(2)　盲・聾・養護学校、小学校等の特殊学級及び通級による指導においては自閉症の幼児児童生徒に対する適切な指導の推進を図ること。その際には、「個別の指導計画」及び「個別の教育支援計画」の作成を進めること。

２．就労の支援
　都道府県及び教育委員会は、必要に応じ、発達障害者が就労のための準備を適切に行えるようにするための支援が学校において行われるよう必要な措置を講じること。

３．発達障害のある児童生徒等の権利擁護
　教育委員会及び学校においては、個人情報が漏洩したり差別的な取り扱いがなされたりすることがないよう発達障害のある児童生徒等の権利擁護に十分配慮して、適切な教育的支援、支援体制の整備等を行うとともに、保護者及び児童生徒等に対して、発達障害に関する理解を深めるため、必要な普及啓発を行うこと。

４．関係部局の連携
　LD等の幼児児童生徒の支援体制の整備に当たっては、都道府県及び教育委員会においては、学校と地域の関係機関との連携協力による支援体制の整備を推進するため、広域又は地域の特別支援連携協議会の設置を通じ、医療、保健、福祉、労働等の関係部局とのネットワークを構築すること。

５．大学及び高等専門学校における教育上の配慮
　発達障害のある学生に対し、障害の状態に応じて、例えば、試験を受ける環境等についての配慮や、これらの学生の学生生活や進路等についての相談に適切に対応する等の配慮を行うこと。

第3　発達障害に関する専門性の向上について
１．教員の専門性の向上
(1)　大学における教員養成について、盲・聾・養護学校、小学校等並びに幼稚園及び高等学校の教員養成課程において、発達障害に関する内容も含めて取扱うこととするよう、その充実に努めること。
(2)　各都道府県教育委員会においては、平成19年度までを目途に、すべての小学校等において特別支援教育コーディネーターの指名がなされるよう、研修を計画的に実施する必要があること。併せて、小学校等の教員に対して、発達障害に関する普及啓発を行うとともに、指導力の向上を図るための研修を実施すること。
　その際、独立行政法人国立特殊教育総合研究所においては、各都道府県において

特別支援教育コーディネーター養成又はLD等の指導について指導的な役割を果た
す教育委員会の指導主事や教員を養成するための研修を実施していること、また、
平成17年度からは、新たに各都道府県における自閉症の幼児児童生徒の教育に指導
的な役割を果たす教育委員会の指導主事や教員を対象に「自閉症教育推進指導者講
習会」を実施することとしていることに留意されたい。

２．発達障害に関する調査研究
　独立行政法人国立特殊教育総合研究所においては、発達障害に関する主な研究と
して、次に掲げる研究を実施しており、その成果をまとめているため、活用された
いこと。
⑴　「小・中学校に在籍する特別な配慮を必要とする児童生徒の指導に関する研究」
　（平成15年度～17年度）
　小・中学校に在籍するLD等の特別な支援を必要とする児童生徒に対する指導内
容や方法の在り方について研究を実施していること。その成果として「LD・ADH
D・高機能自閉症の子どもの指導ガイド」が平成17年３月に作成されたこと。
⑵　「養護学校における自閉症を併せ有する幼児児童生徒の特性に応じた教育的支
　援に関する研究」（平成15年度～17年度）
　知的障害養護学校における自閉症を併せ有する幼児児童生徒の増加に伴い、自閉
症を併せ有する幼児児童生徒の特性に応じた指導内容や指導法について研究を実施
していること。その成果として「自閉症教育実践ガイドブック」が平成16年６月に
作成されたこと。
⑶　「軽度知的障害学生に対する高等教育機関等における支援体制に関する研究」
　（平成14年度～16年度）
　高等教育機関における、知的障害や学習障害等のある学生の学習困難の状態や実
際の支援内容・方法について、その状況を明らかにするとともに、適切な支援内容・
方法の在り方について検討したこと。その成果として「発達障害のある学生支援ガ
イドブック」が平成17年３月に作成されたこと。

資料5

17文科初第1177号
平成18年3月31日

各都道府県教育委員会教育長
各都道府県知事　　　　　　　　　　殿
附属学校を置く各国立大学法人学長

文部科学省初等中等教育局長
銭谷　眞美

学校教育法施行規則の一部改正等について（通知）

　このたび、別添1のとおり「学校教育法施行規則の一部を改正する省令（平成18年文部科学省令第22号）」（以下「改正規則」という。）が、平成18年3月31日に公布され、平成18年4月1日から施行されることとなりました。また、別添2のとおり「学校教育法施行規則第73条の21第1項の規定による特別の教育課程について定める件の一部を改正する件（平成18年文部科学省告示第54号）」（以下「改正告示」という。）が、平成18年3月31日に告示され、平成18年4月1日から施行されることとなりました。

　今回の改正の趣旨、内容及び留意事項については、下記のとおりですので、十分に御了知の上、適切に対処下さるようお願いします。

　また、各都道府県教育委員会におかれては、所管の学校及び域内の市町村教育委員会に対して、各都道府県知事におかれては、所轄の学校及び学校法人に対して、このことを十分周知されるようお願いします。

記

第1　改正の趣旨
(1)　平成14年に文部科学省が実施した全国実態調査においては、小学校及び中学校の通常の学級において、学習障害（以下「LD」という。）・注意欠陥多動性障害（以下「ADHD」という。）等により学習や行動の面で特別な教育的支援を必要としている児童生徒が約6％程度の割合で在籍している可能性が示されている。こうした状況を踏まえ、小学校若しくは中学校又は中等教育学校の前期課程の通常の学級に在籍しているLD又はADHDの児童生徒であって、一部特別な指導を必要とする者については、適切な指導及び支援の充実を図るため、改正規則による改正前の学校教育法施行規則（昭和22年文部省令第11号）（以下「旧規則」という。）第73条の21に基づく特別の指導（以下「通級による指導」という。）を実施することができることとする必要があること。

　あわせて、旧規則第73条の21第2号に規定する情緒障害者については、その障害の原因及び指導法が異なるものが含まれていることから、この分類を見直す必要が

あること。

(2)　障害のある児童生徒の状態に応じた指導の一層の充実を図り、障害の多様化に適切に対応するため、通級による指導を行う際の授業時数の標準を弾力化するとともに、LD又はADHDの児童生徒に対して通級による指導を行う際の授業時数の標準を設定する必要があること。

第2　改正の内容

(1)　学校教育法施行規則（昭和22年文部省令第11号）の一部改正

①　通級による指導の対象となる者として、学習障害者及び注意欠陥多動性障害者を加え、これらに該当する児童生徒についても通級による指導を行うことができることとすること。（改正規則による改正後の学校教育法施行規則（以下「新規則」という。）第73条の21第6号及び第7号関係）

②　旧規則第73条の21第2号に規定される情緒障害者については、「障害のある児童生徒の就学について」（平成14年5月27日付け14文科初第291号初等中等教育局長通知）において「一　自閉症又はそれに類するもので、通常の学級での学習におおむね参加でき、一部特別な指導を必要とする程度のもの」又は「二　主として心理的な要因による選択性かん黙等があるもので、通常の学級での学習におおむね参加でき、一部特別な指導を必要とする程度のもの」に該当する者を対象としてきたところである。しかし、近年、これらの障害の原因及び指導法が異なることが明らかになってきたことから、上記一に該当する者を「自閉症者」とし、上記二に該当する者を「情緒障害者」として分類を見直すこと。（新規則第73条の21第2号及び第3号関係）

③　①及び②の改正に伴い、旧規則第73条の21各号の規定を整備すること。（新規則第73条の21第4号、第5号及び第8号関係）

(2)　学校教育法施行規則第73条の21第1項の規定による特別の教育課程について定める件（平成5年文部省告示第7号）の一部改正

　通級による指導において行うこととしている障害に応じた特別の指導については、障害の状態の改善又は克服を目的とする指導及び障害の状態に応じて各教科の内容を補充するための特別の指導のそれぞれについて授業時数の標準を定めているところであるが、障害の状態に応じて適切な指導及び必要な支援を行う観点から、通級による指導の授業時数の標準としては、これらの指導を合計した年間の授業時数の標準のみを定めることとし、これを年間35単位時間から280単位時間までとすること。

　また、新たに通級による指導の対象となる学習障害者及び注意欠陥多動性障害者については、月1単位時間程度の指導も十分な教育的効果が認められる場合があることから、これらの児童生徒に対して通級による指導を行う場合の授業時数の標準については、年間10単位時間から280単位時間までとすること。（改正告示による改正後の学校教育法施行規則第73条の21の規定による特別の教育課程について定める件2関係）

第3　留意事項

(1)　児童生徒が新規則における通級による指導の対象となる自閉症者、情緒障害者、学習障害者又は注意欠陥多動性障害者に該当するか否かの判断に当たっての留意事項については、別に通知するものであること。

(2)　通級による指導においては、障害の状態の改善又は克服を目的とする指導を行い、特に必要な場合に、障害の状態に応じて各教科の内容を補充するための特別の指導を行うこととする位置づけについては、変更がないこと。

資料 6

17文科初第1178号
平成18年3月31日

各都道府県教育委員会教育長
各都道府県知事　　　　　　　　殿
附属学校を置く各国立大学法人学長

文部科学省初等中等教育局長
銭谷　眞美

通級による指導の対象とすることが適当な自閉症者、情緒障害者、
学習障害者又は注意欠陥多動性障害者に該当する児童生徒について（通知）

　このたび、小学校若しくは中学校又は中等教育学校の前期課程の通常の学級に在籍する学習障害又は注意欠陥多動性障害の児童生徒を、その障害の状態に応じて行われる特別の指導（以下「通級による指導」という。）の対象とすることができること等について、学校教育法施行規則の一部改正等を行い、その改正等の趣旨、内容及び留意事項について、「学校教育法施行規則の一部改正等について」（平成18年3月31日付け17文科初第1177号初等中等教育局長通知）をもってお知らせしたところです。

　この改正に伴い、児童生徒が通級による指導の対象となる自閉症者、情緒障害者、学習障害者又は注意欠陥多動性障害者に該当するか否かの判断に当たって留意すべき点等は下記のとおりですので、十分御了知の上、遺漏のないようお願いします。

　また、各都道府県教育委員会におかれては、所管の学校及び域内の市町村教育委員会に対して、各都道府県知事におかれては、所轄の学校及び学校法人に対して、このことを十分周知されるようお願いします。

記

　学校教育法施行規則第73条の21の規定に基づく通級による指導は、「障害のある児童生徒の就学について」（平成14年5月27日付け14文科初第291号初等中等局長通知）（以下「291号通知」という。）に掲げる者に加え、学習障害者及び注意欠陥多動性障害者についても対象とするとともに、通級による指導の対象となる情緒障害者については、これまで、291号通知においてその障害の程度を「一　自閉症又はそれに類するもので、通常の学級での学習におおむね参加でき、一部特別な指導を必要とする程度のもの」又は、「二　主として心理的な要因による選択性かん黙等があるもので、通常の学級での学習におおむね参加でき、一部特別な指導を必要とする程度のもの」として示してきたところであるが、今般、上記一を自閉症者と、上記二を情緒障害者として整理することとしたこと。

163

自閉症者、情緒障害者、学習障害者又は注意欠陥多動性障害者については、それ
ぞれ以下の(1)の各号に掲げる障害の種類及び程度の児童生徒を対象として適切な指
導が行われることが適当であること。また、これらの児童生徒を含め、通級による
指導を行うに際しての留意事項については、以下の(2)のとおりであること。
　なお、291号通知の記の第1の2のbの(1)の「イ　情緒障害者」は廃止し、これ
に該当する障害の種類及び程度については、以下の(1)の「ア　自閉症者」又は「イ
情緒障害者」に該当するものとする。
　また、通級による指導の対象とするか否かの判断に当たっては、保護者の意見を
聴いた上で、障害のある児童生徒に対する教育の経験のある教員等による観察・検
査、専門医による診断等に基づき、教育学、医学、心理学等の観点から総合的かつ
慎重に行うこと。
　その際、通級による指導の特質に鑑み、個々の児童生徒について、通常の学級で
の適応性、通級による指導に要する適正な時間等を十分考慮すること。

(1)　障害の種類及び程度
ア　自閉症者
　　自閉症又はそれに類するもので、通常の学級での学習におおむね参加でき、一
部特別な指導を必要とする程度のもの
イ　情緒障害者
　　主として心理的な要因による選択性かん黙等があるもので、通常の学級での学
習におおむね参加でき、一部特別な指導を必要とする程度のもの
ウ　学習障害者
　　全般的な知的発達に遅れはないが、聞く、話す、読む、書く、計算する又は推
論する能力のうち特定のものの習得と使用に著しい困難を示すもので、一部特別
な指導を必要とする程度のもの
エ　注意欠陥多動性障害者
　　年齢又は発達に不釣り合いな注意力、又は衝動性・多動性が認められ、社会的
な活動や学業の機能に支障をきたすもので、一部特別な指導を必要とする程度の
もの

(2)　留意事項
　　通級による指導を行うに際しての留意事項は以下のとおり。
ア　通級による指導を担当する教員は、基本的には、この通知又は291号通知に示
されたうちの一の障害の種類に該当する児童生徒を指導することとなるが、当該
教員が有する専門性や指導方法の類似性等に応じて、当該障害の種類とは異なる
障害の種類に該当する児童生徒を指導することができること。
イ　通級による指導を行うに際しては、必要に応じ、校長、教頭、特別支援教育コー
ディネーター、担任教員、その他必要と思われる者で構成する校内委員会におい
て、その必要性を検討するとともに、文部科学省の委嘱事業である特別支援教育

体制推進事業等により各都道府県教育委員会等に設けられた専門家チームや巡回相談等を活用すること。

ウ　通級による指導の対象とするか否かの判断に当たっては、医学的な診断の有無のみにとらわれることのないよう留意し、総合的な見地から判断すること。

エ　学習障害又は注意欠陥多動性障害の児童生徒については、通級による指導の対象とするまでもなく、通常の学級における教員の適切な配慮やティーム・ティーチングの活用、学習内容の習熟の程度に応じた指導の工夫等により、対応することが適切である者も多くみられることに十分留意すること。

(3)　その他

情緒障害者を対象とする特殊学級については、今後、文部科学省においてその在り方について検討を進めることとしていること。

資料7

18文科初第446号
平成18年7月18日

各都道府県知事
各都道府県教育委員会　　　　　殿
各国公私立大学長
独立行政法人国立特殊教育総合研究所理事長

文部科学事務次官
結城　章夫

特別支援教育の推進のための学校教育法等の一部改正について（通知）

　このたび、別添1のとおり、「学校教育法等の一部を改正する法律（平成18年法律第80号）」（以下「改正法」という。）が平成18年6月21日に公布され、平成19年4月1日から施行されることとなりました。

　今回の改正は、近年、児童生徒等の障害の重複化や多様化に伴い、一人一人の教育的ニーズに応じた適切な教育の実施や、学校と福祉、医療、労働等の関係機関との連携がこれまで以上に求められているという状況に鑑み、児童生徒等の個々のニーズに柔軟に対応し、適切な指導及び支援を行う観点から、複数の障害種別に対応した教育を実施することができる特別支援学校の制度を創設するとともに、小中学校等における特別支援教育を推進すること等により、障害のある児童生徒等の教育の一層の充実を図るものであります。

　改正の概要及び留意事項については下記のとおりですので、関係各位におかれては、その趣旨を十分御理解の上、盲学校、聾学校及び養護学校の特別支援学校への円滑な移行を含め、適切な対応をお願いするとともに、各都道府県教育委員会におかれては、所管の学校及び域内の市区町村教育委員会に対して、各都道府県知事におかれては、所轄の学校及び学校法人に対し、速やかに周知を図るようお願いします。

　また、本改正法については、参議院文教科学委員会及び衆議院文部科学委員会において、改正法による改正後の学校教育法第71条の3に規定する特別支援学校の行う助言又は援助（センター的機能）の十全な発揮、特別支援学校の教員免許状の取得促進、就学先の指定に際しての本人・保護者の意向の十分な聴取及び相談機能の充実、障害のある児童生徒等と障害のない児童生徒等との交流及び共同学習の積極的な推進、就労のための支援に努めることなどについて、別添2及び別添3の附帯決議が付されております。特別支援教育の推進に際しては、これらの点に十分留意されるよう御配慮願います。

　なお、関係政令及び省令の改正については、追ってこれを行い、その内容については別途通知する予定ですので御承知おきください。

記

第1　学校教育法の一部改正関係（改正法第1条）
(1)　特別支援学校制度の創設
　　盲学校、聾学校及び養護学校を特別支援学校とした。（第1条、第4条第1項、第6条、第22条第1項、第39条第1項、第71条、第72条、第73条、第73条の2、第73条の3第1項、第74条、第76条及び第107条）

(2)　特別支援学校の目的
　　特別支援学校の目的として、「視覚障害者、聴覚障害者、知的障害者、肢体不自由者又は病弱者（身体虚弱者を含む。）に対して、幼稚園、小学校、中学校又は高等学校に準ずる教育を施すとともに、障害による学習上又は生活上の困難を克服し自立を図るために必要な知識技能を授けること」と規定した。（第71条）
　　なお、第71条に規定する視覚障害者等の障害の程度は、政令で、これを定めることとした。（第71条の4）また、特別支援学校においては、文部科学大臣の定めるところにより、第71条に規定する者に対する教育のうち当該学校が行うものを明らかにするものとした。（第71条の2）

(3)　特別支援学校の行う助言又は援助
　　特別支援学校においては、第71条の目的を実現するための教育を行うほか、幼稚園、小学校、中学校、高等学校又は中等教育学校の要請に応じて、教育上特別の支援を必要とする児童、生徒又は幼児の教育に関し必要な助言又は援助を行うよう努めるものとした。（第71条の3）

(4)　小学校等における教育上特別の支援を必要とする児童等に対する教育
　　小学校、中学校、高等学校、中等教育学校及び幼稚園においては、教育上特別の支援を必要とする児童、生徒及び幼児に対し、障害による学習上又は生活上の困難を克服するための教育を行うものとした。（第75条第1項）
　　なお、「特殊学級」の名称を「特別支援学級」に変更するとともに、従前と同様、小学校、中学校、高等学校及び中等教育学校においては、これを設けることができることとした。（第75条第2項、同条第3項及び第107条）

(5)　私立の盲学校、聾学校及び養護学校の設置に係る特例の廃止
　　当分の間、私立の盲学校、聾学校及び養護学校は、学校法人によって設置されることを要しないとする特例を廃止した。（第102条）これに伴い、今後は、私立の幼稚園のみが当該特例の対象となる。

第2　教育職員免許法の一部改正関係（改正法第2条）
(1)　改正法による改正前の教育職員免許法第3条第3項等に規定されていた「特殊

の教科」の名称を「自立教科等」に改め、定義規定を設けた。（第2条第3項）

　また、学校教育法第71条に規定する視覚障害者、聴覚障害者、知的障害者、肢体不自由者又は病弱者（身体虚弱者を含む。）に関するいずれかの教育の領域を「特別支援教育領域」と称することとし、定義規定を設けた。（第2条第4項）

⑵　盲学校、聾学校及び養護学校ごとの教員の免許状を、特別支援学校の教員の免許状とした。（第3条、第3条の2及び第4条の2）

⑶　特別支援学校の教員の普通免許状及び臨時免許状の授与に当たっては、当該免許状の授与を受けようとする者の特別支援教育に関する科目の修得の状況又は教育職員検定の結果に応じて、文部科学省令で定めるところにより、一又は二以上の特別支援教育領域を定めて授与するものとした。（第5条の2第2項及び第6条第2項）

　また、この場合の、大学において修得することを要する科目及び単位数（別表第1）並びに教育職員検定に係る学力及び実務の検定の方法（別表第7）について定めた。

⑷　特別支援学校の教員の免許状の授与を受けた者が、当該免許状に定められている特別支援教育領域以外の特別支援教育領域に関する科目を修得した場合又は当該免許状を授与した授与権者が行う教育職員検定に合格した場合には、当該授与権者は、当該免許状に新教育領域を追加して定めるものとしたほか、この場合に係る所要の規定の整備を行った。（第5条の2第3項、第7条第1項、第8条第3項、第18条第2項及び第21条）

⑸　特別支援学校において専ら自立教科等の教授を担任する教員の免許状は、障害の種類に応じて文部科学省令で定める自立教科等について授与するものとし、所要の規定の整備を行った。（第4条の2及び第17条）

⑹　その他所要の規定の整備を行った。（第5条の2第1項、第16条の5、第17条の2及び第17条の3、附則第2項、第9項、第14項、第15項及び第16項並びに別表第3、別表第5及び別表第8）

第3　義務教育諸学校等の施設費の国庫負担等に関する法律の一部改正関係（改正法第3条）特別支援学校の建物の整備に要する経費について負担金又は交付金の対象とすることとし、所要の規定の整備を行った。（第2条、第3条第1項及び第11条第1項）

　また、新築又は増築に係る工事費の算定方法について、事業実施当該年度の5月1日を基準日（児童生徒の数が増加することが明らかな場合等には、文部科学大臣の定めるその2年以内の日）とし、同日における学級数に応ずる必要面積又は児童生徒1人当たりの基準面積から同日における保有面積を控除して得た面積を、1平

方メートル当たりの建築単価に乗じて算定することとした。（第5条の3及び第6条）

なお、改正法による改正前の義務教育諸学校等の施設費の国庫負担等に関する法律において規定されていた養護学校の寄宿舎に係る工事費の算定方法の特例及び都道府県が設置する養護学校の小学部及び中学部に係る国の負担割合の特例については、その対象である「養護学校」を「知的障害者、肢体不自由者又は病弱者（身体虚弱者を含む。）である児童又は生徒に対する教育を主として行う特別支援学校」に改め、引き続き従前と同様の措置を講ずることとした。（第8条第2項及び附則第3項）

第4　独立行政法人国立特殊教育総合研究所法の一部改正関係（改正法第4条）
独立行政法人国立特殊教育総合研究所の名称を独立行政法人国立特別支援教育総合研究所に改めるとともに、同研究所の目的、業務等に関し、所要の規定の整備を行った。（第1条、第2条、第3条、第9条第2項及び第12条）

第5　改正法附則関係
(1)　施行期日（附則第1条）
改正法は、平成19年4月1日から施行することとした。

(2)　学校教育法の一部改正に伴う経過措置（附則第2条から第4条まで）
改正法の施行の際現に設置されている盲学校、聾学校及び養護学校は、改正法の施行の時に特別支援学校となるものとし、盲学校、聾学校又は養護学校の設置認可は、特別支援学校の設置認可とみなすこととした。また、改正法の施行の際現に行われている盲学校、聾学校又は養護学校に係る設置廃止等の認可申請は、特別支援学校に係る認可申請とみなすこととした。

なお、改正法の施行の際現に盲学校、聾学校又は養護学校を設置している学校法人は、改正法の施行により盲学校、聾学校及び養護学校が特別支援学校となることに伴い、寄附行為を変更する必要があるが、この場合には、私立学校法（昭和24年法律第270号）第45条第1項の規定による都道府県知事の寄附行為の変更の認可を要しないこととし、変更した旨を遅滞なく都道府県知事に届け出なければならないこととした。

(3)　教育職員免許法の一部改正に伴う経過措置（附則第5条から第8条まで）
旧免許法の規定に基づき授与されている盲学校、聾学校及び養護学校の教員免許状（以下「旧免許状」という。）を、改正法の規定による特別支援学校の教員免許状（以下「新免許状」という。）とみなし、新免許状の授与を受けたとみなされる者については、新免許状に係る特別支援教育科目の最低単位数を修得したものとみなすこととした。また、旧免許法の規定に基づき授与されている特殊の教科の教員免許状を、改正法の規定による自立教科等の教員免許状とみなすこととした。

169

なお、改正法の施行の際現に旧免許法の規定に基づく認定課程を有する大学又は指定教員養成機関に在学している者で、当該認定課程又は教員養成機関を卒業するまでに、当該認定課程又は教員養成機関において旧免許状の授与を受けるために必要とされる科目の単位を修得したものは、当該認定課程又は教員養成機関において取得予定であった旧免許状に対応する特別支援学校教諭の普通免許状に係る特別支援教育科目の最低単位数を修得したものとみなすこととした。

　また、別表第7の規定に基づき新免許状の授与を受けようとする者については、改正法の施行前の相当学校の教員としての在職年数を新免許状の授与を受けるための特別支援学校の教員としての在職年数に通算し、改正法の施行前に修得した単位数を新免許状の授与を受けるために必要な単位数に合算することができることとした。

⑷　公立義務教育諸学校等の学級編制及び教職員定数の標準に関する法律の一部改正（附則第31条）
　盲学校、聾学校、養護学校及び特殊教育諸学校を特別支援学校とし、特殊学級を特別支援学級とした。（第2条、第3条、第10条から第14条まで及び第18条）
　改正法による改正前の公立義務教育諸学校等の学級編制及び教職員定数の標準に関する法律（以下「旧義務標準法」という。）においては、特殊教育諸学校の教職員定数の標準の算定に際し、旧義務標準法第11条第1項第4号に規定する自立活動担当教員については、盲学校、聾学校及び養護学校の種類ごとに算定することとしていたところ、盲学校、聾学校及び養護学校を特別支援学校とすることに伴い、特別支援学校を視覚障害者、聴覚障害者、知的障害者、肢体不自由者又は病弱者（身体虚弱者を含む。）のいずれに対する教育を主として行うものであるかによって区分し、当該区分ごとに算定することとした。（第11条第1項第4号）
　旧義務標準法第15条に規定する教職員定数の算定に関する特例として掲げる特別な事情について、同条第2号に規定する聾学校の小学部又は中学部において教育上特別の配慮を必要とする児童又は生徒に対する特別の指導であって政令で定めるものが行われている場合（聾学校の小学部又は中学部において小学校若しくは中学校又は中等教育学校の前期課程の児童又は生徒を対象として通級による指導が行われる場合）としていたところ、盲学校、聾学校及び養護学校を特別支援学校とすることに伴い、「聾学校」を「聴覚障害者である児童若しくは生徒に対する教育を主として行う特別支援学校」に改めた。（第15条第2号）

⑸　公立高等学校の適正配置及び教職員定数の標準等に関する法律の一部改正（附則第33条）特殊教育諸学校を特別支援学校とした。（第1条、第2条及び第14条から第24条まで）
　改正法による改正前の公立高等学校の適正配置及び教職員定数の標準等に関する法律（以下「旧高校標準法」という。）においては、特殊教育諸学校の教職員定数の標準の算定に際し、旧高校標準法第17条第4号に規定する専門教育担当教員につ

いては、特殊教育諸学校の高等部に置かれる専門教育を主とする学科の数と養護学校の高等部（専門教育を主とする学科のみを置くものを除く。）の数との合計数に２を乗じて得た数と、養護学校の高等部で専門教育を主とする学科のみを置くものの数に１を乗じて得た数との合計数として算定することとしていたところ、盲学校、聾学校及び養護学校を特別支援学校とすることに伴い、「養護学校」を「知的障害者、肢体不自由者又は病弱者（身体虚弱者を含む。）である生徒に対する教育を主として行う特別支援学校（養護特別支援学校）」に改めた。（第17条第４号）また、実習助手についても同様の取扱いとした。（第19条第２号）

　旧高校標準法においては、特殊教育諸学校の教職員定数の標準の算定に際し、旧高校標準法第17条第５号に規定する自立活動担当教員については、盲学校、聾学校及び養護学校の種類ごとに算定することとしていたところ、盲学校、聾学校及び養護学校を特別支援学校とすることに伴い、特別支援学校を視覚障害者、聴覚障害者、知的障害者、肢体不自由者又は病弱者（身体虚弱者を含む。）のいずれに対する教育を主として行うものであるかによって区分し、当該区分ごとに算定することとした。（第17条第５号）

(6)　その他の関係法律の一部改正等（附則第10条から第30条まで、附則第32条及び附則第34条から第48条まで）

　盲学校、聾学校及び養護学校を特別支援学校とすること等に伴い、関係法律について必要な規定の整備を行った。

　なお、「盲学校、聾学校及び養護学校への就学奨励に関する法律」の名称を「特別支援学校への就学奨励に関する法律」に（附則第26条）、「盲学校、聾学校及び養護学校の幼稚部及び高等部における学校給食に関する法律」の名称を「特別支援学校の幼稚部及び高等部における学校給食に関する法律」に（附則第30条）、それぞれ改めた。

第６　留意事項

(1)　特別支援学校の設置については、公立学校は設置条例において、私立学校は寄附行為において、当該学校が学校教育法上の特別支援学校として設置されている旨を明確に規定する必要があること。その上で、現に設置されている盲学校、聾学校又は養護学校を特定の障害種別に対応した教育を専ら行う特別支援学校とする場合には、「盲学校」、「聾学校」又は「養護学校」の名称を用いることも可能であること。

　なお、国立大学附属の特別支援学校については、追って国立大学法人法施行規則（平成15年文部科学省令第57号）の改正を行うこととしている。

(2)　各特別支援学校においていずれの障害種別に対応した教育を行うこととするかについては、当該学校の設置者がそれぞれの地域の実情に応じて判断することとなること。

その際には、児童生徒等ができる限り地域の身近な特別支援学校に就学できるようにすること、同一の障害のある児童生徒等による一定規模の集団が学校教育の中で確保され、障害種別ごとの専門的指導により児童生徒等の能力を可能な限り発揮できるようにすること等を勘案しつつ、児童生徒等の障害の重複化への対応という今般の制度改正の趣旨を踏まえ、可能な限り複数の障害種別に対応した教育を行う方向で検討されることが望ましいこと。

⑶　特別支援学校の行う助言又は援助に関しては、第71条の3に「幼稚園、小学校、中学校、高等学校又は中等教育学校」が列記され、これらの要請に応じて助言又は援助を行うよう努めるものとする旨規定しているが、これらの機関のみならず、保育所をはじめとする保育施設（認定こども園（就学前の子どもに関する教育、保育等の総合的な提供の推進に関する法律（平成18年法律第77号）第3条第1項又は第2項の認定を受けた施設及び同条第3項の規定による公示がされた施設をいう。）を含む。）などの他の機関等に対しても同様に助言又は援助に努めることとされたいこと。

⑷　教育職員免許法附則第16項において、小学校、中学校、高等学校又は幼稚園の教諭の免許状を有する者は、当分の間、特別支援学校の教員免許状を有さなくとも、特別支援学校の相当する各部の教諭又は講師となることができる旨を規定しているが、各大学においては、特別支援教育のための教員養成の充実、各特別支援学校の設置者及び任命権者においては、採用時における特別支援学校の教員免許状保有者の確保及び現職教員の特別支援学校の教員免許状の取得を促進し、特別支援学校の教員免許状の保有状況の改善に努められたいこと。

⑸　今回の制度改正により、小中学校等における特別支援教育が明確に位置付けられたことを踏まえ、すべての教員の特別支援教育に関する理解を促進するため、各大学においては、教職課程における特別支援教育に関する内容の充実及び適切な単位認定、各学校の設置者及び任命権者においては、特別支援教育についての現職研修の充実及び教員採用における内容の適切な取扱いにより一層努められたいこと。なお、大学における教員養成について発達障害に関する内容を取扱うことを求めている「発達障害のある児童生徒等への支援について」（平成17年4月1日付17文科初第211号初等中等教育局長、高等教育局長、スポーツ・青少年局長通知）の記の第3の1も併せて参照されたいこと。

⑹　各地方公共団体においては、特別支援学校の適切な施設整備が推進されるよう、予算の確保及びその適切な執行に努めていただきたいこと。

⑺　以下の規定の適用に当たっては、各特別支援学校を、当該特別支援学校の学級数（重複障害学級については、当該重複する障害種別のうちより手厚い条件整備を

要する障害種別の学級とみなす。）が最も多い障害種別に区分すること。

　この場合において、学級数が最も多い障害種別が複数となる場合は、これらのうちより手厚い条件整備を要する障害種別に区分することとし、これらの取扱いにより疑義のある場合には文部科学省に確認されたいこと。・義務教育諸学校等の施設費の国庫負担等に関する法律第8条第2項及び附則第3項

- ●公立義務教育諸学校等の学級編制及び教職員定数の標準に関する法律第11条第1項第4号及び第15条第2号
- ●公立高等学校の適正配置及び教職員定数の標準等に関する法律第17条第4号及び同条第5号並びに第19条第2号

　なお、公立義務教育諸学校等の学級編制及び教職員定数の標準に関する法律及び公立高等学校の適正配置及び教職員定数の標準等に関する法律に基づく教職員定数の標準は、教職員の配置の適正化を図り、教育水準の維持向上のために定められていることを踏まえ、各都道府県において適切に教職員配置がなされることが必要であること。

資料 8

障害者の権利に関する条約（抄）

平成18年12月13日　第61回国際連合総会で採択
平成26年 1 月20日　我が国が批准

第 1 条　目的

　この条約は、全ての障害者によるあらゆる人権及び基本的自由の完全かつ平等な享有を促進し、保護し、及び確保すること並びに障害者の固有の尊厳の尊重を促進することを目的とする。

　障害者には、長期的な身体的、精神的、知的又は感覚的な機能障害であって、様々な障壁との相互作用により他の者との平等を基礎として社会に完全かつ効果的に参加することを妨げ得るものを有する者を含む。

第24条　教育

1　締約国は、教育についての障害者の権利を認める。締約国は、この権利を差別なしに、かつ、機会の均等を基礎として実現するため、障害者を包容するあらゆる段階の教育制度及び生涯学習を確保する。当該教育制度及び生涯学習は、次のことを目的とする。

(a)　人間の潜在能力並びに尊厳及び自己の価値についての意識を十分に発達させ、並びに人権、基本的自由及び人間の多様性の尊重を強化すること。

(b)　障害者が、その人格、才能及び創造力並びに精神的及び身体的な能力をその可能な最大限度まで発達させること。

(c)　障害者が自由な社会に効果的に参加することを可能とすること。

2　締約国は、 1 の権利の実現に当たり、次のことを確保する。

(a)　障害者が障害に基づいて一般的な教育制度から排除されないこと及び障害のある児童が障害に基づいて無償のかつ義務的な初等教育から又は中等教育から排除されないこと。

(b)　障害者が、他の者との平等を基礎として、自己の生活する地域社会において、障害者を包容し、質が高く、かつ、無償の初等教育を享受することができること及び中等教育を享受することができること。

(c)　個人に必要とされる合理的配慮が提供されること。

(d)　障害者が、その効果的な教育を容易にするために必要な支援を一般的な教育制度の下で受けること。

(e)　学問的及び社会的な発達を最大にする環境において、完全な包容という目標に合致する効果的で個別化された支援措置がとられること。

3　締約国は、障害者が教育に完全かつ平等に参加し、及び地域社会の構成員とし

て完全かつ平等に参加することを容易にするため、障害者が生活する上での技能及び社会的な発達のための技能を習得することを可能とする。このため、締約国は、次のことを含む適当な措置をとる。

(a) 点字、代替的な文字、意思疎通の補助的及び代替的な形態、手段及び様式並びに定位及び移動のための技能の習得並びに障害者相互による支援及び助言を容易にすること。

(b) 手話の習得及び聾社会の言語的な同一性の促進を容易にすること。

(c) 盲人、聾者又は盲聾者（特に盲人、聾者又は盲聾者である児童）の教育が、その個人にとって最も適当な言語並びに意思疎通の形態及び手段で、かつ、学問的及び社会的な発達を最大にする環境において行われることを確保すること。

4 締約国は、1の権利の実現の確保を助長することを目的として、手話又は点字について能力を有する教員（障害のある教員を含む。）を雇用し、並びに教育に従事する専門家及び職員（教育のいずれの段階において従事するかを問わない。）に対する研修を行うための適当な措置をとる。この研修には、障害についての意識の向上を組み入れ、また、適当な意思疎通の補助的及び代替的な形態、手段及び様式の使用並びに障害者を支援するための教育技法及び教材の使用を組み入れるものとする。

5 締約国は、障害者が、差別なしに、かつ、他の者との平等を基礎として、一般的な高等教育、職業訓練、成人教育及び生涯学習を享受することができることを確保する。このため、締約国は、合理的配慮が障害者に提供されることを確保する。

資料 9

18 文 科 初 1290 号
平成19年3月30日

各都道府県知事　殿
各都道府県教育委員会　殿
各国公私立大学長　殿
独立行政法人国立特殊教育総合研究所理事長　殿

文部科学事務次官
結城　章夫

学校教育法等の一部を改正する法律の施行に伴う関係政令等の整備について（通知）

　このたび、別添1のとおり「学校教育法等の一部を改正する法律の施行に伴う関係政令の整備等に関する政令（平成19年政令第55号）」（以下「改正政令」という。）が平成19年3月22日に公布され、また別添2のとおり「学校教育法等の一部を改正する法律の施行に伴う文部科学省関係省令の整備等に関する省令（平成19年文部科学省令第5号）」（以下「改正省令」という。）が、別添3のとおり「あん摩マツサージ指圧師、はり師及びきゅう師に係る学校養成施設認定規則及び柔道整復師学校養成施設指定規則の一部を改正する省令」（平成19年文部科学省・厚生労働省令第1号）が、及び別添4のとおり「学校教育法等の一部を改正する法律の施行に伴う文部科学省関係告示の整備に関する告示」（平成19年文部科学省告示第46号）」（以下「改正告示」という。）がそれぞれ3月30日に公布され、いずれも4月1日から施行されることとなりました。

　今回の改正は、近年の児童生徒等の障害の重複化や多様化に適切に対応するため、一人一人の教育的ニーズに応じた適切な教育を行う特別支援教育を推進するために制定された「学校教育法等の一部を改正する法律（平成18年法律第80号）」（以下「改正法」という。）の施行に伴う整備等を行うものであり、加えて改正法についての国会審議における議論及び衆・参両院による附帯決議等を踏まえた改正も行うものです。

　改正の概要及び留意事項については下記のとおりですので、関係各位におかれては、その趣旨を十分御理解の上、盲学校、聾（ろう）学校及び養護学校の特別支援学校への円滑な移行のための適切な対応をお願いするとともに、各都道府県教育委員会におかれては、所管の学校及び域内の市区町村教育委員会に対して、各都道府県知事におかれては、所轄の学校及び学校法人に対し、速やかに周知を図るようお願いします。

記

第1　改正政令の主な概要

⑴　障害のある児童の就学先の決定に際する保護者の意見聴取の義務付け（学校教育法施行令第18条の２）

　障害のある児童を①小学校に認定就学制度により就学させる場合及び②盲学校等の小学部に就学させる場合、その決定に際しては、現行規定上、専門的知識を有する者の意見を聴くものとされている。これに加え、日常生活上の状況等をよく把握している保護者の意見を聴取することにより、当該児童の教育的ニーズを的確に把握できることが期待されることから、保護者からの意見聴取の義務付けを新たに規定した。

⑵　特別支援学校が対象とする児童生徒等の障害の程度についての規定の見直し（学校教育法施行令第22条の３）

　特別支援学校が対象とする児童生徒等の障害の程度について、本条は、改正法による改正後の学校教育法（以下「改正学校教育法」という。）第71条の４の委任を受けて、「盲学校、聾（ろう）学校又は養護学校に就学させるべき（中略）心身の故障の程度は、次の表に掲げるとおりとする。」と規定していた。しかし、本条に規定する障害の程度に該当する者であっても認定就学制度により小学校等に就学する場合があること等を踏まえ、「法第七十一条の四の政令で定める（中略）障害の程度は、次の表に掲げるとおりとする。」との規定ぶりに改めた。

⑶　特別支援学校の小学部及び中学部に係る建物の整備に対する国庫負担に関する規定の整備（義務教育諸学校等の施設費の国庫負担等に関する法律施行令第７条及び第８条）

　特別支援学校の小学部及び中学部に係る建物の整備に対する国庫負担を行う際の学級数に応ずる必要面積又は児童生徒1人当たりの基準面積について、従前の制度と同様の取扱いとするため、各特別支援学校が教育の対象とする障害種別に応じて規定するとともに、従前の制度では想定し得なかった、視覚障害者又は聴覚障害者である児童等と他の障害種別の児童等に対する教育を行う特別支援学校については、文部科学大臣が財務大臣と協議して定める面積（運用細目において面積按分するものと規定する予定）によることとした。

第2　改正省令の主な概要

⑴　学校教育法施行規則の一部改正

①特別支援学校が行う教育の明示の方法等（新設第73条の２）

　改正学校教育法においては盲・聾（ろう）・養護学校の区分がなくなるが、特別支援学校という学校名からは個々の学校がどの障害種別を扱う学校かが明らかでなくなるため、障害のある児童生徒等の就学を円滑にする必要性や、設置者が当該学

177

校の教育についての対外的な説明責任を果たす観点から、各特別支援学校の扱う障害種別を明らかにする必要がある。

このため改正学校教育法第71条の2の規定により、各特別支援学校は教育の対象とする障害種別を明らかにすることとしているところであり、これを受けた本省令において、当該学校の施設設備や当該学校所在地域における障害のある児童生徒等の状況等を考慮しつつこれを学則その他の設置者の定める規則において明らかにするとともに、その情報を積極的に提供すべきこととした（改正学校教育法第71条の2参照）。

②特別支援学校の設置認可に係る学則記載事項の追加（第4条新設第3項）

各特別支援学校が教育の対象とする障害種別は、地域におけるそれぞれの障害種別に関する教育の機会に関わる事柄であるため、地域における学校教育の適正な実施の観点から、設置認可を行う者が了知することができるよう、当該特別支援学校が教育の対象とする障害の種類を学則の記載事項とした（学校教育法第4条及び学校教育法施行令第28条参照）。

なお、学則の変更は、学校教育法施行令第26条又は第27条の2の規定により、設置認可を行う者に対して届出の義務がある。

③特別支援学校における学級編制方法（新設第73条の2の3）

特別支援学校においては、異なる障害種別の児童生徒等を受け入れることが可能となるが、障害の状態に応じた教育活動を確保するため、学習の基本的な単位である学級については、障害の種類ごとに編制することを基本とする旨を定めた（学校教育法第3条参照）。

(2) 教育職員免許法施行規則の一部改正

改正法による改正後の教育職員免許法（以下「改正免許法」という。）においては、盲・聾（ろう）・養護学校ごとの教員免許状が特別支援学校の教員免許状となることから、必要な経過措置を定めるとともに、改正免許法第4条の2第2項に規定する自立教科等の免許状の名称及び授与資格等に関し必要な事項を定める。なお、大学等の認定課程を開始するために必要となる事前の手続きに関係する事項は平成18年8月に改正済み（教育職員免許法施行規則の一部を改正する省令（平成18年8月7日文部科学省令第31号。以下「8月省令」という。）であり、今回の改正は、それ以外の事項について改正を行うものである。

①自立教科等の免許状の名称及び授与資格（第64条）

改正免許法第4条の2第2項に規定する自立教科等の免許状のうち、これまでの「特殊教科教員免許状」を「自立教科教員免許状」とし、そのうち理学療法の自立教科教員免許状の授与要件について定めた。自立教科教員免許状のうち、理学療法以外の免許状の取得方法については、これまでと同様とする。（改正免許法第4条の2及び第17条参照）

なお、各欄の単位の修得方法の細目は、特別支援学校の教員免許状と同様とする。

②既に授与されている特殊の教科の教員免許状の自立教科等免許状へのみなし（附

則第3条第1項及び第2項関係）

　改正法の施行の際現に授与されている盲学校、聾（ろう）学校又は養護学校の特殊の教科の教授を担任する教員免許状を有する者は、それぞれ相当する特別支援学校の自立教科等の教授を担任する教員免許状を受けたものとみなすこととした（改正法附則第6条参照）。

③盲・聾（ろう）・養護学校における勤務経験を、特別支援学校における勤務経験に通算するための方法（附則第3条第3項〜第5項、第9項及び第12項関係）

　改正免許法別表第7の規定により免許状の授与を受けようとする場合における最低在職年数について、従来の学校種において勤務した経験年数については、特別支援学校において相当する教育領域を担任した勤務経験年数として通算することができることとした（改正法附則第8条第1項参照）。

④既に大学及び認定講習等で修得した単位の合算（8月省令附則新設第4項及び第5項関係）

　改正免許法別表第7の規定により免許状を受けようとする場合における最低単位数について、8月省令による改正前の教育職員免許法施行規則に基づく旧カリキュラムにおいて修得した科目の単位数については、8月省令による改正後の教育職員免許法施行規則に基づく新カリキュラムにおいて修得した科目の単位数として合算することができることとした（改正法附則第8条第2項及び第3項参照）。

⑶　国立大学法人法施行規則の一部改正

　国立大学に附属して設置される盲学校、聾（ろう）学校及び養護学校を特別支援学校とした（国立大学法人法施行規則第4条並びに別表第2及び第3関係）。

第3　改正告示の主な概要

　「盲学校，聾（ろう）学校及び養護学校幼稚部教育要領」「盲学校，聾（ろう）学校及び養護学校小学部・中学部学習指導要領」「盲学校，聾（ろう）学校及び養護学校高等部学習指導要領」をはじめとする関係告示における用語の整理を行った。

第4　留意事項

⑴　以下の規定の適用に当たっては、各特別支援学校の障害種別を、その学級数が最も多い障害種別に区分すること等を定める「特別支援教育の推進のための学校教育法等の一部改正について」（平成18年7月18日付文科初第446号文部科学事務次官通知）の記の第6の⑺を参照されたいこと。

● 理科教育振興法施行令附則第2項、別表第三
● 公立義務教育諸学校等の学級編制及び教職員定数の標準に関する法律施行令第5条第2項第5号
● 公立高等学校の適正配置及び教職員定数の標準等に関する法律施行令第3条第2項の表二の項
● 理科教育のための設備の基準に関する細目を定める省令第2項各号

179

⑵　学校教育法第71条の２規定を実施するための学校教育法施行規則73条の２第１項にいう「学則その他の設置者の定める規則」については、国立大学に附属して設置される学校にあっては国立大学法人の規則を、公立学校にあっては教育委員会規則又は条例を、私立学校にあっては学校法人の定める規則をいうものとすること。

資料10

19 文 科 初 第 125 号
平成19年4月1日

各都道府県教育委員会教育長　殿
各指定都市教育委員会教育長　殿
各都道府県知事　殿
附属学校を置く各国立大学法人学長　殿

文部科学省初等中等教育局長
銭谷　眞美

特別支援教育の推進について（通知）

　文部科学省では、障害のある全ての幼児児童生徒の教育の一層の充実を図るため、学校における特別支援教育を推進しています。

　本通知は、本日付けをもって、特別支援教育が法的に位置付けられた改正学校教育法が施行されるに当たり、幼稚園、小学校、中学校、高等学校、中等教育学校及び特別支援学校（以下「各学校」という。）において行う特別支援教育について、下記により基本的な考え方、留意事項等をまとめて示すものです。

　都道府県・指定都市教育委員会にあっては、所管の学校及び域内の市区町村教育委員会に対して、都道府県知事にあっては、所轄の学校及び学校法人に対して、国立大学法人にあっては、附属学校に対して、この通知の内容について周知を図るとともに、各学校において特別支援教育の一層の推進がなされるようご指導願います。

　なお、本通知については、連携先の諸部局・機関への周知にもご配慮願います。

記

1．特別支援教育の理念

　特別支援教育は、障害のある幼児児童生徒の自立や社会参加に向けた主体的な取組を支援するという視点に立ち、幼児児童生徒一人一人の教育的ニーズを把握し、その持てる力を高め、生活や学習上の困難を改善又は克服するため、適切な指導及び必要な支援を行うものである。

　また、特別支援教育は、これまでの特殊教育の対象の障害だけでなく、知的な遅れのない発達障害も含めて、特別な支援を必要とする幼児児童生徒が在籍する全ての学校において実施されるものである。

　さらに、特別支援教育は、障害のある幼児児童生徒への教育にとどまらず、障害の有無やその他の個々の違いを認識しつつ様々な人々が生き生きと活躍できる共生社会の形成の基礎となるものであり、我が国の現在及び将来の社会にとって重要な意味を持っている。

181

２．校長の責務

　校長（園長を含む。以下同じ。）は、特別支援教育実施の責任者として、自らが特別支援教育や障害に関する認識を深めるとともに、リーダーシップを発揮しつつ、次に述べる体制の整備等を行い、組織として十分に機能するよう教職員を指導することが重要である。

　また、校長は、特別支援教育に関する学校経営が特別な支援を必要とする幼児児童生徒の将来に大きな影響を及ぼすことを深く自覚し、常に認識を新たにして取り組んでいくことが重要である。

３．特別支援教育を行うための体制の整備及び必要な取組

　特別支援教育を実施するため、各学校において次の体制の整備及び取組を行う必要がある。

(1)　特別支援教育に関する校内委員会の設置

　各学校においては、校長のリーダーシップの下、全校的な支援体制を確立し、発達障害を含む障害のある幼児児童生徒の実態把握や支援方策の検討等を行うため、校内に特別支援教育に関する委員会を設置すること。

　委員会は、校長、教頭、特別支援教育コーディネーター、教務主任、生徒指導主事、通級指導教室担当教員、特別支援学級教員、養護教諭、対象の幼児児童生徒の学級担任、学年主任、その他必要と思われる者などで構成すること。

　なお、特別支援学校においては、他の学校の支援も含めた組織的な対応が可能な体制づくりを進めること。

(2)　実態把握

　各学校においては、在籍する幼児児童生徒の実態の把握に努め、特別な支援を必要とする幼児児童生徒の存在や状態を確かめること。

　さらに、特別な支援が必要と考えられる幼児児童生徒については、特別支援教育コーディネーター等と検討を行った上で、保護者の理解を得ることができるよう慎重に説明を行い、学校や家庭で必要な支援や配慮について、保護者と連携して検討を進めること。その際、実態によっては、医療的な対応が有効な場合もあるので、保護者と十分に話し合うこと。

　特に幼稚園、小学校においては、発達障害等の障害は早期発見・早期支援が重要であることに留意し、実態把握や必要な支援を着実に行うこと。

(3)　特別支援教育コーディネーターの指名

　各学校の校長は、特別支援教育のコーディネーター的な役割を担う教員を「特別支援教育コーディネーター」に指名し、校務分掌に明確に位置付けること。

　特別支援教育コーディネーターは、各学校における特別支援教育の推進のため、主に、校内委員会・校内研修の企画・運営、関係諸機関・学校との連絡・調整、保

護者からの相談窓口などの役割を担うこと。

　また、校長は、特別支援教育コーディネーターが、学校において組織的に機能するよう努めること。

⑷　関係機関との連携を図った「個別の教育支援計画」の策定と活用

　特別支援学校においては、長期的な視点に立ち、乳幼児期から学校卒業後まで一貫した教育的支援を行うため、医療、福祉、労働等の様々な側面からの取組を含めた「個別の教育支援計画」を活用した効果的な支援を進めること。

　また、小・中学校等においても、必要に応じて、「個別の教育支援計画」を策定するなど、関係機関と連携を図った効果的な支援を進めること。

⑸　「個別の指導計画」の作成特別支援学校においては、幼児児童生徒の障害の重度・重複化、多様化等に対応した教育を一層進めるため、「個別の指導計画」を活用した一層の指導の充実を進めること。

　また、小・中学校等においても、必要に応じて、「個別の指導計画」を作成するなど、一人一人に応じた教育を進めること。

⑹　教員の専門性の向上

　特別支援教育の推進のためには、教員の特別支援教育に関する専門性の向上が不可欠である。したがって、各学校は、校内での研修を実施したり、教員を校外での研修に参加させたりすることにより専門性の向上に努めること。

　また、教員は、一定の研修を修了した後でも、より専門性の高い研修を受講したり、自ら最新の情報を収集したりするなどして、継続的に専門性の向上に努めること。さらに、独立行政法人国立特別支援教育総合研究所が実施する各種指導者養成研修についても、活用されたいこと。

　なお、教育委員会等が主催する研修等の実施に当たっては、国・私立学校関係者や保育所関係者も受講できるようにすることが望ましいこと。

４．特別支援学校における取組
⑴　特別支援教育のさらなる推進

　特別支援学校制度は、障害のある幼児児童生徒一人一人の教育的ニーズに応じた教育を実施するためのものであり、その趣旨からも、特別支援学校は、これまでの盲学校・聾学校・養護学校における特別支援教育の取組をさらに推進しつつ、様々な障害種に対応することができる体制づくりや、学校間の連携などを一層進めていくことが重要であること。

⑵　地域における特別支援教育のセンター的機能

　特別支援学校においては、これまで蓄積してきた専門的な知識や技能を生かし、地域における特別支援教育のセンターとしての機能の充実を図ること。

特に、幼稚園、小学校、中学校、高等学校及び中等教育学校の要請に応じて、発達障害を含む障害のある幼児児童生徒のための個別の指導計画の作成や個別の教育支援計画の策定などへの援助を含め、その支援に努めること。

　また、これらの機関のみならず、保育所をはじめとする保育施設などの他の機関等に対しても、同様に助言又は援助に努めることとされたいこと。

　特別支援学校において指名された特別支援教育コーディネーターは、関係機関や保護者、地域の幼稚園、小学校、中学校、高等学校、中等教育学校及び他の特別支援学校並びに保育所等との連絡調整を行うこと。

⑶　特別支援学校教員の専門性の向上

　上記のように、特別支援学校は、在籍している幼児児童生徒のみならず、小・中学校等の通常学級に在籍している発達障害を含む障害のある児童生徒等の相談などを受ける可能性も広がると考えられるため、地域における特別支援教育の中核として、様々な障害種についてのより専門的な助言などが期待されていることに留意し、特別支援学校教員の専門性のさらなる向上を図ること。

　そのためにも、特別支援学校は、特別支援学校教員の特別支援学校教諭免許状保有状況の改善、研修の充実に努めること。

　さらに、特別支援学校教員は、幼児児童生徒の障害の重複化等に鑑み、複数の特別支援教育領域にわたって免許状を取得することが望ましいこと。

5．教育委員会等における支援

　各学校の設置者である教育委員会、国立大学法人及び学校法人等においては、障害のある幼児児童生徒の状況や学校の実態等を踏まえ、特別支援教育を推進するための基本的な計画を定めるなどして、各学校における支援体制や学校施設設備の整備充実等に努めること。

　また、学校関係者、保護者、市民等に対し、特別支援教育に関する正しい理解が広まるよう努めること。

　特に、教育委員会においては、各学校の支援体制の整備を促進するため、指導主事等の専門性の向上に努めるとともに、教育、医療、保健、福祉、労働等の関係部局、大学、保護者、NPO等の関係者からなる連携協議会を設置するなど、地域の協力体制の構築を推進すること。

　また、教育委員会においては、障害の有無の判断や望ましい教育的対応について専門的な意見等を各学校に提示する、教育委員会の職員、教員、心理学の専門家、医師等から構成される「専門家チーム」の設置や、各学校を巡回して教員等に指導内容や方法に関する指導や助言を行う巡回相談の実施（障害のある幼児児童生徒について個別の指導計画及び個別の教育支援計画に関する助言を含む。）についても、可能な限り行うこと。なお、このことについては、保育所や国・私立幼稚園の求めに応じてこれらが利用できるよう配慮すること。

　さらに、特別支援学校の設置者においては、特別支援学校教員の特別支援学校教

諭免許状保有状況の改善に努めること。

6．保護者からの相談への対応や早期からの連携

　各学校及び全ての教員は、保護者からの障害に関する相談などに真摯に対応し、その意見や事情を十分に聴いた上で、当該幼児児童生徒への対応を行うこと。その際、プライバシーに配慮しつつ、必要に応じて校長や特別支援教育コーディネーター等と連携し、組織的な対応を行うこと。

　また、本日施行される「学校教育法等の一部を改正する法律の施行に伴う関係政令の整備等に関する政令（平成19年政令第55号）」において、障害のある児童の就学先の決定に際して保護者の意見聴取を義務付けたこと（学校教育法施行令第18条の2）に鑑み、小学校及び特別支援学校において障害のある児童が入学する際には、早期に保護者と連携し、日常生活の状況や留意事項等を聴取し、当該児童の教育的ニーズの把握に努め、適切に対応すること。

7．教育活動等を行う際の留意事項等

(1)　障害種別と指導上の留意事項

　障害のある幼児児童生徒への支援に当たっては、障害種別の判断も重要であるが、当該幼児児童生徒が示す困難に、より重点を置いた対応を心がけること。

　また、医師等による障害の診断がなされている場合でも、教師はその障害の特徴や対応を固定的にとらえることのないよう注意するとともに、その幼児児童生徒のニーズに合わせた指導や支援を検討すること。

(2)　学習上・生活上の配慮及び試験などの評価上の配慮

　各学校は、障害のある幼児児童生徒が、円滑に学習や学校生活を行うことができるよう、必要な配慮を行うこと。

　また、入学試験やその他試験などの評価を実施する際にも、別室実施、出題方法の工夫、時間の延長、人的な補助など可能な限り配慮を行うこと。

(3)　生徒指導上の留意事項

　障害のある幼児児童生徒は、その障害の特性による学習上・生活上の困難を有しているため、周囲の理解と支援が重要であり、生徒指導上も十分な配慮が必要であること。

　特に、いじめや不登校などの生徒指導上の諸問題に対しては、表面に現れた現象のみにとらわれず、その背景に障害が関係している可能性があるか否かなど、幼児児童生徒をめぐる状況に十分留意しつつ慎重に対応する必要があること。

　そのため、生徒指導担当にあっては、障害についての知識を深めるとともに、特別支援教育コーディネーターをはじめ、養護教諭、スクールカウンセラー等と連携し、当該幼児児童生徒への支援に係る適切な判断や必要な支援を行うことができる体制を平素整えておくことが重要であること。

⑷　交流及び共同学習、障害者理解等

　障害のある幼児児童生徒と障害のない幼児児童生徒との交流及び共同学習は、障害のある幼児児童生徒の社会性や豊かな人間性を育む上で重要な役割を担っており、また、障害のない幼児児童生徒が、障害のある幼児児童生徒とその教育に対する正しい理解と認識を深めるための機会である。

　このため、各学校においては、双方の幼児児童生徒の教育的ニーズに対応した内容・方法を十分検討し、早期から組織的、計画的、継続的に実施することなど、一層の効果的な実施に向けた取組を推進されたいこと。

　なお、障害のある同級生などの理解についての指導を行う際は、幼児児童生徒の発達段階や、障害のある幼児児童生徒のプライバシー等に十分配慮する必要があること。

⑸　進路指導の充実と就労の支援

　障害のある生徒が、将来の進路を主体的に選択することができるよう、生徒の実態や進路希望等を的確に把握し、早い段階からの進路指導の充実を図ること。

　また、企業等への就職は、職業的な自立を図る上で有効であることから、労働関係機関等との連携を密にした就労支援を進められたいこと。

⑹　支援員等の活用

　障害のある幼児児童生徒の学習上・生活上の支援を行うため、教育委員会の事業等により特別支援教育に関する支援員等の活用が広がっている。

　この支援員等の活用に当たっては、校内における活用の方針について十分検討し共通理解のもとに進めるとともに、支援員等が必要な知識なしに幼児児童生徒の支援に当たることのないよう、事前の研修等に配慮すること。

⑺　学校間の連絡

　障害のある幼児児童生徒の入学時や卒業時に学校間で連絡会を持つなどして、継続的な支援が実施できるようにすることが望ましいこと。

８．厚生労働省関係機関等との連携

　各学校及び各教育委員会等は、必要に応じ、発達障害者支援センター、児童相談所、保健センター、ハローワーク等、福祉、医療、保健、労働関係機関との連携を図ること。

資料11

障害者基本法（抄）

平成23年8月改正

（目的）
第1条　この法律は、全ての国民が、障害の有無にかかわらず、等しく基本的人権を享有するかけがえのない個人として尊重されるものであるとの理念にのつとり、全ての国民が、障害の有無によつて分け隔てられることなく、相互に人格と個性を尊重し合いながら共生する社会を実現するため、障害者の自立及び社会参加の支援等のための施策に関し、基本原則を定め、及び国、地方公共団体等の責務を明らかにするとともに、障害者の自立及び社会参加の支援等のための施策の基本となる事項を定めること等により、障害者の自立及び社会参加の支援等のための施策を総合的かつ計画的に推進することを目的とする。

（定義）
第2条　この法律において、次の各号に掲げる用語の意義は、それぞれ当該各号に定めるところによる。
　　一　障害者　身体障害、知的障害、精神障害（発達障害を含む。）その他の心身の機能の障害（以下「障害」と総称する。）がある者であつて、障害及び社会的障壁により継続的に日常生活又は社会生活に相当な制限を受ける状態にあるものをいう。
　　二　社会的障壁　障害がある者にとつて日常生活又は社会生活を営む上で障壁となるような社会における事物、制度、慣行、観念その他一切のものをいう。

（地域社会における共生等）
第3条　第一条に規定する社会の実現は、全ての障害者が、障害者でない者と等しく、基本的人権を享有する個人としてその尊厳が重んぜられ、その尊厳にふさわしい生活を保障される権利を有することを前提としつつ、次に掲げる事項を旨として図られなければならない。
　　一　全て障害者は、社会を構成する一員として社会、経済、文化その他あらゆる分野の活動に参加する機会が確保されること。
　　二　全て障害者は、可能な限り、どこで誰と生活するかについての選択の機会が確保され、地域社会において他の人々と共生することを妨げられないこと。
　　三　全て障害者は、可能な限り、言語（手話を含む。）その他の意思疎通のための手段についての選択の機会が確保されるとともに、情報の取得又は利用のための手段についての選択の機会の拡大が図られること。

（差別の禁止）
第4条　何人も、障害者に対して、障害を理由として、差別することその他の権利

利益を侵害する行為をしてはならない。

2　社会的障壁の除去は、それを必要としている障害者が現に存し、かつ、その実施に伴う負担が過重でないときは、それを怠ることによつて前項の規定に違反することとならないよう、その実施について必要かつ合理的な配慮がされなければならない。

3　国は、第一項の規定に違反する行為の防止に関する啓発及び知識の普及を図るため、当該行為の防止を図るために必要となる情報の収集、整理及び提供を行うものとする。

（教育）

第16条　国及び地方公共団体は、障害者が、その年齢及び能力に応じ、かつ、その特性を踏まえた十分な教育が受けられるようにするため、可能な限り障害者である児童及び生徒が障害者でない児童及び生徒と共に教育を受けられるよう配慮しつつ、教育の内容及び方法の改善及び充実を図る等必要な施策を講じなければならない。

2　国及び地方公共団体は、前項の目的を達成するため、障害者である児童及び生徒並びにその保護者に対し十分な情報の提供を行うとともに、可能な限りその意向を尊重しなければならない。

3　国及び地方公共団体は、障害者である児童及び生徒と障害者でない児童及び生徒との交流及び共同学習を積極的に進めることによつて、その相互理解を促進しなければならない。

4　国及び地方公共団体は、障害者の教育に関し、調査及び研究並びに人材の確保及び資質の向上、適切な教材等の提供、学校施設の整備その他の環境の整備を促進しなければならない。

（公共的施設のバリアフリー化）

第21条　国及び地方公共団体は、障害者の利用の便宜を図ることによつて障害者の自立及び社会参加を支援するため、自ら設置する官公庁施設、交通施設（車両、船舶、航空機等の移動施設を含む。次項において同じ。）その他の公共的施設について、障害者が円滑に利用できるような施設の構造及び設備の整備等の計画的推進を図らなければならない。

2　交通施設その他の公共的施設を設置する事業者は、障害者の利用の便宜を図ることによつて障害者の自立及び社会参加を支援するため、当該公共的施設について、障害者が円滑に利用できるような施設の構造及び設備の整備等の計画的推進に努めなければならない。

3　国及び地方公共団体は、前二項の規定により行われる公共的施設の構造及び設備の整備等が総合的かつ計画的に推進されるようにするため、必要な施策を講じなければならない。

4　国、地方公共団体及び公共的施設を設置する事業者は、自ら設置する公共的施設を利用する障害者の補助を行う身体障害者補助犬の同伴について障害者の利用の

便宜を図らなければならない。

（情報の利用におけるバリアフリー化等）
第22条　国及び地方公共団体は、障害者が円滑に情報を取得し及び利用し、その意思を表示し、並びに他人との意思疎通を図ることができるようにするため、障害者が利用しやすい電子計算機及びその関連装置その他情報通信機器の普及、電気通信及び放送の役務の利用に関する障害者の利便の増進、障害者に対して情報を提供する施設の整備、障害者の意思疎通を仲介する者の養成及び派遣等が図られるよう必要な施策を講じなければならない。
2　国及び地方公共団体は、災害その他非常の事態の場合に障害者に対しその安全を確保するため必要な情報が迅速かつ的確に伝えられるよう必要な施策を講ずるものとするほか、行政の情報化及び公共分野における情報通信技術の活用の推進に当たつては、障害者の利用の便宜が図られるよう特に配慮しなければならない。
3　電気通信及び放送その他の情報の提供に係る役務の提供並びに電子計算機及びその関連装置その他情報通信機器の製造等を行う事業者は、当該役務の提供又は当該機器の製造等に当たつては、障害者の利用の便宜を図るよう努めなければならない。
第31条　国及び地方公共団体は、障害の原因となる傷病及びその予防に関する調査及び研究を促進しなければならない。
2　国及び地方公共団体は、障害の原因となる傷病の予防のため、必要な知識の普及、母子保健等の保健対策の強化、当該傷病の早期発見及び早期治療の推進その他必要な施策を講じなければならない。
3　国及び地方公共団体は、障害の原因となる難病等の予防及び治療が困難であることに鑑み、障害の原因となる難病等の調査及び研究を推進するとともに、難病等に係る障害者に対する施策をきめ細かく推進するよう努めなければならない。

資料12

中央教育審議会初等中等教育分科会報告
共生社会の形成に向けたインクルーシブ教育システム構築のための特別支援教育の推進（報告）概要

平成24年7月23日

はじめに

　障害者の権利に関する条約の国連における採択、政府の障害者制度改革の動き、中央教育審議会での審議、障害者基本法の改正等について記述

１．共生社会の形成に向けて

(1)　共生社会の形成に向けたインクルーシブ教育システムの構築

- 「共生社会」とは、これまで必ずしも十分に社会参加できるような環境になかった障害者等が、積極的に参加・貢献していくことができる社会である。それは、誰もが相互に人格と個性を尊重し支え合い、人々の多様な在り方を相互に認め合える全員参加型の社会である。このような社会を目指すことは、我が国において最も積極的に取り組むべき重要な課題である。

- 障害者の権利に関する条約第24条によれば、（「インクルーシブ教育システム」inclusive education system、署名時仮訳：包容する教育制度）とは、人間の多様性の尊重等の強化、障害者が精神的及び身体的な能力等を可能な最大限度まで発達させ、自由な社会に効果的に参加することを可能とするとの目的の下、障害のある者と障害のない者が共に学ぶ仕組みであり、障害のある者が「general education system」（署名時仮訳：教育制度一般）から排除されないこと、自己の生活する地域において初等中等教育の機会が与えられること、個人に必要な「合理的配慮」が提供される等が必要とされている。

- 共生社会の形成に向けて、障害者の権利に関する条約に基づくインクルーシブ教育システムの理念が重要であり、その構築のため、特別支援教育を着実に進めていく必要があると考える。

- インクルーシブ教育システムにおいては、同じ場で共に学ぶことを追求するとともに、個別の教育的ニーズのある幼児児童生徒に対して、自立と社会参加を見据えて、その時点で教育的ニーズに最も的確に応える指導を提供できる、多様で柔軟な仕組みを整備することが重要である。小・中学校における通常の学級、通級による指導、特別支援学級、特別支援学校といった、連続性のある「多様な学びの場」を用意しておくことが必要である。

(2)　インクルーシブ教育システム構築のための特別支援教育の推進

- 特別支援教育は、共生社会の形成に向けて、インクルーシブ教育システム構築のために必要不可欠なものである。そのため、以下の①から③までの考え方に

基づき、特別支援教育を発展させていくことが必要である。このような形で特別支援教育を推進していくことは、子ども一人一人の教育的ニーズを把握し、適切な指導及び必要な支援を行うものであり、この観点から教育を進めていくことにより、障害のある子どもにも、障害があることが周囲から認識されていないものの学習上又は生活上の困難のある子どもにも、更にはすべての子どもにとっても、良い効果をもたらすことができるものと考えられる。

①　障害のある子どもが、その能力や可能性を最大限に伸ばし、自立し社会参加することができるよう、医療、保健、福祉、労働等との連携を強化し、社会全体の様々な機能を活用して、十分な教育が受けられるよう、障害のある子どもの教育の充実を図ることが重要である。

②　障害のある子どもが、地域社会の中で積極的に活動し、その一員として豊かに生きることができるよう、地域の同世代の子どもや人々の交流等を通して、地域での生活基盤を形成することが求められている。このため、可能な限り共に学ぶことができるよう配慮することが重要である。

③　特別支援教育に関連して、障害者理解を推進することにより、周囲の人々が、障害のある人や子どもと共に学び合い生きる中で、公平性を確保しつつ社会の構成員としての基礎を作っていくことが重要である。次代を担う子どもに対し、学校において、これを率先して進めていくことは、インクルーシブな社会の構築につながる。

● 基本的な方向性としては、障害のある子どもと障害のない子どもが、できるだけ同じ場で共に学ぶことを目指すべきである。その場合には、それぞれの子どもが、授業内容が分かり学習活動に参加している実感・達成感を持ちながら、充実した時間を過ごしつつ、生きる力を身に付けていけるかどうか、これが最も本質的な視点であり、そのための環境整備が必要である。

(3)　共生社会の形成に向けた今後の進め方

● 今後の進め方については、施策を短期（「障害者の権利に関する条約」批准まで）と中長期（同条約批准後の10年間程度）に整理した上で、段階的に実施していく必要がある。

短期：就学相談・就学先決定の在り方に係る制度改革の実施、教職員の研修等の充実、当面必要な環境整備の実施。「合理的配慮」の充実のための取組。それらに必要な財源を確保して順次実施。

中長期：短期の施策の進捗状況を踏まえ、追加的な環境整備や教職員の専門性向上のための方策を検討していく。最終的には、条約の理念が目指す共生社会の形成に向けてインクルーシブ教育システムを構築していくことを目指す。

2．就学相談・就学先決定の在り方について

(1)　早期からの教育相談・支援

- 子ども一人一人の教育的ニーズに応じた支援を保障するためには、乳幼児期を含め早期からの教育相談や就学相談を行うことにより、本人・保護者に十分な情報を提供するとともに、幼稚園等において、保護者を含め関係者が教育的ニーズと必要な支援について共通理解を深めることにより、保護者の障害受容につなげ、その後の円滑な支援にもつなげていくことが重要である。また、本人・保護者と市町村教育委員会、学校等が、教育的ニーズと必要な支援について合意形成を図っていくことが重要である。
- 乳児期から幼児期にかけて、子どもが専門的な教育相談・支援が受けられる体制を医療、保健、福祉等との連携の下に早急に確立することが必要であり、それにより、高い教育効果が期待できる。

(2) 就学先決定の仕組み
- 就学基準に該当する障害のある子どもは特別支援学校に原則就学するという従来の就学先決定の仕組みを改め、障害の状態、本人の教育的ニーズ、本人・保護者の意見、教育学、医学、心理学等専門的見地からの意見、学校や地域の状況等を踏まえた総合的な観点から就学先を決定する仕組みとすることが適当である。その際、市町村教育委員会が、本人・保護者に対し十分情報提供をしつつ、本人・保護者の意見を最大限尊重し、本人・保護者と市町村教育委員会、学校等が教育的ニーズと必要な支援について合意形成を行うことを原則とし、最終的には市町村教育委員会が決定することが適当である。
- 現在、多くの市町村教育委員会に設置されている「就学指導委員会」については、早期からの教育相談・支援や就学先決定時のみならず、その後の一貫した支援についても助言を行うという観点から、「教育支援委員会」（仮称）といった名称とすることが適当である。「教育支援委員会」（仮称）については、機能を拡充し、一貫した支援を目指す上で重要な役割を果たすことが期待される。
- 就学時に決定した「学びの場」は固定したものではなく、それぞれの児童生徒の発達の程度、適応の状況等を勘案しながら柔軟に転学ができることを、すべての関係者の共通理解とすることが重要である。
- 就学相談の初期の段階で、就学先決定についての手続の流れや就学先決定後も柔軟に転学できることなどについて、本人・保護者にあらかじめ説明を行うことが必要である（就学に関するガイダンス）。
- 本人・保護者と市町村教育委員会、学校等の意見が一致しない場合については、例えば、本人・保護者の要望を受けた市町村教育委員会からの依頼に基づき、都道府県教育委員会が、市町村教育委員会への指導・助言の一環として、都道府県教育委員会の「教育支援委員会」（仮称）に第三者的な有識者を加えて活用することも考えられる。

(3) 一貫した支援の仕組み
- 可能な限り早期から成人に至るまでの一貫した指導・支援ができるように、子

どもの成長記録や指導内容等に関する情報を、その扱いに留意しつつ、必要に応じて関係機関が共有し活用することが必要である。

⑷　就学先相談・就学先決定に係る国・都道府県教育委員会の役割
- 都道府県教育委員会の就学先決定に関わる相談・助言機能を強化する必要がある。
- 就学相談については、それぞれの自治体の努力に任せるだけでは限界があることから、国において、何らかのモデル的な取組を示すとともに、具体例の共有化を進めることが必要である。

３．障害のある子どもが十分に教育を受けられるための合理的配慮及びその基礎となる環境整備
⑴　「合理的配慮」について
- 条約の定義に照らし、本報告における「合理的配慮」とは、「障害のある子どもが、他の子どもと平等に『教育を受ける権利』を享有・行使することを確保するために、学校の設置者及び学校が必要かつ適当な変更・調整を行うことであり、障害のある子どもに対し、その状況に応じて、学校教育を受ける場合に個別に必要とされるもの」であり、「学校の設置者及び学校に対して、体制面、財政面において、均衡を失した又は過度の負担を課さないもの」、と定義した。なお、障害者の権利に関する条約において、「合理的配慮」の否定は、障害を理由とする差別に含まれるとされていることに留意する必要がある。
- 障害のある子どもに対する支援については、法令に基づき又は財政措置により、国は全国規模で、都道府県は各都道府県内で、市町村は各市町村内で、教育環境の整備をそれぞれ行う。これらは、「合理的配慮」の基礎となる環境整備であり、それを「基礎的環境整備」と呼ぶこととする。これらの環境整備は、その整備の状況により異なるところではあるが、これらを基に、設置者及び学校が、各学校において、障害のある子どもに対し、その状況に応じて、「合理的配慮」を提供する。
- 「合理的配慮」の決定に当たっては、障害者の権利に関する条約第24条第1項にある、人間の多様性の尊重等の強化、障害者が精神的及び身体的な能力等を可能な最大限度まで発達させ、自由な社会に効果的に参加することを可能とするといった目的に合致するかどうかの観点から検討が行われることが重要である。
- 「合理的配慮」は、一人一人の障害の状態や教育的ニーズ等に応じて決定されるものであり、設置者・学校と本人・保護者により、発達の段階を考慮しつつ、「合理的配慮」の観点を踏まえ、「合理的配慮」について可能な限り合意形成を図った上で決定し、提供されることが望ましく、その内容を個別の教育支援計画に明記することが望ましい。なお、設置者・学校と本人・保護者の意見が一致しない場合には、「教育支援委員会」（仮称）の助言等により、その解決を

図ることが望ましい。また、学校・家庭・地域社会における教育が十分に連携し、相互に補完しつつ、一体となって営まれることが重要であることを共通理解とすることが重要である。さらに、「合理的配慮」の決定後も、幼児児童生徒一人一人の発達の程度、適応の状況等を勘案しながら柔軟に見直しができることを共通理解とすることが重要である。

- 移行時における情報の引継ぎを行い、途切れることのない支援を提供することが必要である。

(2) 「基礎的環境整備」について

- 「合理的配慮」の充実を図る上で、「基礎的環境整備」の充実は欠かせない。そのため、必要な財源を確保し、国、都道府県、市町村は、インクルーシブ教育システムの構築に向けた取組として、「基礎的環境整備」の充実を図っていく必要がある。
- 共生社会の形成に向けた国民の共通理解を一層進め、インクルーシブ教育システム構築のための施策の優先順位を上げていくことが必要である。

(3) 学校における「合理的配慮」の観点

- 「合理的配慮」の観点について整理するとともに、障害種別の「合理的配慮」は、その代表的なものと考えられるものを例示している．示されているもの以外は提供する必要がないということではなく、一人一人の障害の状態や教育的ニーズ等に応じて決定されることが望ましい。
- 現在必要とされている「合理的配慮」は何か、何を優先して提供するかなどについて、関係者間で共通理解を図る必要がある。
- 複数の種類の障害を併せ有する場合には、各障害種別の「合理的配慮」を柔軟に組み合わせることが適当である。

(4) 「合理的配慮」の充実

- これまで学校においては、障害のある児童生徒等への配慮は行われてきたものの、「合理的配慮」は新しい概念であり、現在、その確保についての理解は不十分であり、設置者・学校、本人・保護者の双方で情報が不足していると考えられる。そのため、早急に「合理的配慮」の充実に向けた調査研究事業を行い、それに基づく国としての「合理的配慮」のデータベースを整備し、設置者・学校、本人・保護者の参考に供することが必要である。また、中長期的には、それらを踏まえて、「合理的配慮」、「基礎的環境整備」を充実させていくことが重要であり、必要に応じて、学校における「合理的配慮」の観点や代表的なものと考えられる例を見直していくことが考えられる。
- 「合理的配慮」は、その障害のある子どもが十分な教育が受けられるために提供できているかという観点から評価することが重要であり、それについても研究していくことが重要である。例えば、個別の教育支援計画、個別の指導計画

について、各学校において計画に基づき実行した結果を評価して定期的に見直すなど、PDCAサイクルを確立させていくことが重要である。

4．多様な学びの場の整備と学校間連携等の推進
(1) 多様な学びの場の整備と教職員の確保
● 多様な学びの場として、通常の学級、通級による指導、特別支援学級、特別支援学校それぞれの環境整備の充実を図っていくことが必要である。
● 通常の学級においては、少人数学級の実現に向けた取組や複数教員による指導など指導方法の工夫改善を進めるべきである。
● 特別支援教育により多様な子どものニーズに的確に応えていくためには、教員だけの対応では限界がある。校長のリーダーシップの下、校内支援体制を確立し、学校全体で対応する必要があることは言うまでもないが、その上で、例えば、公立義務教育諸学校の学級編制及び教職員定数の標準に関する法律に定める教職員に加えて、特別支援教育支援員の充実、さらには、スクールカウンセラー、スクールソーシャルワーカー、ST（言語聴覚士）、OT（作業療法士）、PT（理学療法士）等の専門家の活用を図ることにより、障害のある子どもへの支援を充実させることが必要である。
● 医療的ケアの観点からの看護師等の専門家についても、必要に応じ確保していく必要がある。
● 通級による指導を行うための教職員体制の充実が必要である。
● 幼稚園、高等学校における環境整備の充実のため、特別支援学校のセンター的機能の活用等により教員の研修を行うなど、各都道府県教育委員会が環境を整えていくことが重要である。

(2) 学校間連携の推進
● 域内の教育資源の組合せ（スクールクラスター）により、域内のすべての子ども一人一人の教育的ニーズに応え、各地域におけるインクルーシブ教育システムを構築することが必要である。
● 特別支援学校は、小・中学校等の教員への支援機能、特別支援教育に関する相談・情報提供機能、障害のある児童生徒等への指導・支援機能、関係機関等との連絡・調整機能、小・中学校等の教員に対する研修協力機能、障害のある児童生徒等への施設設備等の提供機能といったセンター的機能を有している。今後、域内の教育資源の組み合わせ（スクールクラスター）の中でコーディネーター機能を発揮し、通級による指導など発達障害をはじめとする障害のある児童生徒等への指導・支援機能を拡充するなど、インクルーシブ教育システムの中で重要な役割を果たすことが求められる。そのため、センター的機能の一層の充実を図るとともに、専門性の向上にも取り組む必要がある。
● 域内の教育資源の組合せ（スクールクラスター）や特別支援学校のセンター的機能を効果的に発揮するため、各特別支援学校の役割分担を、地域別や機能別

195

といった形で、明確化しておくことが望ましく、そのための特別支援学校ネットワークを構築することが必要である。

(3) 交流及び共同学習の推進
- 特別支援学校と幼・小・中・高等学校等との間、また、特別支援学級と通常の学級との間でそれぞれ行われる交流及び共同学習は、特別支援学校や特別支援学級に在籍する障害のある児童生徒等にとっても、障害のない児童生徒等にとっても、共生社会の形成に向けて、経験を広め、社会性を養い、豊かな人間性を育てる上で、大きな意義を有するとともに、多様性を尊重する心を育むことができる。
- 特別支援学校と幼・小・中・高等学校等との間で行われる交流及び共同学習については、双方の学校における教育課程に位置付けたり、年間指導計画を作成したりするなど交流及び共同学習の更なる計画的・組織的な推進が必要である。その際、関係する都道府県教育委員会、市町村教育委員会等との連携が重要である。また、特別支援学級と通常の学級との間で行われる交流及び共同学習についても、各学校において、ねらいを明確にし、教育課程に位置付けたり、年間指導計画を作成したりするなど計画的・組織的な推進が必要である。

(4) 関係機関等との連携
- 医療、保健、福祉、労働等の関係機関等との適切な連携が重要である。このためには、関係行政機関等の相互連携の下で、広域的な地域支援のための有機的なネットワークが形成されることが有効である。

5．特別支援教育を充実させるための教職員の専門性向上等
(1) 教職員の専門性の確保
- インクルーシブ教育システム構築のため、すべての教員は、特別支援教育に関する一定の知識・技能を有していることが求められる。特に発達障害に関する一定の知識・技能は、発達障害の可能性のある児童生徒の多くが通常の学級に在籍していることから必須である。これについては、教員養成段階で身に付けることが適当であるが、現職教員については、研修の受講等により基礎的な知識・技能の向上を図る必要がある。
- すべての教員が多岐にわたる専門性を身に付けることは困難なことから、必要に応じて、外部人材の活用も行い、学校全体としての専門性を確保していくことが必要である。

(2) 各教職員の専門性、養成・研修制度等の在り方
- 学校全体としての専門性を確保していく上で、校長等の管理職のリーダーシップは欠かせない。また、各学校を支援する、教育委員会の指導主事等の役割も大きい。このことから、校長等の管理職や教育委員会の指導主事等を対象とし

た研修を実施していく必要がある。

- 特別支援学校教員の特別支援学校教諭免許状（当該障害種又は自立教科の免許状）取得率は約7割となっており、特別支援学校における教育の質の向上の観点から、取得率の向上による担当教員としての専門性を早急に担保することが必要である。このため、養成、採用においては、その取得について留意すべきである。特に現職教員については、免許法認定講習の受講促進等の取組を進めるとともに、その後も研修を通じた専門性の向上を図ることが必要である。
- 特別支援学級や通級による指導の担当教員は、特別支援教育の重要な担い手であり、その専門性が校内の他の教員に与える影響も極めて大きい。このため、専門的な研修の受講等により、担当教員としての専門性を早急に担保するとともに、その後も研修を通じた専門性の向上を図ることが必要である。

(3) 教職員への障害のある者の採用・人事配置
- 「共生社会」とは、これまで必ずしも十分に社会参加できるような環境になかった障害のある者等が、積極的に参加・貢献していくことができる社会であり、学校においても、障害のある者が教職員という職業を選択することができるよう環境整備を進めていくことが必要である。

資料13

障害を理由とする差別の解消の推進に関する法律（抄）

平成25年6月26日法律第65号
内閣府

（目的）
第1条　この法律は、障害者基本法（昭和45年法律第84号）の基本的な理念にのっとり、全ての障害者が、障害者でない者と等しく、基本的人権を享有する個人としてその尊厳が重んぜられ、その尊厳にふさわしい生活を保障される権利を有することを踏まえ、障害を理由とする差別の解消の推進に関する基本的な事項、行政機関等及び事業者における障害を理由とする差別を解消するための措置等を定めることにより、障害を理由とする差別の解消を推進し、もって全ての国民が、障害の有無によって分け隔てられることなく、相互に人格と個性を尊重し合いながら共生する社会の実現に資することを目的とする。

（国及び地方公共団体の責務）
　第3条　国及び地方公共団体は、この法律の趣旨にのっとり、障害を理由とする差別の解消の推進に関して必要な施策を策定し、及びこれを実施しなければならない。

（国民の責務）
第4条　国民は、第1条に規定する社会を実現する上で障害を理由とする差別の解消が重要であることに鑑み、障害を理由とする差別の解消の推進に寄与するよう努めなければならない。

（社会的障壁の除去の実施についての必要かつ合理的な配慮に関する環境の整備）
第5条　行政機関等及び事業者は、社会的障壁の除去の実施についての必要かつ合理的な配慮を的確に行うため、自ら設置する施設の構造の改善及び設備の整備、関係職員に対する研修その他の必要な環境の整備に努めなければならない。

（行政機関等における障害を理由とする差別の禁止）
第7条　行政機関等は、その事務又は事業を行うに当たり、障害を理由として障害者でない者と不当な差別的取扱いをすることにより、障害者の権利利益を侵害してはならない。
　2　行政機関等は、その事務又は事業を行うに当たり、障害者から現に社会的障壁の除去を必要としている旨の意思の表明があった場合において、その実施に伴う負担が過重でないときは、障害者の権利利益を侵害することとならないよう、当該障害者の性別、年齢及び障害の状態に応じて、社会的障壁の除去の実施につい

て必要かつ合理的な配慮をしなければならない。

（事業者における障害を理由とする差別の禁止）
第8条　事業者は、その事業を行うに当たり、障害を理由として障害者でない者と
不当な差別的取扱いをすることにより、障害者の権利利益を侵害してはならない。
2　事業者は、その事業を行うに当たり、障害者から現に社会的障壁の除去を必要
　　としている旨の意思の表明があった場合において、その実施に伴う負担が過重で
　　ないときは、障害者の権利利益を侵害することとならないよう、当該障害者の性
　　別、年齢及び障害の状態に応じて、社会的障壁の除去の実施について必要かつ合
　　理的な配慮をするように努めなければならない。

　第4章　障害を理由とする差別を解消するための支援措置
（相談及び紛争の防止等のための体制の整備）
第14条　国及び地方公共団体は、障害者及びその家族その他の関係者からの障害を
理由とする差別に関する相談に的確に応ずるとともに、障害を理由とする差別に関
する紛争の防止又は解決を図ることができるよう必要な体制の整備を図るものとす
る。

（障害者差別解消支援地域協議会）
第17条　国及び地方公共団体の機関であって、医療、介護、教育その他の障害者の
自立と社会参加に関連する分野の事務に従事するもの（以下この項及び次条第2項
において「関係機関」という。）は、当該地方公共団体の区域において関係機関が
行う障害を理由とする差別に関する相談及び当該相談に係る事例を踏まえた障害を
理由とする差別を解消するための取組を効果的かつ円滑に行うため、関係機関によ
り構成される障害者差別解消支援地域協議会（以下「協議会」という。）を組織す
ることができる。

　第6章　罰則
第25条　第19条の規定に違反した者は、1年以下の懲役又は50万円以下の罰金に処
する。
第26条　第12条の規定による報告をせず、又は虚偽の報告をした者は、20万円以下
の過料に処する。

　　附　　則
（施行期日）
第1条　この法律は、平成28年4月1日から施行する。ただし、次条から附則第6
条までの規定は、公布の日から施行する。

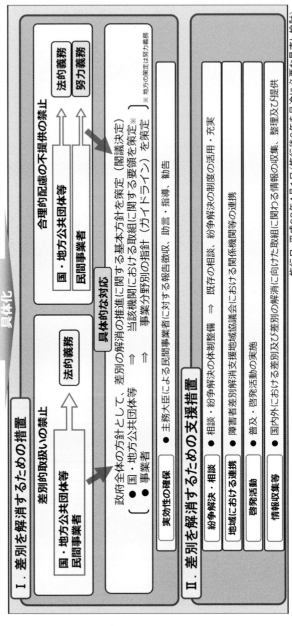

資料14

25文科初第655号
平成25年9月1日

各都道府県・指定都市教育委員会教育長
各都道府県知事
附属学校を置く各国立大学法人学長
構造改革特別区域法第12条
第1項の認定を受けた各地方公共団体の長
独立行政法人特別支援教育総合研究所理事長　殿

文部科学事務次官
山中　伸一

学校教育法施行令の一部改正について（通知）

　このたび、別添のとおり、「学校教育法施行令の一部を改正する政令」（以下「改正令」という。）が閣議決定され、平成25年8月26日付けをもって政令第244号として公布されました。その改正の趣旨及び内容等は下記のとおりですので、十分に御了知の上、適切に対処くださるようお願いします。

　また、各都道府県教育委員会におかれては所管の学校及び域内の市町村教育委員会に対して、各指定都市教育委員会におかれては所管の学校に対して、各都道府県知事及び構造改革特別区域法第12条第1項の認定を受けた各地方公共団体の長におかれては所轄の学校及び学校法人等に対して、各国立大学法人学長におかれては附属学校に対して、改正の趣旨及び内容等について周知を図るとともに、必要な指導、助言又は援助をお願いします。

記

第1　改正の趣旨

　今回の学校教育法施行令の改正は、平成24年7月に公表された中央教育審議会初等中等教育分科会報告「共生社会の形成に向けたインクルーシブ教育システム構築のための特別支援教育の推進」（以下「報告」という。）において、「就学基準に該当する障害のある子どもは特別支援学校に原則就学するという従来の就学先決定の仕組みを改め、障害の状態、本人の教育的ニーズ、本人・保護者の意見、教育学、医学、心理学等専門的見地からの意見、学校や地域の状況等を踏まえた総合的な観点から就学先を決定する仕組みとすることが適当である。」との提言がなされたこと等を踏まえ、所要の改正を行うものであること。

　なお、報告においては、「その際、市町村教育委員会が、本人・保護者に対し十分情報提供をしつつ、本人・保護者の意見を最大限尊重し、本人・保護者と市町村

教育委員会、学校等が教育的ニーズと必要な支援について合意形成を行うことを原則とし、最終的には市町村教育委員会が決定することが適当である。」との指摘がなされており、この点は、改正令における基本的な前提として位置付けられるものであること。

第2　改正の内容
　視覚障害者等（視覚障害者、聴覚障害者、知的障害者、肢体不自由者又は病弱者（身体虚弱者を含む。）で、その障害が、学校教育法施行令第22条の3の表に規定する程度のものをいう。以下同じ。）の就学に関する手続について、以下の規定の整備を行うこと。

1　就学先を決定する仕組みの改正（第5条及び第11条関係）
　　　市町村の教育委員会は、就学予定者のうち、認定特別支援学校就学者（視覚障害者等のうち、当該市町村の教育委員会が、その者の障害の状態、その者の教育上必要な支援の内容、地域における教育の体制の整備の状況その他の事情を勘案して、その住所の存する都道府県の設置する特別支援学校に就学させることが適当であると認める者をいう。以下同じ。）以外の者について、その保護者に対し、翌学年の初めから2月前までに、小学校又は中学校の入学期日を通知しなければならないとすること。
　　　また、市町村の教育委員会は、就学予定者のうち認定特別支援学校就学者について、都道府県の教育委員会に対し、翌学年の初めから3月前までに、その氏名及び特別支援学校に就学させるべき旨を通知しなければならないとすること。

2　障害の状態等の変化を踏まえた転学（第6条の3及び第12条の2関係）
　　　特別支援学校・小中学校間の転学について、その者の障害の状態の変化のみならず、その者の教育上必要な支援の内容、地域における教育の体制の整備の状況その他の事情の変化によっても転学の検討を開始できるよう、規定の整備を行うこと。

3　視覚障害者等による区域外就学等（第9条、第10条、第17条及び第18条関係）
　　　視覚障害者等である児童生徒等をその住所の存する市町村の設置する小中学校以外の小学校、中学校又は中等教育学校に就学させようとする場合等の規定を整備すること。また、視覚障害者等である児童生徒等をその住所の存する都道府県の設置する特別支援学校以外の特別支援学校に就学させようとする場合等の規定を整備すること。

4　保護者及び専門家からの意見聴取の機会の拡大（第18条の2関係）
　　　市町村の教育委員会は、児童生徒等のうち視覚障害者等について、小学校、

中学校又は特別支援学校への就学又は転学に係る通知をしようとするときは、その保護者及び教育学、医学、心理学その他の障害のある児童生徒等の就学に関する専門的知識を有する者の意見を聴くものとすること。

5　施行期日（附則関係）

　　改正令は、平成25年9月1日から施行すること。

第3　留意事項

1　平成23年7月に改正された障害者基本法第16条においては、障害者の教育に関する以下の規定が置かれているところであり、障害のある児童生徒等の就学に関する手続については、これらの規定を踏まえて対応する必要があること。特に、改正後の学校教育法施行令第18条の2に基づく意見の聴取は、市町村の教育委員会において、当該視覚障害者等が認定特別支援学校就学者に当たるかどうかを判断する前に十分な時間的余裕をもって行うものとし、保護者の意見については、可能な限りその意向を尊重しなければならないこと。

【参考：障害者基本法（抄）】

（教育）

　第16条　国及び地方公共団体は、障害者が、その年齢及び能力に応じ、かつ、その特性を踏まえた十分な教育が受けられるようにするため、可能な限り障害者である児童及び生徒が障害者でない児童及び生徒と共に教育を受けられるよう配慮しつつ、教育の内容及び方法の改善及び充実を図る等必要な施策を講じなければならない。

障害者基本計画（第3次）

（平成25年9月27日閣議決定）

Ⅲ．分野別施策の基本的方向
3．教育、文化芸術活動・スポーツ等

> 【基本的考え方】
> 　障害の有無によって分け隔てられることなく、国民が相互に人格と個性を尊重し合う共生社会の実現に向け、障害のある児童生徒が、合理的配慮を含む必要な支援の下、その年齢及び能力に応じ、かつその特性を踏まえた十分な教育を可能な限り障害のない児童生徒と共に受けることのできる仕組みを構築する。また、障害者が円滑に文化芸術活動、スポーツ又はレクリエーションを行うことができるよう、環境の整備等を推進する。

(1) 　インクルーシブ教育システム[12]の構築
○ 障害の有無によって分け隔てられることなく、国民が相互に人格と個性を尊重し合う共生社会の実現に向け、本人・保護者に対する十分な情報提供の下、本人・保護者の意見を最大限尊重し、本人・保護者と市町村教育委員会、学校等が、教育的ニーズと必要な支援について合意形成を行うことを原則として、市町村教育委員会が就学先を決定する仕組みを構築する[13]。また、以上の仕組みの下、障害のある児童生徒の発達の程度、適応の状況等に応じて、柔軟に「学びの場」を変更できることについて、関係者への周知を促す。3-(1)-1
○ 障害のある児童生徒に対する合理的配慮については、児童生徒一人一人の障害の状態や教育的ニーズ等に応じて設置者・学校と本人・保護者間で可能な限り合意形成を図った上で決定し、提供されることが望ましいことを周知する。3-(1)-2
○ 合理的配慮を含む必要な支援を受けながら、同じ場で共に学ぶことを追求するとともに、個別の教育的ニーズのある子どもに対して、自立と社会参加を見据えて、その時点で教育的ニーズに最も的確に応えた指導を提供できるよう、小・中学校における通常の学級、通級による指導、特別支援学級、特別支援学校という連続性のある「多様な学びの場」のそれぞれの充実を図る。3-(1)-3
○ 医療、保健、福祉等との連携の下、乳幼児期を含め早期からの教育相談・就学相談の実施を推進する。3-(1)-4
○ 可能な限り早期から成人に至るまで一貫した指導・支援ができるよう、子どもの成長記録や指導内容等に関する情報を、情報の取扱いに留意しながら、必要に応じて関係機関間で共有・活用するとともに、保護者の参画を得つつ、医療、保健、福祉、労働等との連携の下、個別の教育支援計画の策定・活用を促進する。3-(1)-5
○ 障害のある児童生徒への支援に関する先進的な事例の収集を行うとともに、関係

者に対して情報提供を行う。3-(1)-6
○ 障害のある児童生徒の後期中等教育への就学を促進するため、個別のニーズに応じた入学試験における配慮の充実を図る。3-(1)-7
○ 福祉、労働等との連携の下、障害のある児童生徒の就労について、支援の充実を図る。3-(1)-8

(2)　教育環境の整備
○ 障害のある児童生徒の一人一人の教育的ニーズに応じた教科書を始めとする教材の提供を推進するとともに、情報通信技術（ICT）の発展等も踏まえつつ、教育的ニーズに応じた支援機器の充実に努める。3-(2)-1
○ 災害発生時における利用等の観点も踏まえつつ、学校施設のバリアフリー化を推進する。3-(2)-2
○ 障害のある児童生徒に対する指導方法に関する調査・研究を推進するとともに、研究成果の普及を図る。3-(2)-3
○ 特別支援教育に関する教職員の専門性の確保、指導力の向上を図るため、特別支援学校のセンター的機能の充実を図るとともに、小・中学校等の教員への研修の充実を図る。3-(2)-4

(3)　高等教育における支援の推進
○ 大学等が提供する様々な機会において、障害のある学生が障害のない学生と平等に参加できるよう、授業等における情報保障やコミュニケーション上の配慮、教科書・教材に関する配慮等を促進するとともに、施設のバリアフリー化を推進する。3-(3)-1
○ 大学入試センター試験において実施されている障害のある受験者の配慮については、障害者一人一人のニーズに応じて、より柔軟な対応に努めるとともに、高等学校及び大学関係者に対し、配慮の取組について、一層の周知を図る。　3-(3)-2
○ 障害のある学生の能力・適性、学習の成果等を適切に評価するため、大学等の入試や単位認定等の試験における適切な配慮の実施を促進する。3-(3)- 3
○ 入試における配慮の内容、施設のバリアフリー化の状況、学生に対する支援内容・支援体制、障害のある学生の受入れ実績等に関する各大学等の情報公開を促進する。3-(3)- 4
○ 各大学等における相談窓口の統一や支援担当部署の設置など、支援体制の整備を促進するとともに、障害のある学生への修学支援に関する先進的な取組を行う大学等を支援し、大学等間や地域の地方公共団体、高校及び特別支援学校等とのネットワーク形成を促進する。3-(3)- 5
○ 障害のある学生の支援について理解促進・普及啓発を行うため、その基礎となる調査研究や様々な機会を通じた情報提供、教職員に対する研修等の充実を図る。3-(3)- 6

(4) 文化芸術活動、スポーツ等の振興

○ 障害者が地域において、文化芸術活動、スポーツに親しむことができる施設・設備の整備等を進めるとともに、障害者のニーズに応じた文化芸術活動、スポーツに関する人材の養成等の取組を行い、障害の有無にかかわらず、文化芸術活動、スポーツを行うことのできる環境づくりに取り組む。特に、障害者の芸術活動[14]に対する支援や、障害者の芸術作品の展示等を推進するための仕組みを検討し、推進を図る。3-(4)-1

○ 国立博物館、国立美術館、国立劇場等における文化芸術活動の公演・展示等において、字幕や音声案内サービスの提供等、障害者のニーズに応じた工夫・配慮が提供されるよう努める。3-(4)-2

○ 障害者芸術・文化祭や全国障害者スポーツ大会の開催を通じて、障害者の文化芸術活動、スポーツの普及を図るとともに、民間団体等が行う文化芸術活動、スポーツ等に関する取組を支援する。特に、身体障害者や知的障害者に比べて普及が遅れている精神障害者のスポーツの振興に取り組む。3-(4)-3

○ パラリンピック[15]、デフリンピック[16]、スペシャルオリンピックス[17]等への参加の支援等、スポーツ等における障害者の国内外の交流を支援するとともに、パラリンピック等の競技性の高い障害者スポーツにおけるアスリートの育成強化を図る。3-(4)-4

○ 聴覚障害者及び視覚障害者が映画を楽しむことができるよう、関係団体等の協力の下、日本語字幕の付与や音声ガイドの制作等のバリアフリー映画の普及に向けた取組を推進する。3-(4)-5

---

[12] 障害者権利条約第24条において、「インクルーシブ教育システム」（inclusive education system、署名時仮訳：包容する教育制度）とは、人間の多様性の尊重等の強化、障害者が精神的及び身体的な能力等を可能な最大限度まで発達させ、自由な社会に効果的に参加することを可能とするとの目的の下、障害のある者と障害のない者が共に学ぶ仕組みとされている。

[13] 合意形成に向けて意見が一致しない場合の調整の仕組みとしては、市町村教育委員会の判断の妥当性を市町村教育委員会以外の者が評価することで意見が一致する可能性もあることから、市町村教育委員会が調整するためのプロセスを明確化しておくことが考えられる。

[14] 障害者の芸術活動については定着した名称がなく、「アール・ブリュット」、「アウトサイダー・アート」、「エイブル・アート」、「ボーダレス・アート」など様々な関連する概念や表現がある。

[15] 4年に一度、オリンピック終了後に同じ開催地で行われる、障害者（聴覚障害者を除く。）のスポーツの世界大会であり、夏季大会と冬季大会が開催されている。

[16] 4年に一度行われる、聴覚障害者のスポーツの世界大会であり、夏季競技大会と冬季競技大会が開催されている。

[17] 4年に一度行われる、知的発達障害者のスポーツの世界大会であり、夏季競技大会と冬季競技大会が開催されている。

（別表）

障害者基本計画関連成果目標

事　項	現　状 （直近の値）	目　標
3．教育、文化芸術活動・スポーツ等		
特別支援教育に関する個別の教育支援 計画作成率	76.2%（平成24年度）	80%以上（平成29年度）
特別支援教育に関する教員研修の受講率	72.1%（平成24年度）	80%以上（平成29年度）
特別支援教育に関する校内委員会の設置率	85.6%（平成24年度）	90%以上（平成29年度）
特別支援教育コーディネーターの指名率	86.8%（平成24年度）	90%以上（平成29年度）

資料16

23文科初第1344号
平成23年12月20日

各都道府県教育委員会教育長
各指定都市教育委員会教育長
各都道府県知事
附属学校を置く各国立大学法人学長
構造改革特別区域法第12条第1項の
認定を受けた各地方公共団体の長　　殿

文部科学省初等中等教育局長
山中　伸一

特別支援学校等における医療的ケアの今後の対応について（通知）

　このたび、「特別支援学校等における医療的ケアの実施に関する検討会議」において、「特別支援学校等における医療的ケアへの今後の対応について」（平成23年12月9日）が取りまとめられました。

　介護サービスの基盤強化のための介護保険法等の一部を改正する法律による社会福祉士及び介護福祉士法の一部改正に伴い、平成24年4月より一定の研修を受けた介護職員等は一定の条件の下にたんの吸引等の医療的ケアができるようになることを受け、これまで実質的違法性阻却の考え方に基づいて医療的ケアを実施してきた特別支援学校の教員についても、制度上実施することが可能となります。

　本報告は、新制度下において特別支援学校が医療的ケアを行うに当たっての基本的な考え方や体制整備を図る上で留意すべき点や、今回の制度が幼稚園、小学校、中学校、高等学校、中等教育学校においても適用されることを考慮し、特別支援学校での実施経験等を踏まえ、小中学校等において医療的ケアを実施する際に留意すべき点等について取りまとめられたものです。

　文部科学省においては本報告を受け、今後、特別支援学校及び小中学校等において、新制度を効果的に活用し、医療的ケアを必要とする児童生徒等の健康と安全を確保するに当たり留意すべき点等について別添のとおり整理いたしました。

　関係各位におかれましては、その趣旨を十分御理解の上、適切な対応をお願いするとともに、各都道府県教育委員会におかれては所管の学校及び域内の市町村教育委員会に対して、各指定都市教育委員会におかれては所管の学校に対して、各都道府県知事及び構造改革特別区域法第12条第1項の認定を受けた各地方公共団体の長におかれては所轄の学校及び学校法人等に対して、各国立大学長におかれては附属学校に対して周知を図るようお願いします。

　なお、同検討会の報告書については別紙のとおりであり、文部科学省のホームページに掲載されておりますことも併せて申し添えます。

別添　特別支援学校等における医療的ケアへの今後の対応について

文部科学省
平成23年12月20日

1．はじめに

　介護サービスの基盤強化のための介護保険法等の一部を改正する法律による社会福祉士及び介護福祉士法の一部改正に伴い、平成24年4月より一定の研修を受けた介護職員等は一定の条件の下にたんの吸引等の医療的ケアができるようになることを受け、これまで実質的違法性阻却の考え方に基づいて医療的ケアを実施してきた特別支援学校の教員についても、制度上実施することが可能となる。

　文部科学省においては、

　　1．対象となる幼児児童生徒（以下「児童生徒等」という。）の実態や特別支援学校の実施経験等を踏まえ、新制度下において特別支援学校が医療的ケアを行うに当たっての基本的な考え方や体制整備を図る上で留意すべき点

　　2．今回の制度が幼稚園、小学校、中学校、高等学校、中等教育学校（以下「小中学校等」という。）においても適用されることを考慮し、特別支援学校での実施経験等を踏まえ、小中学校等において医療的ケアを実施する際に留意すべき点

などについて整理を行うべく、本年10月に「特別支援学校等における医療的ケアの実施に関する検討会議」（初等中等教育局長決定）を設置し、有識者による議論が行われた。

　今般、当該検討会議において報告書が取りまとめられたことを受け、文部科学省として、今後、特別支援学校及び小中学校等において、新制度を効果的に活用し、医療的ケアを必要とする児童生徒等の健康と安全を確保するに当たり留意すべき点等について、以下のように整理した。

2．制度改正の概要

　今般の改正により、一定の研修を受けた者が一定の条件の下にたんの吸引等を実施できる制度となる。制度改正の概要は以下のとおり。

(1)　特定行為（実施できる行為）
- 口腔内の喀痰吸引
- 鼻腔内の喀痰吸引
- 気管カニューレ内部の喀痰吸引
- 胃ろう又は腸ろうによる経管栄養
- 経鼻経管栄養

(2)　登録研修機関
- 特定行為に関する研修を行う機関を都道府県知事に登録
- 研修を修了した者に研修修了証明書を交付

209

●登録研修機関は、基本研修（講義・演習）、実地研修（対象者に対して実施する研修）を実施

(3)　登録特定行為事業者
　●自らの事業の一環として、特定行為の吸引等を行おうとする者は、事業所ごとに都道府県知事に登録
　●登録特定行為事業者は、医師・看護職員等の医療関係者との連携の確保が必要

(4)　認定特定行為業務従事者
　●登録研修機関での研修を修了したことを都道府県知事に認定された者（教員に限らない）は、登録特定行為事業者において特定行為の実施が可能

　なお、以下「特別支援学校における医療的ケア」及び「特別支援学校以外の学校における医療的ケア」とは、「特定行為」及び「特定行為」以外の学校で行われている医行為を指す。

３．特別支援学校における医療的ケア
　１．特別支援学校における医療的ケアの基本的な考え方
(1)　特別支援学校で医療的ケアを行う場合には、医療的ケアを必要とする児童生徒等の状態に応じ看護師及び准看護師（以下「看護師等」という。）の適切な配置を行うとともに、看護師等を中心に教員やそれ以外の者（以下「教員等」という。）が連携協力して特定行為に当たること。なお、児童生徒等の状態に応じ、必ずしも看護師等が直接特定行為を行う必要がない場合であっても、看護師等による定期的な巡回や医師等といつでも相談できる体制を整備するなど医療安全を確保するための十分な措置を講じること。
(2)　特別支援学校において認定特定行為業務従事者となる者は、医療安全を確実に確保するために、対象となる児童生徒等の障害の状態や行動の特性を把握し、信頼関係が築かれている必要があることから、特定の児童生徒等との関係性が十分ある教員が望ましいこと。また、教員以外の者について、例えば介助員等の介護職員についても、上記のような特定の児童生徒等との関係性が十分認められる場合には、これらの者が担当することも考えられること。
(3)　教育委員会の総括的な管理体制の下に、特別支援学校において学校長を中心に組織的な体制を整備すること。また、医師等、保護者等との連携協力の下に体制整備を図ること。
　２．実施体制の整備
　　特別支援学校において教員等が特定行為を行う場合には、以下のような体制の整備が必要であること。
(1)　都道府県等教育委員会における体制整備
　１．都道府県等教育委員会は、特別支援学校が登録特定行為事業者として、特

定行為が適切に実施されるよう、看護師等の配置、特別支援学校と医師及び
医療機関の連携協力、教員等の認定特定行為業務従事者の養成、看護師等と
認定特定行為業務従事者との連携及び役割分担、医療安全に関する指針の提
示（ヒヤリ・ハット等の事例の蓄積及び分析を含む）など総括的に管理する
体制を整備すること。

　　　また、看護師等を配置するに当たっては、各都道府県等において指導的な
立場となる看護師を指名したり、これらの者が当該学校における実地研修の
指導を担当したりすることも考えられること。

２．総括的な管理体制を構築するに当たっては、特定行為が医行為であること
を踏まえ、医師等が関与すること。この場合には、これまで設置されてきた
医師等、学校医を含む学校関係者、有識者等による医療的ケア運営協議会等
の組織を活用すること。

３．特別支援学校における医療的ケア体制をバックアップするため、都道府県
等レベルで医療機関、保健所、消防署等地域の関係機関との連絡体制を構築
することが望ましいこと。

(2)　認定特定行為業務従事者の養成

１．特別支援学校において認定特定行為業務従事者となる者は、学校において
は児童生徒等の教育活動をその本務とすること、教員等が実施するのは特定
の児童生徒等の特定の行為に限られるものであること等を踏まえ、社会福祉
士及び介護福祉士法施行規則附則第13条における第3号研修の修了を前提と
すること。

２．認定特定行為業務従事者の認定証の交付を受けた教員等が、他の特定行為
を行う場合又は他の児童生徒等を担当する場合には、その都度登録研修機関
において実地研修を行うこと。

３．認定特定行為業務従事者の認定証の交付を受けた教員等が、特定行為を休
職等で一定期間行わなかった場合には、認定を受けた特定の児童生徒に引き
続き特定行為を行う場合であっても、当該教員等が再度安全に特定行為を実
施できるよう、必要に応じて学校現場で実技指導等の実践的な研修を行うこ
と。

(3)　研修機会の提供

１．教員等を認定特定行為業務従事者として養成するに当たっては、都道府県
等の教育委員会が登録研修機関となることが考えられること。この場合、教
職員の人事異動や学年の始業・終業、長期休業等を考慮した研修の開設や、
実施形態の工夫を図る観点から、例えば対象の児童生徒等が在籍する特別支
援学校を実地研修の実施場所として委託し、配置された看護師の中から実地
研修の指導にあたる看護師を指名するなど、効率的な研修の在り方を検討す
ること。また、各特別支援学校の体制整備の状況によっては、登録研修機関
となる教育委員会が、あらかじめ特別支援学校を基本研修の実施場所とする
ことを、登録研修機関としての業務規程に位置付けること。

なお、各特別支援学校においても、対象教員の研修については、当該教員の授業に支障がないよう研修の機会を設定するなど、計画的な受講を可能とする校内の協力体制の確保について留意すること。

2. 都道府県等の教育委員会が登録研修機関となって特別支援学校における認定特定行為業務従事者を養成する場合には、特別支援学校における児童生徒等の心身の状況や学校生活を踏まえた研修内容とすること。

(4) 登録特定行為事業者（各特別支援学校）における体制整備

1. 安全確保

1) 看護師等との連携、特定行為の実施内容等を記載した計画書や報告書、危機管理への対応を含んだ個別マニュアルの作成など、法令等で定められた安全確保措置について十分な対策を講じること。

2) 特定行為を実施する場合には、対象者と特定行為を明示した主治医等からの指示書が必要であるが、特別支援学校における実施に当たっては、学校保健の立場から学校医、医療安全を確保する立場から主治医の了承の下に指導を行う医師（以下「指導医」という。）に指導を求めること。

3) 特別支援学校において学校長を中心にした組織的な体制を整備するに当たっては、安全委員会がその役割を果たすこととなるが、当該委員会の設置、運営等に当たっては、学校医又は指導医に指導を求めること。

2. 保護者との関係

1) 看護師等及び教員等による対応に当たっては、保護者から、特定行為の実施についての学校への依頼と当該学校で実施することの同意について、書面で提出させること。なお、保護者が書面による提出を行うに当たっては、看護師等及び教員等の対応能力には限りがあることや、児童生徒等の健康状態が優れない場合の無理な登校は適当でないこと等について、学校が保護者に対して十分説明の上、保護者がこの点について認識し、相互に連携協力することが必要であること。

2) 健康状態について十分把握できるよう、事前に保護者から対象となる児童生徒等に関する病状についての説明を受けておくこと。

3) 対象となる児童生徒等の病状について、当該児童生徒等が登校する日には、連絡帳等により、保護者との間で十分に連絡を取り合うこと。

4) 登校後の健康状態に異常が認められた場合、保護者に速やかに連絡をとり、対応について相談すること。

(5) 特定行為を実施する場所

1. 特別支援学校で特定行為を教員等が行うのは、児童生徒等の教育活動を行うためであることを踏まえ、始業から終業までの教育課程内における実施を基本とすること。また、遠足や社会見学などの校外学習における実施に当たっては、校内における実施と比較してリスクが大きいことから、看護師等の対応を基本とすること。なお、個々の児童生徒等の状態に応じて看護師等以外の者による対応が可能と判断される場合には、医療機関等との連携協力体制、

緊急時の対応を十分確認の上、教員等による対応も考えられること。

2. スクールバスの送迎において、乗車中に喀痰吸引が必要になる場合には、日常とは異なる場所での対応となり、移動中の対応は危険性が高いことなどから、看護師等による対応が必要であるとともに、看護師等が対応する場合であっても慎重に対応すること。

(5) 特定行為を実施する上での留意点

特別支援学校において特定行為を行う場合の実施体制の整備については、上記(1)から(5)に示したとおりであるが、特別支援学校の児童生徒等の特性と、特定行為が教育活動下において行われるものであることを考慮して、次の点に留意して実施すること。

1．各特定行為の留意点

1) 喀痰吸引

a)喀痰吸引を実施する場合には、対象者の日常生活を支える介護の一環として必要とされる医行為のみを医師の指示に基づき行うものであり、安全性確保の観点から、口腔内及び鼻腔内の喀痰吸引については、咽頭の手前までを限度とすること。なお、咽頭の手前までの判断を教員等が行うことは困難が伴うこと、咽頭の手前であっても喀痰吸引の実施には個人差があることから、主治医又は指導医の指示により挿入するチューブの長さを決めることが必要であること。

b)気管カニューレ内の喀痰吸引については、カニューレより奥の吸引は、気管粘膜の損傷・出血などの危険性があることなどから、気管カニューレ内に限ること。また、この場合においては、滅菌された吸引カテーテルを使用するなど手技の注意点について十分理解しておく必要があること。

2) 経管栄養

a)経管栄養を実施する場合には、特別支援学校の児童生徒等は身体活動が活発であり、教育活動において姿勢を変えることや移動することが多くなることから、上記1）a）と同様の観点に立って、胃ろう・腸ろうの状態に問題がないこと及び鼻からの経管栄養のチューブが正確に胃の中に挿入されていることの確認は、看護師等が行うこと。

b)特に鼻からの経管栄養の場合、栄養チューブが正確に胃の中に挿入されていることの確認は、判断を誤れば重大な事故につながる危険性があることから、看護師等が個々の児童生徒等の状態に応じて、必要な頻度でチューブの位置の確認を行うことが求められること。

2．実施に係る手順・記録等の整備に関する留意点

1) 教員等が特定行為を行う場合には、認定特定行為業務従事者としての認定を受けている必要があることや、その認定の範囲内で特定行為を行うこと、医師の指示を受けていることなど、法令等で定められた手続を経ておくこと。

2) 保護者は、児童生徒等が登校する日には、その日の当該児童生徒等の健康状態及び特定行為の実施に必要な情報を連絡帳等に記載し、当該児童生徒等に持たせること。

3) 教員等は、2)の連絡帳等を当該児童生徒等の登校時に確認すること。連絡帳等に保護者から健康状態に異常があると記載されている場合は、特定行為を行う前に看護師等に相談すること。

4) 教員等は、個別マニュアルに則して特定行為を実施するとともに、実施の際特に気付いた点を連絡帳等に記録すること。

5) 主治医又は指導医に定期的な報告をするため、特定行為の記録を整備すること。

6) 特定行為の実施中に万一異常があれば直ちに中止し、看護師等の支援を求めるとともに、個別マニュアルに則して保護者及び主治医等への連絡と必要な応急措置をとること。

4．特別支援学校以外の学校における医療的ケア

小中学校等において医療的ケアを実施する場合には、次のような体制整備が必要であること。

(1) 小中学校等においては、3.2.(4) 2. にあるような学校と保護者との連携協力を前提に、原則として看護師等を配置又は活用しながら、主として看護師等が医療的ケアに当たり、教員等がバックアップする体制が望ましいこと。

(2) 児童生徒等が必要とする特定行為が軽微なものでかつ実施の頻度も少ない場合には、介助員等の介護職員について、主治医等の意見を踏まえつつ、特定の児童生徒等との関係性が十分認められた上で、その者が特定行為を実施し看護師等が巡回する体制が考えられること。

(3) 教育委員会の総括的な管理体制の下に、各学校において学校長を中心に組織的な体制を整備すること。また、医師等、保護者等との連携協力の下に体制整備を図ること。

5．特定行為以外の医行為

特定行為以外の医行為については、教育委員会の指導の下に、基本的に個々の学校において、個々の児童生徒等の状態に照らしてその安全性を考慮しながら、対応可能性を検討すること。その際には主治医又は指導医、学校医や学校配置の看護師等を含む学校関係者において慎重に判断すること。

資料17

平成28年6月3日
医政発0603第3号
雇児発0603第4号
障 発 0603 第 2 号
府 子 本 第 377 号
28文科初第372号

各都道府県知事
各指定都市市長　殿
各中核市市長

各 都 道 府 県 教 育 委 員 会 教 育 長
各 指 定 都 市 教 育 委 員 会 教 育 長
附属学校を置く各国立大学法人学長　殿
構造改革特別区域法第12条第1項
の認定を受けた各地方公共団体の長

厚 生 労 働 省 医 政 局 長
（公印省略）
厚生労働省雇用均等・児童家庭局長
（公印省略）
厚生労働省社会・援護局障害保健福祉部長
（公印省略）
内 閣 府 子 ど も ・ 子 育 て 本 部 統 括 官
（公印省略）
文 部 科 学 省 初 等 中 等 教 育 局 長
（公印省略）

医療的ケア児の支援に関する保健、医療、福祉、教育等の連携の一層の推進について

　「障害者の日常生活及び社会生活を総合的に支援するための法律及び児童福祉法の一部を改正する法律」（平成28年法律第65号。以下「改正法」という。）が本日公布され、改正法により新設された児童福祉法（昭和22年法律第164号）第56条の6第2項の規定が本日施行された。これにより、地方公共団体は、人工呼吸器を装着している障害児その他の日常生活を営むために医療を要する状態にある障害児（以下「医療的ケア児」という。）の支援に関する保健、医療、障害福祉、保育、教育等の連携の一層の推進を図るよう努めることとされたところである。

　ついては、各地方公共団体におかれては、下記の趣旨及び留意事項を十分ご理解の上、所管内の医療的ケア児の支援ニーズや地域資源の状況を踏まえ、保健、医療、障害福祉、保育、教育等の関係機関の連携体制の構築に向けて、計画的に取り組んでいただくようお願いする。

（中略）

（参考）児童福祉法第56条の6第2項

　地方公共団体は、人工呼吸器を装着している障害児その他の日常生活を営むために医療を要する状態にある障害児が、その心身の状況に応じた適切な保健、医療、福祉その他各関連分野の支援を受けられるよう、保健、医療、福祉その他の各関連分野の支援を行う機関との連絡調整を行うための体制の整備に関し、必要な措置を講ずるように努めなければならない

記

1　児童福祉法第56条の6第2項の趣旨

　医療技術の進歩等を背景として、ＮＩＣＵ等に長期間入院した後、引き続き人工呼吸器や胃ろう等を使用し、たんの吸引や経管栄養などの医療的ケアが必要な障害児（医療的ケア児）が増加している。このような医療的ケア児が在宅生活を継続していこうとする場合、その心身の状況に応じて、保健、医療及び障害福祉だけでなく、保育、教育等における支援も重要であり、また、当事者及びその保護者等が安心して必要な支援を受けるためには、関係行政機関や関係する事業所等が「利用者目線」で緊密に連携して対応することが求められている。

　このため、今回の法改正においては、地方公共団体は、医療的ケア児がその心身の状況に応じて適切な保健、医療、障害福祉、保育、教育などの関連分野の各支援を受けられるよう、関係機関との連絡調整を行うための体制整備を図るよう努めることとされており、地域における連携体制の構築の中心となる役割を担い、実効性のある取組につなげていただくことが期待されている。

　あわせて、各分野における取組も着実に進める必要があるため、以下のとおり、分野ごとの留意事項をとりまとめているので、今後の各分野の施策のニーズ調査、立案、計画、実施等の段階において、十分ご配意願いたい。

（中略）

5　保育関係

　保育所等における保育は、保護者が就労している場合など保育を必要とする子どもに対して一般的に提供されるものであり、医療的ケア児についてもそのニーズを受け止め、これを踏まえた対応を図っていくことが重要である。

　「平成27年度障害者支援状況等調査研究事業『在宅医療ケアが必要な子どもに関する調査』」によると、調査対象となった医療的ケアを行っている子ども（0～5歳）のうち約2割の子どもが保育所・幼稚園等を利用しているという結果が出ており、子どもの対応や保護者の意向、受入体制などを勘案して受入をお願いする。また、医療的ケア児については、看護師等の配置が必要となる場合もあるため、医療的ケア児の保育ニーズに応えられるよう、看護師等の配置等についてご配慮をお願いする。

なお、子ども・子育て支援法に基づく基本指針（「教育・保育及び地域子ども・子育て支援事業の提供体制の整備並びに子ども・子育て支援給付及び地域子ども・子育て支援事業の円滑な実施を確保するための基本的な指針」（平成26年内閣府告示第159号））において、障害、疾病など社会的な支援の必要性が高い子どもやその家族を含め、全ての子どもや子育て家庭を対象とし、一人一人の子どもの健やかな育ちを等しく保障することを目指すこととされていることを踏まえ、保育所等、幼稚園、認定こども園においても、医療的ケア児のニーズを受け止め、これを踏まえた対応を図っていくことが重要である。

6　教育関係

　障害のある児童生徒等が、学校において、その年齢及び能力に応じ、かつ、その特性を踏まえた十分な教育が受けられるようにするため、可能な限り障害のある児童生徒等が障害のない児童生徒等と共に教育を受けられるよう配慮しつつ、必要な施策を講じることについては、「障害のある児童生徒等に対する早期からの一貫した支援について」（平成25年10月4日付け25文科初第756号文部科学省初等中等教育局長通知）等においてかねてよりお願いしてきたところである。

　また、学校において、医療的ケアを行うに当たっての基本的な考え方や関係機関との連携体制を整備することについては、「特別支援学校等における医療的ケアの今後の対応について」（平成23年12月20日付け23文科初第1344号文部科学省初等中等教育局長通知）において示してきたところである。

　今後は、これらの基本的な考え方の下、今回の法改正の趣旨も踏まえ、医療的ケア児やその保護者の意向を可能な限り尊重しつつ、都道府県教育委員会と市町村教育委員会との連携に加え、関係部局や関係機関とも連携しながら、その教育的ニーズにより一層適切に応えられるよう、以下のとおりご配慮をお願いする。

⑴　上記通知（平成25年10月4日付け25文科初第756号）の第2「早期からの一貫した支援について」でお示ししたとおり、市町村の教育委員会が、保健、医療、福祉、労働等の関係機関と連携を図りつつ、医療的ケア児を含む障害のある児童生徒等に対する、乳幼児期から学校卒業後までの一貫した教育相談体制の整備を進めることが重要であり、都道府県の教育委員会においては、専門家による巡回指導を行ったり、関係者に対する研修を実施したりする等、市町村の教育委員会における教育相談支援体制に対する支援をお願いする。

⑵　上記通知（平成23年12月20日付け23文科初第1344号）の「別添」でお示ししたとおり、学校において医療的ケア児が安全に、かつ安心して学ぶことができるよう、医療的ケアを実施する看護師等の配置又は活用を計画的に進めるとともに、看護師等を中心に教員等が連携協力して医療的ケアに対応するなどの体制整備に努めていただくようお願いする。その際、文部科学省において実施している公立の特別支援学校及び小・中学校への看護師等の配置などに対する補助事業を活用することが可能である。また、小・中学校等の特別支援教育支援員の配置については、地方交付税により措置しているところである。

⑶　関係機関や関係部局と積極的に連携を行いながら、学校において医療的ケアを行う看護師等を確保するとともに、看護師等が学校において医療的ケア児に必要な対応を行う上で必要な研修の機会を充実するようお願いする。

⑷　看護師等の養成課程において、医療的ケア児を含む障害のある子供の特性を学ぶ機会について、協力を求められた場合には、教育委員会において、特別支援学校等で実習を受け入れるなど、積極的に協力することをお願いする。

7　関係機関等の連携に向けた施策

⑴　医療的ケア児とその家族を地域で支えられるようにするため、保健、医療、福祉、教育等の医療的ケア児支援に関わる行政機関や事業所等の担当者が一堂に会し、地域の課題や対応策について継続的に意見交換や情報共有を図る協議の場が必要である。そのため、地域において協議の場を設置し、定期的に開催することをお願いする。

　協議の場については、（自立支援）協議会、医療的ケア運営協議会、慢性疾病児童等地域支援協議会、地方版子ども・子育て会議等の既存の会議の枠組みを活用することも考えられる。また、都道府県単位の設置・開催だけでなく、二次医療圏や障害保健福祉圏域、市町村単位の設置・開催も想定されるので、地域の実情に応じて検討することをお願いする。

（後略）

資料18

障 発 0801 第 1 号
職 発 0801 第 1 号
雇児発0801第1号
28文科初第609号
平成28年 8 月 1 日

各都道府県知事
各指定都市市長
各都道府県教育委員会教育長
各指定都市教育委員会教育長　殿
構造改革特別区域法第12条第 1 項
の認定を受けた各地方公共団体の長
各国公私立大学長
各国公私立高等専門学校長

厚生労働省社会・援護局障害保健福祉部長
（公印省略）
厚 生 労 働 省 職 業 安 定 局 長
（公印省略）
厚生労働省雇用均等・児童家庭局長
（公印省略）
文 部 科 学 省 初 等 中 等 教 育 局 長
（公印省略）
文 部 科 学 省 生 涯 学 習 政 策 局 長
（公印省略）
文 部 科 学 省 高 等 教 育 局 長
（公印省略）

発達障害者支援法の一部を改正する法律の施行について

　「発達障害者支援法の一部を改正する法律（平成28年法律第64号）」（以下「改正法」という。）は平成28年 6 月 1 日に公布され、「発達障害者支援法の一部を改正する法律の施行期日を定める政令（平成28年 7 月29日政令第272号）」により、同年 8 月 1 日から施行されたところである。

　改正法の制定の経緯、趣旨及び概要は下記のとおりであるので、管下区市町村、教育委員会、関係団体等にその周知徹底を図るとともに、必要な指導、助言及び援助を行い、本法の運用に遺漏のないようにご配意願いたい。

記

第 1　改正法の制定の経緯及び趣旨
　発達障害者支援法（平成16年法律第167号）が平成16年12月10日に公布され、平成17年 4 月 1 日に施行されてから、発達障害者に対する支援は着実に進展し、発達

障害に対する国民の理解も広がってきた。一方、発達障害者支援法の施行から10年が経過し、例えば、乳幼児期から高齢期までの切れ目のない支援など、時代の変化に対応したよりきめ細かな支援が求められている。

　また、我が国においては、障害者基本法の一部を改正する法律（平成23年法律第90号）や障害を理由とする差別の解消の推進に関する法律（平成25年法律第65号）の成立などの法整備が行われるなど、共生社会の実現に向けた新たな取組が進められている。

　改正法は、こうした状況に鑑み、発達障害者の支援の一層の充実を図るため、所要の措置を講じようとするものであり、平成28年5月11日に衆議院厚生労働委員会において起草され、同月12日に衆議院において、同月25日に参議院において、それぞれ全会一致で可決され成立に至ったものである。

第2　改正法の概要
1　目的の改正について（第1条関係）
　目的に、切れ目なく発達障害者の支援を行うことが特に重要であることに鑑みること及び障害者基本法の基本的な理念にのっとること等を規定するものとしたこと。
2　定義の改正について（第2条第2項及び第3項関係）
　(1)　「発達障害者」の定義を、発達障害がある者であって発達障害及び社会的障壁により日常生活又は社会生活に制限を受けるものとしたこと。
　(2)　「社会的障壁」の定義を、発達障害がある者にとって日常生活又は社会生活を営む上で障壁となるような社会における事物、制度、慣行、観念その他一切のものとしたこと。
3　基本理念の新設について（第2条の2関係）
　(1)　発達障害者の支援は、全ての発達障害者が社会参加の機会が確保されること及びどこで誰と生活するかについての選択の機会が確保され、地域社会において他の人々と共生することを妨げられないことを旨として行われなければならないこととしたこと。
　(2)　発達障害者の支援は、社会的障壁の除去に資することを旨として行われなければならないこととしたこと。
　(3)　発達障害者の支援は、個々の発達障害者の性別、年齢、障害の状態及び生活の実態に応じて、かつ、医療、保健、福祉、教育、労働等に関する業務を行う関係機関及び民間団体相互の緊密な連携の下に、その意思決定の支援に配慮しつつ、切れ目なく行われなければならないこととしたこと。

（中略）

5　国民の責務の改正について（第4条関係）
　国民は、個々の発達障害の特性その他発達障害に関する理解を深めるとともに、基本理念にのっとり、発達障害者の自立及び社会参加に協力するように努めなけれ

ばならないものとしたこと。

（中略）

7　教育に関する改正について（第8条第1項関係）

　発達障害児が、その年齢及び能力に応じ、かつ、その特性を踏まえた十分な教育を受けられるようにするため、可能な限り発達障害児が発達障害児でない児童と共に教育を受けられるよう配慮することを規定するとともに、支援体制の整備として、個別の教育支援計画の作成（教育に関する業務を行う関係機関と医療、保健、福祉、労働等に関する業務を行う関係機関及び民間団体との連携の下に行う個別の長期的な支援に関する計画の作成をいう。）及び個別の指導に関する計画の作成の推進並びにいじめの防止等のための対策の推進を規定し、あわせて、専修学校の高等課程に在学する者を教育に関する支援の対象である発達障害児に含まれることを規定するものとしたこと。

8　情報の共有の促進の新設について（第9条の2関係）

　国及び地方公共団体は、個人情報の保護に十分配慮しつつ、福祉及び教育に関する業務を行う関係機関及び民間団体が医療、保健、労働等に関する業務を行う関係機関及び民間団体と連携を図りつつ行う発達障害者の支援に資する情報の共有を促進するため必要な措置を講じるものとしたこと。

（中略）

10　地域での生活支援に関する改正について（第11条関係）

　発達障害者に対する地域での生活支援について、その性別、年齢、障害の状態及び生活の実態に応じて行うこととしたこと。

11　権利利益の擁護に関する改正について（第12条関係）

　権利利益を害されることの例示として、発達障害者がその発達障害のために、いじめ及び虐待を受けること並びに消費生活における被害を受けることを加えるとともに、権利利益の擁護のための必要な支援として、その差別の解消、いじめの防止等及び虐待の防止等のための対策を推進すること並びに成年後見制度が適切に行われ、又は広く利用されるようにすることを規定するものとしたこと。

（中略）

13　発達障害者の家族等への支援に関する改正について（第13条関係）

　都道府県及び市町村は、発達障害者の家族その他の関係者が適切な対応をすることができるようにすること等のため、児童相談所等関係機関と連携を図りつつ、発達障害者の家族その他の関係者に対し、相談、情報の提供及び助言、発達障害者の家族が互いに支え合うための活動の支援その他の支援を適切に行うよう努めなけれ

ばならないこととしたこと。

（中略）

16　国民に対する普及及び啓発に関する改正について（第21条関係）
　　国及び地方公共団体は、個々の発達障害の特性その他発達障害に関する国民の理解を深めるため、学校、地域、家庭、職域その他の様々な場を通じて、必要な広報その他の啓発活動を行うものとしたこと。
17　専門的知識を有する人材の確保等に関する改正について（第23条関係）
　　国及び地方公共団体は、個々の発達障害者の特性に応じた支援を適切に行うことができるよう発達障害に関する専門的知識を有する人材の確保、養成及び資質の向上を図るため、医療、保健、福祉、教育、労働等並びに捜査及び裁判に関する業務に従事する者に対し、個々の発達障害の特性その他発達障害に関する理解を深め、及び専門性を高めるための研修を実施することその他の必要な措置を講じるものとしたこと。

資料19

28文科初第1038号
平成28年12月 9 日

高等学校及び中等教育学校を設置する学校設置会社
を所轄する構造改革特別区域法第12条第 1 項の
認定を受けた各地方公共団体の長
附属高等学校を置く各国立大学法人学長　　　　　　殿
附属中等教育学校を置く各国立大学法人学長
附属特別支援学校高等部を置く各国立大学法人学長

文部科学省初等中等教育局長
藤原　　誠

学校教育法施行規則の一部を改正する省令等の公布について（通知）

（中略）

1　改正の趣旨

　今回の制度改正は、平成28年 3 月の高等学校における特別支援教育の推進に関する調査研究協力者会議報告「高等学校における通級による指導の制度化及び充実方策について（報告）」（平成28年 3 月　高等学校における特別支援教育の推進に関する調査研究協力者会議）（以下「協力者会議報告」という。）を踏まえ、現在、小学校、中学校、義務教育学校及び中等教育学校の前期課程において実施されている、いわゆる「通級による指導」（大部分の授業を通常の学級で受けながら、一部の授業について障害に応じた特別の指導を特別な場で受ける指導形態）を、高等学校及び中等教育学校の後期課程においても実施できるようにするものである。

　具体的には、高等学校又は中等教育学校の後期課程に在籍する生徒のうち、障害に応じた特別の指導を行う必要があるものを教育する場合には、特別の教育課程によることができることとするとともに、その場合には、障害に応じた特別の指導を高等学校又は中等教育学校の後期課程の教育課程に加え、又はその一部（必履修教科・科目等を除く。）に替えることができることとし、また、障害に応じた特別の指導に係る修得単位数を、年間 7 単位を超えない範囲で全課程の修了を認めるに必要な単位数に加えることができることとする。

　あわせて、小学校、中学校、義務教育学校、高等学校又は中等教育学校における障害に応じた特別の指導の内容について、各教科の内容を取り扱う場合であっても、障害による学習上又は生活上の困難を改善し、又は克服することを目的とする指導として行うものであるとの趣旨を明確化するため、改正を行うものである。

2 改正の概要

第1 高等学校における通級による指導の制度化

1 学校教育法施行規則（昭和22年文部省令第11号。以下「規則」という。）の一
部改正

(1) 高等学校又は中等教育学校の後期課程において、言語障害者、自閉症者、情緒
障害者、弱視者、難聴者、学習障害者、注意欠陥多動性障害者又はその他障害のあ
る生徒のうち、当該障害に応じた特別の指導を行う必要があるものを教育する場合
には、文部科学大臣が別に定めるところにより、規則第83条及び第84条（第108条
第2項において準用する場合を含む。）の規定にかかわらず、特別の教育課程によ
ることができること。（規則第140条関係）

(2) 規則第140条の規定により特別の教育課程による場合においては、校長は、生
徒が、当該高等学校又は中等教育学校の設置者の定めるところにより他の高等学校、
中等教育学校の後期課程又は特別支援学校の高等部において受けた授業を、当該高
等学校又は中等教育学校の後期課程において受けた当該特別の教育課程に係る授業
とみなすことができること。（いわゆる「他校通級」）（規則第141条関係）

2 学校教育法施行規則第140条の規定による特別の教育課程について定める件
（平成5年文部省告示第7号。以下「告示」という。）の一部改正

(1) 高等学校又は中等教育学校の後期課程において、上記1の（1）に該当する生
徒に対し、規則第140条の規定による特別の教育課程を編成するに当たっては、当
該生徒の障害に応じた特別の指導を、高等学校又は中等教育学校の後期課程の教育
課程に加え、又はその一部に替えることができるものとすること。

ただし、障害に応じた特別の指導を、高等学校学習指導要領（平成21年文部科学
省告示第34号）第1章第3款の1に規定する必履修教科・科目及び総合的な学習の
時間、同款の2に規定する専門学科においてすべての生徒に履修させる専門教科・
科目、同款の3に規定する総合学科における「産業社会と人間」並びに同章第4款
の4、5及び6並びに同章第7款の5の規定により行う特別活動に替えることはで
きないものとすること。（本文関係）

(2) 高等学校又は中等教育学校の後期課程における障害に応じた特別の指導に係る
単位を修得したときは、年間7単位を超えない範囲で当該修得した単位数を当該生
徒の在学する高等学校又は中等教育学校が定めた全課程の修了を認めるに必要な単
位数のうちに加えることができるものとすること。（3関係）

第2 障害に応じた特別の指導の内容の趣旨の明確化

1 告示の一部改正

小学校、中学校、義務教育学校、高等学校又は中等教育学校における障害に応じ
た特別の指導は、障害による学習上又は生活上の困難を改善し、又は克服すること
を目的とする指導とし、特に必要があるときは、障害の状態に応じて各教科の内容
を取り扱いながら行うことができるものとすること。（1関係）

224

3　留意事項

第1　高等学校における通級による指導の制度化関係

1　単位認定・学習評価等について

(1)　改正後の規則第140条の規定により特別の教育課程を編成し、障害による学習上又は生活上の困難を改善し、又は克服することを目的とする指導（特別支援学校における自立活動に相当する指導）を行う場合には、特別支援学校高等部学習指導要領を参考として実施すること。

　　また、現在、高等学校学習指導要領の改訂について中央教育審議会で審議がなされているが、「次期学習指導要領等に向けたこれまでの審議のまとめについて（報告）」（平成28年8月26日教育課程部会）別紙6における記述をふまえ、高等学校学習指導要領の改訂（平成29年度末を予定）等においては、以下について記述を盛り込む予定であるため、この方向性を踏まえて対応いただきたいこと。

（中略）

2　実施形態について

(1)　通級による指導の実施形態としては、(1)生徒が在学する学校において指導を受ける「自校通級」、(2)他の学校に週に何単位時間か定期的に通級し、指導を受ける「他校通級」、(3)通級による指導の担当教員が該当する生徒がいる学校に赴き、又は複数の学校を巡回して指導を行う「巡回指導」が考えられる。実施に当たっては、対象となる生徒の人数と指導の教育的効果との関係性、生徒や保護者にとっての心理的な抵抗感・通学の負担・学校との相談の利便性、通級による指導の担当教員と通常の授業の担任教員との連絡調整の利便性等を総合的に勘案し、各学校や地域の実態を踏まえて効果的な形態を選択すること。

3　担当する教員について

(1)　通級による指導を担当する教員は、高等学校教諭免許状を有する者である必要があり、加えて、特別支援教育に関する知識を有し、障害による学習上又は生活上の困難を改善し、又は克服することを目的とする指導に専門性や経験を有する教員であることが必要であるが、特定の教科の免許状を保有している必要はないこと。ただし、各教科の内容を取り扱いながら障害に応じた特別の指導を行う場合には、当該教科の免許状を有する教員も参画して、個別の指導計画の作成や指導を行うことが望ましいこと。

(2)　通級による指導の実施に当たっては、その担当教員が、特別支援教育コーディネーター等と連絡を取りつつ、生徒の在籍学級（他校通級の場合にあっては、在籍している学校の在籍学級）の担任教員との間で定期的な情報交換を行ったり、助言を行ったりするなど、両者の連携協力が図られるよう十分に配慮すること。

（中略）

(4) 通級による指導の担当教員の専門性向上のため、既に多くの教育委員会において実施されている高等学校段階の特別支援教育推進のための研修について、高等学校における通級による指導の制度化を踏まえた研修対象者の拡充や研修内容の充実に努めること。また、高等学校と特別支援学校の間で教員の人事交流を計画的に進めるなどの取組も有効であること。

4　実施に当たっての手続き等について

(中略)

(2) 通級による指導の実施に当たっては、教育支援委員会等の意見も参考に、個々の障害の状態及び教育的ニーズ等に応じて適切に行うこと。また、生徒の障害の状態及び教育的ニーズ等の変化等に応じて、柔軟に教育措置の変更を行うことができるように配慮すること。なお、通級による指導の対象とすることが適当な生徒の判断に当たっての留意事項等については、「障害のある児童生徒等に対する早期からの一貫した支援について」（平成25年10月4日付文部科学省初等中等教育局長通知）【別添3】を参照されたい。

5　個別の教育支援計画及び個別の指導計画の作成・引継ぎ等について
(1) 対象生徒に対する支援内容に係る中学校からの引継ぎや情報提供のための仕組み作りが必要であることから、市区町村教育委員会においては、保護者の同意を事前に得るなど個人情報の適切な取扱いに留意しつつ、都道府県教育委員会とも連携しながら、通級による指導の対象となる生徒の中学校等在籍時における個別の教育支援計画や個別の指導計画の作成や引継ぎを促進するなどの体制の構築に努めること。なお、学習指導要領の改訂についての中央教育審議会における審議においては、通級による指導を受ける児童生徒及び特別支援学級に在籍する児童生徒については、一人一人の教育的ニーズに応じた指導や支援が組織的・継続的に行われるよう、「個別の教育支援計画」や「個別の指導計画」を全員作成する方向で議論されていることを踏まえること。

(2) 高等学校においては、保護者の同意を事前に得るなど個人情報の適切な取扱いに留意しつつ、個別の教育支援計画や個別の指導計画を就職先・進学先に引き継ぎ、支援の継続性の確保に努めること。

6　その他
(1) 高等学校においては、特別支援教育コーディネーターの指名や校内委員会の設置をはじめ、学校全体として特別支援教育を推進するための校内体制の一層の整備に努めること。また、通級による指導を受ける生徒の心理的な抵抗感を可能な限り払拭するよう、生徒一人一人が多様な教育的ニーズを有していることをお互いに理

解し、個々の取組を認め合えるような学校・学級経営に努めること。

(2)　通級による指導を行うに当たっては、中学校等との連携を図ることが重要であり、通級による指導を受ける生徒の卒業した中学校等や近隣の中学校等との間で、通級による指導をはじめとした特別支援教育に関する情報交換や研修会の機会を設けることも有効であること。

(中略)

(4)　通級による指導はあくまでも個別に設定された時間で行う授業であり、障害のある生徒の学びの充実のためには、他の全ての授業においても指導方法の工夫・改善が重要となること。すなわち、障害のある生徒にとって分かりやすい授業は、障害のない生徒にも分かりやすい授業であることを全ての教員が理解し、指導力の向上に努めること。

(後略)

資料20

文部科学省が所管する分野における
障害者施策の意識改革と抜本的な拡充
～学校教育政策から「生涯学習」政策へ～

平成28年12月14日
特別支援総合プロジェクト
タスクフォース

１．はじめに

　政府は、一億総活躍社会、すなわち、女性も男性も、お年寄りも若者も、一度失敗を経験した方も、障害や難病のある方も、家庭で、職場で、地域で、あらゆる場で、誰もが活躍できる、全員参加型の社会の実現に向けて総力を挙げている。この達成のために障害者の活躍が不可欠であることは論を俟たない。もちろん、ここでいう「活躍」とは、単に働くことだけにとどまるものではなく、障害者がそのすべてのライフステージにおいて豊かで充実した生活を送れるようになることを意味するものである。

　これまで、文部科学省における障害者施策は、特別支援教育をはじめとする学校教育政策を中心に展開されており、学校を卒業した後については、障害者雇用や障害福祉サービスによる就労支援、生活支援といった労働・福祉政策に委ねられてきた。

　しかしながら、障害者が学校を卒業した後の豊かで充実したライフスタイルを思い描くときに、企業や障害者就労施設等といった「就労の場」とそれ以外の「日常生活の場」だけではなく、文化やスポーツに親しんだり、新しいことを学んだりする「生涯学習の場」を忘れてはならない。

　健常者であれば、民間によるサービスも含めて多様な活動が実施され、必ずしも行政の支援を受けなくても、これらに参加することができる。また、障害者であっても在学中であれば、学校活動の中でこれらの機会を得られるが、学校を卒業してしまうと、こうした機会自体が少なく、機会があっても移動手段や情報取得に制約がある。このことは、障害の程度が重く、自立した生活の難しい障害者ほど顕著である。

　文部科学省は、学校教育のみならず、社会教育、文化及びスポーツといった、就労や日常生活の時間とは異なる、生涯を通じて人々の心のつながりや相互に理解しあう土壌となり、幸福で豊かな生活を追求する基盤となっていく行政分野を所掌している。

　学びは、すべての人々にとって、学校を卒業した後も、あらゆるライフステージでの夢や希望を支える役割を担っているものであり、従来の学校教育政策を中心とする障害者政策から一歩進めて、障害者の生涯にわたる学習を通じた生き甲斐づく

り、地域との繋がりづくりを推進し、「障害者の自己実現を目指す生涯学習政策」を総合的に展開していかなければならない。

2．障害者の生涯学習施策推進の視点

タスクフォースにおいては、これまでの障害者施策として、障害者の雇用、福祉及び保健を担当する厚生労働省が中心となり、障害者の就労の機会を確保するとともに、日常生活の困難の解消や障害に応じた福祉サービスの提供等を中心に展開されてきたことが報告された。

また、文部科学省においては、特別支援教育の推進に努め、キャリア教育や自立活動等を充実させ、障害のある子供たちの将来の困難をできるだけ緩和し、将来の活躍を応援していくための取組を進めてきたことが確認されたところである。

一方で、これらの施策の場においては、例えば、

● 就労の場である「就労継続支援B型」の事業所において、作業以外にも地域活動への参加や余暇活動に取り組むなど、障害者の活動の場として機能している場合がある。

● 障害者支援施設等においては、地域における施設への理解を深めるために、地域交流のイベント等が行われる場合があり、入所者にとって充実した時間となっている。

● 特別支援学校においても、劇場等における芸術鑑賞会等を実施する例があり、学校を離れた場では鑑賞の機会等が少ない中で子供たちや保護者に喜ばれている。

● 特別支援学校卒業後においても、部活動等の学校活動に参加することができる場合があり、障害者の活動の場の一つとなっている。

といったことが報告されている。

これらの取組は、障害者の様々な活動のニーズに、主として就労や福祉、学校教育を目的とした場が応えている例である。

人が豊かな人生を送っていこうとすれば、単に生活が保障され、仕事を通じて賃金を得、社会における役割を確認していくのみならず、学習、文化、スポーツといった生涯にわたる学習や体験の中から生き甲斐を見つけ、人と繋がっていくことが必要となってくる。学校や企業、障害者支援施設等がこれらの施策の不足を補ってきた積み重ねが、現場において生涯にわたり学び続ける施策が展開されているとの報告に顕れていると思われる。

タスクフォースでは、一億総活躍を推進している政府の中にあって、障害者であっても生涯にわたって学び続けることができるよう取り組み、生き甲斐づくり、地域との繋がりづくりを障害者施策の目的の中に位置づけていく意識改革と抜本的な拡充が、文部科学省に求められていると考える。

このため、文部科学省においては平成29年度以降、このような視点を踏まえた課題への対応が必要であると考える。

３．文部科学省において取り組むべき課題について

（中略）

(2)　生涯を通じた学び、文化・スポーツ等において取り組むべき課題について
①生涯を通じた学びについて
　上記のように、障害の程度にかかわらず、障害者がそれぞれのライフステージに応じて学ぶことができる環境を整えることは重要である。この点、学校教育外における障害者の学習は、いわゆる「障害者青年学級」として各地の特別支援学校や公民館等で行われてきた取組が代表的であるが、ほかにも大学の公開講座や青少年教育施設など、様々な場で、様々な主体により実践されてきたところである。企業の支援も受けながら、地域と学校が連携・協働し、幅広い地域住民等の参画により、障害者の学習機会を提供する事例も出ている。
　今後、下記に示す障害者の生涯学習を充実するための体制づくりや学習モデルの普及等に取り組むことが重要である。
（地域学校協働活動推進事業の展開）
　障害者も含め誰もが活躍し、自己実現できる社会を実現するためには、幅広い地域住民等の協力により、子供たちが見守られ、支えられ、多様な活動に参加できるような環境を整備することが重要である。
　このため、地域と学校の連携・協働の下、幅広い地域住民等が参画し、地域全体で未来を担う子供たちの成長を支え、地域を創生する「地域学校協働活動」を特別支援学校も含め、全国的に推進し、障害のある子供たちの放課後や土曜日等における多様な学習・体験プログラムを促進するとともに、好事例を展開することが重要である。
（国立青少年教育施設における障害のある青少年を対象にしたプログラムの実施）
　国立青少年教育施設において、身体障害や発達障害のある青少年が自然と触れ合い、仲間とともに生活し、多くの人と交流することを通して、自主性、コミュニケーション能力、社会性等を育むことができるよう、引き続き宿泊・自然体験活動などのプログラムを実施することが重要である。

（中略）

（障害者による生涯学習を支援するモデルの普及）
　障害者の生涯学習の場として、いわゆる「障害者青年学級」や「オープンカレッジ」などが重要な役割を果たしている。今後、障害者が学校卒業後も学び続けるこれらの場について、好事例の普及に向けて検討することが重要である。

②文化活動について

文化芸術活動を通じて幸福で豊かな生活を営むことは、全ての人の権利であり、障害者の文化芸術活動を支援していくことは、その社会参加を進め、障害の有無にかかわらず人々がお互いを尊重しながら共に生きる社会を実現していく上で非常に重要である。

また、障害者の文化芸術活動の中からは、既存の価値観にとらわれない芸術性が国内外において高い評価を受けるような事例も数多く出てきており、障害者が生み出す文化芸術作品は、これまでの文化芸術の評価軸に影響を与え、文化芸術の範囲に広がりや深まりを持たせ得るという点で、文化芸術の発展に寄与する可能性を有するものである。

このため、その支援に当たっては、上記の意義を踏まえ、文化芸術を創造し、享受することが人々の生まれながらの権利である観点から「裾野を広げる」という視点と、障害者による芸術上価値が高い作品等の創造に対する支援を強化していく観点から、「優れた才能を伸ばす」という視点を念頭に行っていくことが重要である。
（裾野を広げる取組について）

障害者が文化芸術を鑑賞する機会を拡大していくために、地域の劇場・音楽堂等における点字や副音声による解説や、助成対象となった映画作品のバリアフリー字幕や音声ガイド制作、障害者の鑑賞に必要な対応ができる人材の育成など、家族や友達とともに鑑賞できる環境づくりに資する取組を推進していくことが重要である。

また、障害者が文化芸術を創造する機会を拡大していくために、特別支援学校等に芸術家を派遣し、子供たちが対話や創作、表現に係る体験活動ができる取組や、卒業後も文化芸術の創造活動を続けることができるような環境づくりに資する取組を推進していくことが重要である。
（優れた才能を伸ばす取組について）

障害者が目標を持ち、その優れた才能を伸ばしていくために、特別支援学校等の子供たちによる作品の展示など発表の場を確保するとともに、卒業後も障害者による優れた文化芸術活動に関する展覧会等の場を確保し、国内外に発信していく取組を推進していくことが重要である。

こうした文化芸術活動を通じた障害者に対する支援策を厚生労働省など関係省庁と連携しながら講じていくことにより、特別支援学校等に通う子供たちや卒業した方々の心の安寧と、障害の有無に関わらずあらゆる人々の相互理解へとつなげ、スポーツと文化の祭典である東京2020オリンピック・パラリンピック競技大会の開催に向けて、障害者による文化芸術活動の推進に関する気運を高め、我が国の文化芸術のレガシーの一つとなるよう推進していく。

③スポーツ活動について

スポーツに関しては、2020年に東京でパラリンピックが開催されるが、東京大会のレガシーとして共生社会を実現するためには、特別支援学校の子供たちをはじめとする障害者が、夢や希望を持ちながらパラリンピックをはじめとした様々な活動

に積極的に参画し、どのような立場であっても、2020年が特別の年であったと実感できるようにすることが不可欠である。

　このため、2020年に全国の特別支援学校でスポーツ・文化・教育の全国的な祭典を開催する「Specialプロジェクト2020」に向けた取組を加速させ、障害者が「ほんもの」のスポーツ・芸術に触れ感動を共有する機会の充実、障害の有無を超えて地域の誰もが心を触れ合う機会の充実に取り組むことが求められる。

　文部科学省においては「Specialプロジェクト2020」に向けた取組として、今年度、文部科学省ボッチャイベントを開催したところであるが、このような取組を一過性のものとして終わらせることなくオールジャパンの取組として発展させるために、「障害者スポーツ・文化週間」（仮称）等としてプロモートし、国のみならず様々な関係者による様々な分野での取組を推奨していくことも考えられる。

　なお、「Specialプロジェクト2020」や「障害者スポーツ・文化週間」（仮称）の取組の推進にあたっては、国、地方自治体、全国特別支援学校長会等の学校教育団体、中体連・高体連等の学校体育団体、日本障害者スポーツ協会等のスポーツ団体、文化関係団体、障害者関係団体、経済界等の様々な関係者が連携協力して一つの方向に向かって取り組むことが求められることに留意することが必要である。

⑶　教育分野において取り組むべき課題について
①特別支援学校等の学習内容の充実や関係機関の連携
　障害者のライフステージ全体を豊かなものとするためには、障害のある子供たちに対して学校教育段階から将来を見据えた教育活動が展開されるとともに、教育のみならず、福祉や労働、生涯学習等の各分野が連携して障害者を支援する体制が整備されることが重要である。そのため、以下のような取組が必要である。
（障害のある子供たちのキャリア教育の充実や生涯にわたる学習の奨励）
　特別支援学校高等部における昨今の状況を見ると、普通科在籍生徒の割合が増え、卒業後の志望進路も、かつてのような特定の職種に限られず、高等教育機関への進学等から企業就労まで、多様になっている。学校卒業直後の進路だけではなく、その後の長い人生をも見据えて、幼児教育から初等中等教育まで一貫性のある指導を行い、個々の志望を適切に踏まえた進路指導を行うなど、単なる「就労支援」から「キャリア教育」への転換を図ることが必要である。

　また、就労だけではなく、卒業後の生活において、スポーツ活動や文化活動などを含め、自己実現を図るための生涯にわたる学習活動全般を楽しむことができるよう、各教科や自立活動、特別活動等を通じて、在学中から地域における活動に参加し、楽しむ態度を養うとともに、そのために必要な行政や民間による支援について学ぶなど、卒業後においても様々な活動に積極的に参加できるようにすることが重要である。

　このため、次期の学習指導要領における記述を充実し、全国的にこうした取組が実施されるようにする必要がある。

(学校と卒業後の進路や活動の場との連携の促進)
　障害のある子供たちが、学校卒業後も必要な支援を受けながら豊かな生活を送るためには、特別支援学校等と、企業や障害者就労施設等、高等教育機関といった卒業後の進路とが、密接な連携を図ることが不可欠である。また、生涯学習や文化、スポーツといった卒業後の活動の場との連携も同様に重要である。
　このため、学校教育部局と、福祉や労働、生涯学習等の部局が連携し、一貫した切れ目ない支援体制を構築する地域を支援する方策を検討することが必要である。また、特別支援学校等が必要に応じて、卒業後一定の期間様子をフォローアップしたり、相談窓口になったりするなど、障害のある子供たちが円滑に次のステップに進めるよう、各学校による支援を促していくべきである。

(中略)

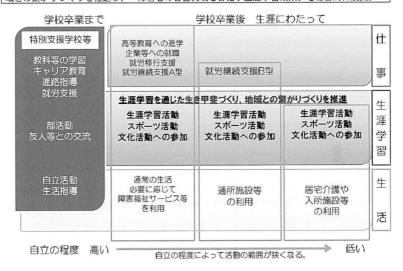

資料21

特別支援教育の生涯学習化に向けて（文部科学大臣メッセージ）

　私はかねてより、障害のある方々が、この日本の社会でどうしたら夢や希望を持って活躍していくことができるかを考えてきました。その中でも印象的だったのが、特別支援学校での重い知的障害と身体障害のある生徒とその保護者との出会いです。その生徒は高等部3年生で、春に学校を卒業する予定であり、保護者によれば、卒業後の学びや交流の場がなくなるのではないかと大きな不安を持っておいででした。他にも多くの保護者から同様のご意見をいただきました。

　これまでの行政は、障害のある方々に対して、学校を卒業するまでは特別支援学校をはじめとする「学校教育施策」によって、学校を卒業してからは「福祉施策」や「労働施策」によって、それぞれ支援を行ってきました。しかし、これからは、障害のある方々が、学校卒業後も生涯を通じて教育や文化、スポーツなどの様々な機会に親しむことができるよう、教育施策とスポーツ施策、福祉施策、労働施策等を連動させながら支援していくことが重要です。私はこれを「特別支援教育の生涯学習化」と表現することとしました。

　文部科学省では、このような観点から昨年12月に「文部科学省が所管する分野における障害者施策の意識改革と抜本的な拡充」を公表しました。併せて、省内の体制を確立するために「特別支援総合プロジェクト特命チーム」を設置しました。さらに、今年度から生涯学習政策局に「障害者学習支援推進室」を新設しました。

　今後、この「障害者学習支援推進室」を中心に全省的に「Specialプロジェクト2020」や特別支援学校等における地域学校協働活動の推進、卒業後も含めた切れ目ない支援体制の整備の促進、障害のある学生への大学等における支援体制の充実等に取り組んでいきます。

　各地方公共団体におかれては、障害のある方々がそれぞれのライフステージで夢と希望をもって生きていけるよう、生涯にわたる学習活動の充実を目指し、生涯学習や特別支援教育、スポーツ、文化、福祉、労働などの関係部局の連携の下、国とともに取り組んでいただきますようお願いいたします。

　今週（4月2日〜8日）は発達障害啓発週間です。

　改めて、国と地方公共団体、企業に加えて地域の皆さまとともに、障害のある方々がわけ隔てなく、互いに尊重し合いながら共生する社会の実現を目指していきたいと強く願います。

平成29年4月7日
文部科学大臣
松野　博一

資料22

＜用語解説＞

1. **ノーマライゼーション**：障害者を特別視するのではなく、一般社会の中で普通の生活が送れるような条件を整えるべきであり、共に生きる社会こそノーマルな社会であるとの考え方。

2. **リハビリテーション**：障害者の身体的、精神的、社会的な自立能力向上を目指す総合的なプログラムであるとともに、それにとどまらず障害者のライフステージのすべての段階において全人間的復権に寄与し、障害者の自立と参加を目指すとの考え方。

3. **バリアフリー**：障害のある人が社会生活をしていく上で障壁（バリア）となるものを除去するという意味で、もともと住宅建築用語で登場し、段差等の物理的障壁の除去をいうことが多いが、より広く障害者の社会参加を困難にしている社会的、制度的、心理的なすべての障壁の除去という意味でも用いられる。

4. **ユニバーサルデザイン**：バリアフリーは、障害によりもたらされるバリア（障壁）に対処するとの考え方であるのに対し、ユニバーサルデザインはあらかじめ、障害の有無、年齢、性別、人種等にかかわらず多様な人々が利用しやすいよう都市や生活環境をデザインする考え方。

5. **インクルーシブ教育システム**：人間の多様性の尊重等の強化、障害者が精神的及び身体的な能力等を可能な最大限度まで発達させ、自由な社会に効果的に参加することを可能とするとの目的の下、障害のある者と障害のない者が共に学ぶ仕組みであり、障害のある者が教育制度一般から排除されないこと、自己の生活する地域において初等中等教育の機会が与えられること、個人に必要な「合理的配慮」が提供される等が必要とされている。

【資料23】

参　考　情　報

特別支援教育を推進するために、下記情報を参照されたい。

○ 関係法令・通知等
主な関係法令・通知等は下記のとおりである。
- 今後の特別支援教育の在り方について（最終報告）
- 発達障害のある児童生徒等への支援について（17文科初第211号　平成17年4月1日　通知）
- 学校教育法施行規則の一部改正等について（17文科初第1177号　平成18年3月31日　通知）
- 通級による指導の対象とすることが適当な自閉症者、情緒障害者、学習障害者又は注意欠陥多動性障害者に該当する児童生徒について（17文科初第1178号　平成18年3月31日　通知）
- 特別支援教育の推進のための学校教育法等の一部改正について（18文科初第446号　平成18年7月18日　通知）
- 障害者の権利に関する条約（平成18年12月13日　第61回国際連合総会で採択　平成26年1月20日　我が国が批准）
- 学校教育法等の一部を改正する法律の施行に伴う関係政令等の整備について（18文科初1290号　平成19年3月30日　通知）
- 特別支援教育の推進について（19文科初第125号　平成19年4月1日　通知）
- 障害者基本法（平成23年8月法律第90号）
- 地域社会における共生の実現に向けて新たな障害保健福祉施策を講ずるための関係法律の整備に関する法律の公布について（平成24年6月27日　通知）
- 中央教育審議会初等中等教育分科会報告「共生社会の形成に向けたインクルーシブ教育システム構築のための特別支援教育の推進」（平成24年7月23日）
- 障害を理由とする差別の解消の推進に関する法律（平成25年6月26日法律第65号）
- 学校教育法施行令の一部改正について（25文科初第655号　平成25年9月1日　通知）
- 障害者基本計画（第3次）　（平成25年9月27日閣議決定）
- 障害のある児童生徒等に対する早期からの一貫した支援について（25文科初第756号　平成25年10月4日）
- 特別支援学校小学部・中学部学習指導要領（平成29年4月28日公示）

○ ガイドラインの活用
教育委員会及び学校が、発達障害のある児童生徒への教育支援体制を整備する際

には、文部科学省において作成した下記ガイドラインを参照されたい。このガイドラインには、校長、特別支援教育コーディネーター、教員等が具体的に行うべきことについても収録されている。

- 「小・中学校におけるLD（学習障害）、ADHD（注意欠陥／多動性障害）、高機能自閉症の児童生徒への教育支援体制の整備のためのガイドライン（試案）」
  http://www.mext.go.jp/a_menu/shotou/tokubetu/material/1298152.htm

○ **インターネットによる情報**

文部科学省及び独立行政法人国立特別支援教育総合研究所の刊行物やホームページなどで提供する情報についても、下記により適宜参照されたい。

- 文部科学省特別支援教育関係ホームページ：
  http://www.mext.go.jp/a_menu/shotou/tokubetu/main.htm
- 独立行政法人国立特別支援教育総合研究所ホームページ：
  http://www.nise.go.jp/
  http://www.nise.go.jp/portal/index.html

資料24 都道府県・政令指定都市教育委員会事務局一覧

都道府県政令指定都市名	〒	所　在　地	電　話
北 海 道	060-8544	札幌市中央区北3条西7丁目	011-231-4111（代）
札 幌 市	060-0002	札幌市中央区北2条西2丁目STV北2条ビル	011-211-3825（総）
青 森 県	030-8540	青森市新町2-3-1	017-722-1111（代）
岩 手 県	020-8570	盛岡市内丸10-1	019-651-3111（代）
宮 城 県	980-8423	仙台市青葉区本町3-8-1	022-211-3639
仙 台 市	980-8671	仙台市青葉区上杉1-5-12 上杉分庁舎14階	022-214-8872
秋 田 県	010-8580	秋田市山王4-1-1	018-860-5111（総）
山 形 県	990-8570	山形市松波2-8-1	023-630-2906（総）
福 島 県	960-8688	福島市杉妻町2-16	024-521-7770
茨 城 県	310-8588	水戸市笠原町978-6	029-301-5274
栃 木 県	320-8501	宇都宮市塙田1-1-20	028-623-3387
群 馬 県	371-8570	前橋市大手町1-1-1	027-223-1111（代）
埼 玉 県	330-9301	さいたま市浦和区高砂3-15-1	048-830-6880
さいたま市	330-9588	さいたま市浦和区常盤6-4-4	048-829-1111（代）
千 葉 県	260-8662	千葉市中央区市場町1-1	043-223-4050
千 葉 市	260-8730	千葉市中央区問屋町1-35 　　千葉ポートサイドタワー11,12階	043-245-5902（総） （千葉県教委と相互で）
東 京 都	163-8001	新宿区西新宿2-8-1	03-5320-6788
神奈川県	231-8509	横浜市中区日本大通33	045-210-1111（代）（内8150）
川 崎 市	210-0004	川崎市川崎区宮本町6	044-200-3261（代）
横 浜 市	231-0017	横浜市中区港町1-1	045-671-3246
相模原市	252-5277	相模原市中央区中央2-11-15	042-754-1111（代）
新 潟 県	950-8570	新潟市中央区新光町4-1	025-280-5629
新 潟 市	951-8550	新潟市中央区学校町通一番町602-1	025-226-3149（教育総務課）
富 山 県	930-8501	富山市新総曲輪1-7	076-444-3440
石 川 県	920-8575	金沢市鞍月1-1	076-225-1811
福 井 県	910-8580	福井市大手3-17-1	0776-21-1111（代）
山 梨 県	400-8504	甲府市丸の内1-6-1	055-223-1755
長 野 県	380-8570	長野市大字南長野字幅下692-2	026-235-7428
岐 阜 県	500-8570	岐阜市藪田南2-1-1	058-272-1111（代）
静 岡 県	420-8601	静岡市葵区追手町9-6	054-221-3140
静 岡 市	424-8701	静岡市清水区旭町6-8	054-354-2503（教育総務課）
浜 松 市	430-0929	浜松市中区中央1-2-1 　　イーステージ浜松オフィス棟6F	053-457-2401
愛 知 県	460-8534	名古屋市中区三の丸3-1-2	052-954-6757

○ 代表電話及び小・中学校教員免許・介護等体験についての問い合わせ先

都道府県政令指定都市名	〒	所　在　地	電　話
名古屋市	460-8508	名古屋市中区三の丸 3-1-1	052-954-6757（県教委対応）
三 重 県	514-8570	津市広明町 13	059-224-2957・8
滋 賀 県	520-8577	大津市京町 4-1-1	077-528-4531
京 都 府	602-8570	京都市上京区下立売通新町西入藪ノ内町	075-414-5836
京 都 市	604-8571	京都市中京区寺町通御池上ル上本能寺前町 488	075-222-3781
大 阪 府	540-0008	大阪市中央区大手前3-2-12	06-6944-6895
大 阪 市	530-8201	大阪市北区中之島 1-3-20	06-6208-9071（総）
堺 　 市	590-0078	堺市堺区南瓦町 3-1	072-233-1101（代）
兵 庫 県	650-8567	神戸市中央区下山手通 5-10-1	078-362-3749
神 戸 市	650-8570	神戸市中央区加納町 6-5-1	078-362-3749（県教委対応）
奈 良 県	630-8502	奈良市登大路町 30	0742-22-1101（代）
和歌山県	640-8585	和歌山市小松原通 1-1	073-441-3670
鳥 取 県	680-8570	鳥取市東町 1-271	0857-26-7514
島 根 県	690-8501	松江市殿町 1	0852-22-5420
岡 山 県	700-8570	岡山市北区内山下 2-4-6	086-226-7579
岡 山 市	700-8544	岡山市北区大供 1-1-1	086-803-1571（教育企画総務課）
広 島 県	730-8514	広島市中区基町 9-42	082-513-4911（総）
広 島 市	730-8586	広島市中区国泰寺町 1-4-21	082-513-4911（県教委対応）
山 口 県	753-8501	山口市滝町 1-1	083-933-4550
徳 島 県	770-8570	徳島市万代町 1-1	088-621-3115（教育政策課）
香 川 県	760-8582	高松市天神前 6-1	087-832-3741
愛 媛 県	790-8570	松山市一番町 4-4-2	089-941-2111（代）
高 知 県	780-8570	高知市丸ノ内 1-7-52	088-821-4731
福 岡 県	812-8575	福岡市博多区東公園 7-7	092-643-3891
北九州市	803-8510	北九州市小倉北区大手町 1-1	093-582-2372
福 岡 市	810-8621	福岡市中央区天神 1-8-1	092-643-3891（県教委対応）
佐 賀 県	840-8570	佐賀市城内 1-1-59	0952-25-7225
長 崎 県	850-8570	長崎市江戸町 2-13	095-824-1111（代）
熊 本 県	862-8609	熊本市中央区水前寺 6-18-1	096-333-2695
熊 本 市	860-8601	熊本市中央区手取本町 1-1	096-328-2704
大 分 県	870-8503	大分市府内町 3-10-1	097-536-1111（代）（内 5516）
宮 崎 県	880-8502	宮崎市橘通東 1-9-10	0985-26-7237
鹿児島県	890-8577	鹿児島市鴨池新町 10-1	099-286-2111（代）
沖 縄 県	900-8571	那覇市泉崎 1-2-2	098-866-2741

資料25 　**都道府県社会福祉協議会一覧**

都道府県 社協名	〒	所　在　地	電　話 （代　表）
北　海　道	060-0002	札幌市中央区北 2 条西 7 丁目 1 　　　　　かでる 2・7 道民活動センター内	011-241-3976
青　森　県	030-0822	青森市中央 3-20-30 県民福祉プラザ 2F	017-723-1391
岩　手　県	020-0831	盛岡市三本柳 8 地割 1-3 ふれあいランド岩手内	019-637-4466
宮　城　県	980-0011	仙台市青葉区上杉 1-2-3 県自治会館内	022-225-8476
秋　田　県	010-0922	秋田市旭北栄町 1-5 県社会福祉会館内	018-864-2711
山　形　県	990-0021	山形市小白川町 2-3-31 県総合社会福祉センター内	023-622-5805
福　島　県	960-8141	福島市渡利字七社宮 111 県総合社会福祉センター内	024-523-1251
茨　城　県	310-8586	水戸市千波町 1918 県総合福祉会館内	029-241-1133
栃　木　県	320-8508	宇都宮市若草 1-10-6 とちぎ福祉プラザ 3F	028-622-0524
群　馬　県	371-8525	前橋市新前橋町 13−12 県社会福祉総合センター内	027-255-6033
埼　玉　県	330-8529	さいたま市浦和区針ケ谷 4-2-65 彩の国すこやかプラザ内	048-822-1191
千　葉　県	260-8508	千葉市中央区千葉港 4-3 県社会福祉センター内	043-245-1101
東　京　都	162-8953	新宿区神楽河岸 1-1 セントラルプラザ 5F	03-3268-7171
神 奈 川 県	221-0844	横浜市神奈川区沢渡 4-2 県社会福祉会館内	045-311-1422
新　潟　県	950-8575	新潟市中央区上所 2-2-2 新潟ユニゾンプラザ 3F	025-281-5520
山　梨　県	400-0005	甲府市北新 1-2-12 県福祉プラザ 4F	055-254-8610
長　野　県	380-0928	長野市若里 7-1-7 県社会福祉総合センター内	026-228-4244
静　岡　県	420-8670	静岡市葵区駿府町 1-70 　　　　　県総合社会福祉会館シズウエル内	054-254-5248
富　山　県	930-0094	富山市安住町 5-21 　　　　　県総合福祉会館サンシップとやま内	076-432-2958
石　川　県	920-8557	金沢市本多町 3-1-10 県社会福祉会館内	076-224-1212
福　井　県	910-8516	福井市光陽 2-3-22 県社会福祉センター内	0776-24-2339
岐　阜　県	500-8385	岐阜市下奈良 2-2-1 県福祉・農業会館内	058-273-1111
愛　知　県	461-0011	名古屋市東区白壁 1-50 県社会福祉会館内	052-212-5500
三　重　県	514-8552	津市桜橋 2-131 県社会福祉会館内	059-227-5145
滋　賀　県	525-0072	草津市笠山 7-8-138 県立長寿社会福祉センター内	077-567-3920
京　都　府	604-0874	京都市中京区竹屋町通烏丸東入る清水町 375 　　　　　　　　　ハートピア京都 5F	075-252-6291
大　阪　府	542-0065	大阪市中央区中寺 1-1-54 大阪社会福祉指導センター内	06-6762-9471
兵　庫　県	651-0062	神戸市中央区坂口通 2-1-1 県福祉センター内	078-242-4633

240

都道府県 社協名	〒	所　在　地	電　話 （代　表）
奈　良　県	634-0061	橿原市大久保町 320-11 県社会福祉総合センター内	0744-29-0100
和 歌 山 県	640-8545	和歌山市手平 2-1-2 県民交流プラザ和歌山ビッグ愛 7F	073-435-5222
鳥　取　県	689-0201	鳥取市伏野 1729-5 県立福祉人材研修センター内	0857-59-6331
島　根　県	690-0011	松江市東津田町 1741-3 いきいきプラザ島根 5F	0852-32-5970
岡　山　県	700-0807	岡山市北区南方 2-13-1　きらめきプラザ内	086-226-2822
広　島　県	732-0816	広島市南区比治山本町 12-2 県社会福祉会館内	082-254-3411
山　口　県	753-0072	山口市大手町 9-6 ゆ〜あいプラザ県社会福祉会館内	083-924-2777
徳　島　県	770-0943	徳島市中昭和町 1-2 県立総合福祉センター 3F	088-654-4461
香　川　県	760-0017	高松市番町 1-10-35 県社会福祉総合センター 5F	087-861-0545
愛　媛　県	790-8553	松山市持田町 3-8-15 県総合社会福祉会館内	089-921-8344
高　知　県	780-8567	高知市朝倉戊 375-1 県ふくし交流プラザ内	088-844-9007
福　岡　県	816-0804	春日市原町 3-1-7 　　県総合福祉センター（クローバープラザ）内	092-584-3377
佐　賀　県	840-0021	佐賀市鬼丸町 7-18 県社会福祉会館内	0952-23-2145
長　崎　県	852-8555	長崎市茂里町 3-24 県総合福祉センター 2F	095-846-8600
熊　本　県	860-0842	熊本市中央区南千反畑町 3-7 県総合福祉センター内	096-324-5454
大　分　県	870-0907	大分市大津町 2-1-41 県総合社会福祉会館内	097-558-0300
宮　崎　県	880-8515	宮崎市原町 2-22 県福祉総合センター内	0985-22-3145
鹿 児 島 県	890-8517	鹿児島市鴨池新町 1-7 県社会福祉センター内	099-257-3855
沖　縄　県	903-8603	那覇市首里石嶺町 4-373-1 県総合福祉センター内	098-887-2000

資料26 特別支援教育関係文部科学省著作指導書等一覧

① 学習指導要領解説

書　　　　名	発 行 者	定　　価	発行年
特別支援学校学習指導要領解説　総則等編（幼稚部・小学部・中学部）	教育出版	486円	平成21年
特別支援学校学習指導要領解説　総則等編（高等部）	海文堂出版	799円	平成22年
特別支援学校学習指導要領解説　自立活動編	海文堂出版	216円	平成21年

② 教科書指導書

書　　　　名	発 行 者	定　　価	発行年
（特別支援学校（聴覚障害）用）			
国語科教科書指導書－聾学校小学部1年用	東山書房	1,363円	平成7年
国語科教科書指導書－聾学校小学部2年用	慶應義塾大学出版会	1,416円	平成8年
国語科教科書指導書－聾学校小学部3年用	教育出版	1,976円	平成9年
国語科教科書解説－聾学校小学部4年生用	東京書籍	2,678円	平成15年
国語科教科書解説－聾学校小学部5年生用	東京書籍	2,754円	平成15年
国語科教科書解説－聾学校小学部6年生用	東京書籍	2,754円	平成15年
聾学校中学部国語（言語編）教科書解説	東京書籍	2,214円	平成15年
（特別支援学校（知的障害）用）			
こくご☆　こくご☆☆　こくご☆☆☆　教科書解説	教育出版	1,404円	平成23年
さんすう☆　さんすう☆☆　さんすう☆☆☆　教科書解説	教育出版	1,361円	平成23年
おんがく☆　おんがく☆☆　おんがく☆☆☆　教科書解説	東京書籍	2,750円	平成23年
おんがく☆　教科書解説（伴奏編）	東京書籍	1,367円	平成23年
おんがく☆☆　教科書解説（伴奏編）	東京書籍	1,403円	平成23年
おんがく☆☆☆　教科書解説（伴奏編）	東京書籍	1,379円	平成23年
国語☆☆☆☆　教科書解説	佐伯印刷	1,263円	平成24年
数学☆☆☆☆　教科書解説	佐伯印刷	1,873円	平成24年
音楽☆☆☆☆　教科書解説	東京書籍	1,684円	平成24年
音楽☆☆☆☆　教科書解説（伴奏編）	東京書籍	2,689円	平成24年

③ 手引書

書　名	発行者	定　価	発行年
点字学習指導の手引（平成15年改訂版）	日本文教出版	1,482円	平成15年
聴覚障害教育の手引－多様なコミュニケーション手段とそれを活用した指導－	海文堂出版	944円	平成7年
遊びの指導の手引	慶應義塾大学出版会	1,049円	平成5年
日常生活の指導の手引（改訂版）	慶應義塾大学出版会	996円	平成6年
改訂第2版　通級による指導の手引　解説とQ&A	佐伯印刷	1,512円	平成24年
視覚障害児の発達と学習	ぎょうせい	986円	昭和59年
点字楽譜の手引	日本ライトハウス	2,700円	昭和59年

④ その他

書　名	発行者	定　価	発行年（月）
季刊特別支援教育	東洋館出版社	通常734円	3,6,9,12月
病弱児指導事例集－実技を伴う教科の指導－	ぎょうせい	1,080円	昭和62年

（平成29年11月現在、定価は全て税込み価格）

ジ アース 教育新社　特別支援教育関係書籍一覧

書　籍　名	発行年月	監修・編著者名	本体価格 （円）	ISBN
知的障害教育のむかし今これから	1999年4月	大南英明	2,667	978-4-921124-02-1
視覚障害教育入門Q&A	2000年9月	全国盲学校長会	1,905	978-4-921124-04-5
病弱教育Q&A　PARTI 病弱教育の道標	2002年8月	全国病弱養護学校長会	1,810	978-4-921124-05-2
肢体不自由教育実践講座	2002年11月	全国肢体不自由特別支援 学校長会	1,762	978-4-921124-11-3
できることからはじめよう	2003年6月	東京都立中野養護学校PTA	1,429	978-4-921124-15-1
個別移行支援計画Q&A　基礎編	2003年6月	東京都知的障害特別支援学 校就業促進研究協議会	1,257	978-4-921124-16-8
障害のある子どものコミュニケー ション	2003年6月	林友三	1,810	978-4-921124-17-5
広がれ地域活動 子どもたちの社会参加	2003年8月	全国知的障害特別支援学 校長会	1,333	978-4-921124-19-9
病弱教育Q&A　PARTV 病弱教育の視点からの医学事典	2003年8月	西間三馨　横田雅史 全国病弱養護学校長会	6,000	978-4-921124-20-5
LD，ADHD，高機能自閉症への 教育的対応	2004年1月	東京都立中野養護学校セ ンター化事業プロジェク トチーム	2,000	978-4-921124-22-9
病弱教育Q&A　PARTIII 教科指導編	2004年3月	横田雅史 全国病弱養護学校長会	1,810	978-4-921124-24-8
「拡大教科書」作成マニュアル	2005年1月	国立特別支援教育総合研究所	1,810	978-4-921124-34-2
ICF（国際生活機能分類）活用 の試み	2005年4月	国立特別支援教育総合研 究所	1,810	978-4-921124-37-3
コミュニケーション支援とバリア フリー	2005年6月	全国特別支援学校知的障 害教育校長会	1,333	978-4-921124-46-5
障害の重い子どもの授業づくり 開く・支える・つなぐをキーワードに	2005年11月	飯野順子	2,286	978-4-921124-51-9
専門家の学校支援	2005年12月	専門家の学校支援編集委員会	2,286	978-4-921124-52-6
子どもの絵　よさをよみとる100事例	2006年6月	石川秀也	1,714	978-4-921124-56-4
君が笑顔になれるまで	2006年6月	徳丸洋子	1,810	978-4-921124-57-1
特別支援学校と地域のネットワーク みんなおいでよ♪　あきるのクラブ 休日・余暇活動の記録	2006年7月	東京都立あきる野学園養 護学校PTA　あきるのク ラブ実行委員会	1,714	978-4-921124-60-1
生命の輝く教育を目指して 医療的ケアの課題に取り組んで、 見えてきたこと	2006年8月	飯野順子	1,429	978-4-921124-61-8
障害の重い子どものコミュニケー ション評価と目標設定	2006年8月	坂口しおり	1,238	978-4-921124-62-5
初級練習帳 THE 点字習得テキスト	2006年9月	米谷忠男	857	978-4-921124-63-2
特別支援教育の未来を拓く　指導事例 Navi　知的障害教育[2]　中学部編	2006年11月	全国特別支援学校知的障 害教育校長会	1,524	978-4-921124-69-4
特別支援教育の未来を拓く　指導事例 Navi　知的障害教育[3]　高等部編	2006年11月	全国特別支援学校知的障 害教育校長会	1,619	978-4-921124-70-0
「障害のある子を守る」　防災& 防犯プロジェクト	2007年8月	中井孝吉	1,800	978-4-921124-75-5

書　籍　名	発行年月	監修・編著者名	本体価格（円）	ISBN
ＩＣＦ及びＩＣＦ－ＣＹの活用	2007年9月	国立特別支援教育総合研究所	1,700	978-4-921124-78-6
学校コンサルテーションを進めるためのガイドブック	2007年11月	国立特別支援教育総合研究所	1,300	978-4-921124-80-9
コミュニケーション支援入門	2007年12月	坂口しおり	1,200	978-4-921124-83-0
はじめての自閉症学級小学1年生	2008年1月	東京都立青鳥養護学校久我山分校自閉症教育プロジェクトチーム	2,300	978-4-921124-84-7
キャリアトレーニング事例集Ⅰビルクリーニング編	2008年2月	全国特別支援学校知的障害教育校長会	1,800	978-4-921124-88-5
自立・社会参加を促す寄宿舎教育ハンドブック	2008年2月	東京都立青鳥養護学校寄宿舎教育プロジェクトチーム	2,800	978-4-921124-89-2
肢体不自由、病弱・身体虚弱児教育のための　やさしい医学・生理学	2008年3月	竹田一則	1,700	978-4-921124-91-5
特別支援教育（知的障害・自閉症）における進路指導・支援	2008年4月	進路指導21研究会	1,800	978-4-921124-92-2
肢体不自由教育の理念と実践	2008年5月	筑波大学附属桐が丘特別支援学校	2,200	978-4-921124-93-9
障害の重い子どもの授業づくりPart2　ボディイメージの形成からアイデンティティの確立へ	2008年9月	飯野順子	2,286	978-4-921124-97-7
子どもの発達と特別支援教育	2008年11月	渡邉健治　小池敏英伊藤友彦　小笠原恵	1,200	978-4-86371-101-3
肢体不自由教育　授業の評価・改善に役立つＱ＆Ａと特色ある実践	2008年11月	国立特別支援教育総合研究所	1,500	978-4-86371-102-0
全国盲学校弁論大会弁論47話　生きるということ　鎖の輪が広がる	2008年11月	全国盲学校PTA連合会 他編集協力	1,700	978-4-86371-103-7
知的障害や自閉症の人たちのための　見てわかるビジネスマナー集	2008年12月	「見てわかるビジネスマナー集」編集企画プロジェクト	1,500	978-4-86371-105-1
絵で見ることばと思考の発達	2009年3月	坂口しおり	1,200	978-4-86371-107-5
キャリアトレーニング事例集Ⅱ事務サービス編	2009年3月	全国特別支援学校知的障害教育校長会	1,800	978-4-86371-109-9
発達支援と教材教具　子どもに学ぶ学習の系統性	2009年5月	立松英子	1,700	978-4-86371-111-2
発達障害支援グランドデザインの提案	2009年6月	国立特別支援教育総合研究所	2,700	978-4-86371-112-9
特別支援教育シリーズ1特別支援教育へのチャレンジ	2009年9月	大南英明	1,500	978-4-86371-117-4
特別支援教育のための　かずの学習第1集　1～10までの数の理解	2009年9月	福岡特別支援教育研究会	2,600	978-4-86371-118-1
新しい個別の指導計画e-iep　保護者中心の支援の輪	2009年9月	朝野浩　成田滋	1,700	978-4-86371-119-8
特別支援教育Q&A　支援の視点と実際	2009年9月	全国特別支援学校知的障害教育校長会	2,200	978-4-86371-121-1
特別支援教育時代の保護者サポート	2009年11月	島治伸　上岡義典	900	978-4-86371-122-8
空への手紙1　病弱教育理解のために	2009年12月	福田素子　横田雅史	1,300	978-4-86371-124-2
広げよう放課後・休日活動　障害児が参加する放課後子どもプラン	2009年12月	東京学芸大学特別支援教育研究会	1,000	978-4-86371-125-9

書　籍　名	発行年月	監修・編著者名	本体価格（円）	ISBN
お母さんが変われば子どもが変わる　気になる子どもと向きあう	2010年1月	中村雅彦	714	978-4-86371-126-6
明日から使える自閉症教育のポイント	2010年2月	筑波大学附属久里浜特別支援学校	2,095	978-4-86371-128-0
特別支援教育を推進するための地域サポートブック	2010年3月	国立特別支援教育総合研究所	1,600	978-4-86371-130-3
キャリア教育の手引き特別支援教育とキャリア発達	2010年6月	全国特別支援学校知的障害教育校長会	1,500	978-4-86371-131-0
キャリアトレーニング事例集III接客サービス編	2010年6月	全国特別支援学校知的障害教育校長会	1,800	978-4-86371-132-7
空への手紙2　病弱教育理解のために	2010年6月	福田素子　横田雅史	1,300	978-4-86371-134-1
指導・援助の基礎・基本　障害のある子供のコミュニケーション	2010年6月	林友三	2,400	978-4-86371-136-5
特別支援教育におけるATを活用したコミュニケーション支援	2010年6月	金森克浩	1,600	978-4-86371-138-9
特別支援教育のためのことばの学習　第1集絵日記を使ったことばの指導	2010年6月	福岡特別支援教育研究会	2,700	978-4-86371-139-6
障害のある子どもの教育相談マニュアル	2010年7月	国立特別支援教育総合研究所	1,500	978-4-86371-135-8
幼稚園・保育園における手引書『個別の（教育）支援計画』の作成・活用	2010年7月	東京学芸大学特別支援プロジェクト	600	978-4-86371-137-2
特別支援教育シリーズ2学習指導要領と新しい試み	2010年8月	大南英明	1,500	978-4-86371-140-2
障害の重い子どもの授業づくりPart3 子どもが活動する「子ども主体」の授業を目指して	2010年11月	飯野順子	2,286	978-4-86371-144-0
私の学校経営観　ある特別支援学校長の軌跡	2010年12月	保坂博文	1,600	978-4-86371-145-7
特別支援教育充実のためのキャリア教育ガイドブック	2010年12月	国立特別支援教育総合研究所	2,200	978-4-86371-147-1
特別支援教育時代のコミュニケーション支援	2011年3月	島治伸　松本公志	900	978-4-86371-151-8
発達支援と教材教具II子どもに学ぶ行動の理由	2011年3月	立松英子	1,700	978-4-86371-152-5
障害学生支援入門誰もが輝くキャンパスを	2011年5月	鳥山由子　竹田一則	1,800	978-4-86371-156-3
発達障害のある子どものためのたすくメソッド①生活の基礎を身につける	2011年6月	齊藤宇開　渡邊倫	2,700	978-4-86371-157-0
キャリアトレーニング事例集IV福祉サービス編	2011年7月	全国特別支援学校知的障害教育校長会	1,800	978-4-86371-158-7
知的障害教育における学習評価の方法と実際	2011年7月	石塚謙二　全国特別支援学校知的障害教育校長会	1,500	978-4-86371-160-0
自閉症教育の歩みと今後の展望	2011年8月	野村東助　村田保太郎大南英明　全国情緒障害教育研究会	2,000	978-4-86371-162-4

書 籍 名	発行年月	監修・編著者名	本体価格 (円)	ISBN
生活を豊かにするための姿勢づくり	2011年8月	松原豊　村上潤	2,286	978-4-86371-163-1
重度・重複障害児のコミュニケーション学習の実態把握と学習支援	2011年8月	小池敏英　雲井未歓 吉田友紀	1,600	978-4-86371-166-2
特別支援教育シリーズ3 特別支援教育の充実と展望	2011年9月	大南英明	1,500	978-4-86371-168-6
障害の重い子どもの授業づくり Part4 授業のデザイン力と実践的指導力のレベルアップのために	2011年11月	飯野順子	2,286	978-4-86371-172-3
障害の重い子どもの指導Q&A 自立活動を主とする教育課程	2011年11月	全国特別支援学校肢体不自由教育校長会	2,500	978-4-86371-173-0
学校のカタチ　[デュアルシステムとキャリア教育]	2011年12月	森脇勤	1,400	978-4-86371-174-7
あと少しの支援があれば 東日本大震災 障がい者の被災と避難の記録	2012年2月	中村雅彦	1,400	978-4-86371-176-1
知的障害教育の授業展開　「まとめ」をきちんとすれば授業の効果が上がる	2012年2月	太田正己	1,600	978-4-86371-177-8
イギリス 特別なニーズ教育の新たな視点	2012年3月	メアリー・ウォーノック他	2,400	978-4-86371-179-2
病気の子どものガイドブック 病弱教育における指導の進め方	2012年3月	全国特別支援学校病弱教育校長会　丹羽登	2,600	978-4-86371-180-8
特別支援学校におけるアシスティブ・テクノロジー活用ケースブック	2012年5月	国立特別支援教育総合研究所	1,800	978-4-86371-181-5
特別支援教育のチームアプローチ ポラリスをさがせ　熊大式授業づくりシステムガイドブック	2012年3月	干川隆　熊本大学教育学部附属特別支援学校	1,400	978-4-86371-183-9
子ども・若者総合サポートシステム	2012年4月	古川聖登	1,800	978-4-86371-186-0
ダンスセラピーの理論と実践	2012年5月	日本ダンス・セラピー協会 平井タカネ	2,800	978-4-86371-187-7
特別支援学校のセンター的機能	2012年6月	柘植雅義　他	2,600	978-4-86371-189-1
特別支援教育充実のための キャリア教育ケースブック	2012年6月	菊地一文	2,500	978-4-86371-190-7
特別支援学校　自立活動 わたしたちのうんどう	2012年7月	横浜市立中村特別支援学校	1,800	978-4-86371-191-4
発達障害のある子どものための たすくメソッド②　手を育てる	2012年7月	齊藤宇開　渡邊倫	2,700	978-4-86371-192-1
知的障害教育における専門性の向上と実際	2012年7月	石塚謙二　全国特別支援学校知的障害教育校長会	1,500	978-4-86371-193-8
高校で学ぶ発達障害のある生徒のための　明日からの支援に向けて	2012年9月	小田浩伸　亀岡智美 大阪府教育委員会	1,600	978-4-86371-194-5
高校で学ぶ発達障害のある生徒のための　共感からはじまる「わかる」授業づくり	2012年9月	小田浩伸　伊丹昌一 大阪府教育委員会	1,800	978-4-86371-195-2
安全・安心な場を創ろう 大規模災害の教訓を生かして	2012年9月	全国特別支援教育推進連盟	952	978-4-86371-199-0
包丁や火を使わない　ひとりでできちゃった！クッキング	2012年10月	竹中迪子　中里まっち 達直美	2,200	978-4-86371-202-7

書　籍　名	発行年月	監修・編著者名	本体価格（円）	ISBN
この子と「ともに生きる」すばらしさ　響きあうこころとコミュニケーション	2012年10月	後上鐵夫　小村宣子	1,800	978-4-86371-203-4
この子らしさを活かす支援ツール　子どもの豊かな生活の実現をめざして	2012年11月	都築繁幸　愛知教育大学附属特別支援学校	2,200	978-4-86371-204-1
知的障害・発達障害の人たちのための　見てわかる社会生活ガイド集	2013年1月	「見てわかる社会生活ガイド集」編集企画プロジェクト	2,000	978-4-86371-205-8
輝いて今をいきいきと　早期からの発達相談と親・家族支援をすすめて	2012年11月	清水直治　日本ポーテージ協会	1,800	978-4-86371-206-5
障害児・者のいのちを守る　安心安全な場を創ろう	2012年12月	全国特別支援教育推進連盟	1,200	978-4-86371-208-9
キャリア教育の充実と障害者雇用のこれから　特別支援学校における新たな進路指導	2013年6月	尾崎祐三　松矢勝宏	2,000	978-4-86371-209-6
特別支援教育におけるICFの活用Part3　学びのニーズに応える確かな実践のために	2013年2月	国立特別支援教育総合研究所	2,500	978-4-86371-211-9
特別支援教育の学習指導案と授業研究	2013年2月	鹿児島大学教育学部附属特別支援学校	2,000	978-4-86371-213-3
教職を目指す若い人たちへ　特別支援教育への誘い	2013年3月	宮崎英憲	1,600	978-4-86371-214-0
地域支援ネットワークに支えられた特別支援教育	2013年4月	宮崎英憲　福島県三春町立三春小学校	2,200	978-4-86371-217-1
わたしたちがはじめたコミュニティ・スクール	2013年4月	朝野浩　京都市立西総合支援学校　放課後活動「わくわくクラブ」	2,500	978-4-86371-218-8
「考える力」を育てる教育実践の探求	2013年5月	渡邉健治　障害児教育実践研究会	2,300	978-4-86371-219-5
特別支援教育の理解と推進のために	2013年5月	全国特別支援教育推進連盟	1,500	978-4-86371-221-8
障害の重い子の早期発達診断　新訂版	2013年5月	川村秀忠	2,300	978-4-86371-223-2
全特長ビジョン　共生社会の礎を築く―10の提言	2013年8月	全国特別支援学校長会	1,200	978-4-86371-226-3
「困り」解消！算数指導ガイドブック	2013年6月	小野寺基史　白石邦彦	2,200	978-4-86371-227-0
CD-BOOK　特別支援教育で使える歌の本　ともだちになろう！	2013年8月	西野茂	2,500	978-4-86371-228-7
知的障害特別支援学校の　キャリア教育の手引き　実践編　小中高の系統性のある実践	2013年8月	尾崎祐三　菊地一文　全国特別支援学校知的障害教育校長会	1,500	978-4-86371-231-7
3つのメモが特別支援教育の授業を変える	2013年8月	太田正己	1,600	978-4-86371-233-1
特別支援教育にかかわる養護教諭のための本	2013年8月	飯野順子　杉本健郎　北川末幾子　篠矢理恵	2,800	978-4-86371-234-8
意欲を育む授業　授業づくりの五つの視点	2013年10月	長澤正樹　新潟大学教育学部附属特別支援学校	1,700	978-4-86371-239-3
障害の重い子どもの授業づくりPart5　キャリア発達をうながす授業づくり	2013年11月	飯野順子	2,200	978-4-86371-240-9

書　籍　名	発行年月	監修・編著者名	本体価格 （円）	ISBN
この子らしさを活かす支援ツール2	2013年11月	都築繁幸　愛知教育大学 附属特別支援学校	2,200	978-4-86371-241-6
肢体不自由教育実践 授業力向上シリーズNo.1 学習指導の充実を目指して	2013年11月	分藤賢之　川間健之介 長沼俊夫　全国特別支援学校 肢体不自由教育校長会	1,700	978-4-86371-243-0
特別支援教育のコツ　今、知りた い!　かかわる力・調整する力	2013年11月	静岡大学教育学部附属特 別支援学校	1,700	978-4-86371-244-7
インクルーシブ教育システム構築 研修ガイド	2014年2月	国立特別支援教育総合研 究所	1,800	978-4-86371-249-2
インクルーシブ教育システム構築に 向けた児童生徒への配慮・指導事例	2014年2月	国立特別支援教育総合研 究所	1,700	978-4-86371-250-8
やさしい声と小さな笑顔　親子で 取り組む・わたしたちのうんどう	2014年3月	横浜市立中村特別支援学 校　保護者	700	978-4-86371-255-3
フィリアⅡ 介護等体験　ルールとマナー	2014年3月	全国特別支援学校長会	1,200	978-4-86371-257-7
聴覚障害児の話しことばを育てる	2014年3月	板橋安人	2,400	978-4-86371-258-4
戦後日本の特別支援教育と世相	2014年4月	渡邉健治　宮﨑英憲	2,600	978-4-86371-260-7
障害の重い子どもの知覚―運動学習 ―ふれあいあそび教材とその活用―	2014年6月	坂本茂　佐藤孝二 加藤裕美子　清水聡 向山勝郎　成田美恵子 武部綾子	2,300	978-4-86371-264-5
知的障害教育の本質	2014年6月	小出進	2,700	978-4-86371-268-3
発達障害・知的障害のある児童生 徒の　豊かな自己理解を育むキャ リア教育　内面世界を大切にした 授業プログラム45	2014年7月	別府哲　小島道生 片岡美華	1,800	978-4-86371-270-6
【DVD】特別支援学校　自立活動 NMBPの実際　基礎編・附ISP	2014年7月	横浜市立中村特別支援学 校	3,500	978-4-86371-272-0
特別支援教育のための　かずの学 習　第2集　たし算とひき算	2014年8月	福岡特別支援教育研究会	2,700	978-4-86371-273-7
学び方を学ぶ　発達障害のある子 どももみんな共に育つ　ユニバー サルデザインな授業・集団づくり ガイドブック	2014年7月	涌井恵	1,500	978-4-86371-274-4
知的障害教育における学力問題	2014年11月	渡邉健治　岩井雄一 丹羽登　半澤嘉博 中西郁	2,200	978-4-86371-280-5
ことばのまなび 【オンデマンド版】	2014年10月	福岡特別支援教育研究会	3,000	978-4-86371-283-6
特別支援学校（肢体不自由）にお ける　アシスティブ・テクノロジー 活用のためのガイド〔ATG〕	2014年11月	国立特別支援教育総合研 究所	1,800	978-4-86371-286-7
肢体不自由教育実践 授業力向上シリーズNo.2 解説 目標設定と学習評価	2014年11月	分藤賢之　川間健之介 長沼俊夫　全国特別支援学 校肢体不自由教育校長会	1,800	978-4-86371-287-4
障害の重い子供のコミュニケーショ ン指導　学習習得状況把握表（G SH）の活用	2014年11月	小池敏英　三室秀雄 神山寛　佐藤正一 雲井未歓	2,300	978-4-86371-288-1

書 籍 名	発行年月	監修・編著者名	本体価格 （円）	ISBN
キャリア発達支援研究1 キャリア発達支援の理論と実践の融合を目指して	2014年12月	キャリア発達支援研究会	1,800	978-4-86371-291-1
特別支援学校 自立活動 あたらしい わたしたちのうんどう	2015年1月	NMBP研究会	1,800	978-4-86371-296-6
特別支援教育の基礎・基本 新訂版	2015年1月	国立特別支援教育総合研究所	2,700	978-4-86371-297-3
デュアルシステムの理論と実践 生徒一人一人のキャリア発達を大切にした学校づくり	2015年2月	宮﨑英憲 千葉県立特別支援学校市川大野高等学園	2,200	978-4-86371-298-0
視覚障害教育入門—改訂版—	2015年3月	青柳まゆみ 鳥山由子	1,800	978-4-86371-300-0
発達支援と教材教具Ⅲ 子どもに学ぶ、学習上の困難への合理的配慮	2015年3月	立松英子	1,700	978-4-86371-303-1
新時代の知的障害特別支援学校の音楽指導	2015年3月	竹林地毅 全国特別支援学校知的障害教育校長会	1,500	978-4-86371-305-5
日本の手話・形で覚える手話入門	2015年5月	竹村茂 たかねきゃら	2,500	978-4-86371-308-6
小学校英語教育 —授業づくりのポイント—	2015年5月	髙橋美由紀 柳善和	2,050	978-4-86371-309-3
通常学級 ユニバーサルデザイン	2015年6月	佐藤愼二	2,400	978-4-86371-312-3
発達障害のある学生支援ガイドブック【オンデマンド版】	2015年5月	国立特別支援教育総合研究所	1,800	978-4-86371-315-4
行動障害の理解と適切行動支援	2015年6月	英国行動障害支援協会 清水直治 ゲラ弘美	1,800	978-4-86371-316-1
知的障害・発達障害の人たちのための マンガ版 ビジネスマナー集 鉄太就職物語	2015年7月	中尾佑次 青山均 志賀利一 勝田俊一 江國泰介 渡邉一郎	1,500	978-4-86371-319-2
理学教育学 序説 はり師、きゅう師、あん摩マッサージ指圧師 教育学の構築	2015年8月	吉川恵士 日本鍼灸手技療法教育研究会 河井正隆 渡辺雅彦	2,700	978-4-86371-320-8
肢体不自由児・者と家族のための、おでかけマインド発信マガジン よこはまist。	2015年7月	よこはま地域福祉研究センター	370	978-4-86371-321-5
発達が気になる乳・幼児のこころ育て、ことば育て 子どもを育む話100選	2015年11月	有川宏幸	1,700	978-4-86371-326-0
障害の重い子どもの授業づくり Part6 授業の質を高める授業改善10のポイント	2015年11月	飯野順子	2,200	978-4-86371-327-7
肢体不自由教育実践 授業力向上シリーズNo.3 解説 授業とカリキュラム・マネジメント	2015年11月	分藤賢之 川間健之介 長沼俊夫 全国特別支援学校肢体不自由教育校長会	1,800	978-4-86371-329-1
特別支援学校における学校組織マネジメントの実際	2015年11月	杉野学	2,500	978-4-86371-331-4
肢体不自由教育連携で困らないための 医療用語集	2015年11月	松元泰英	2,200	978-4-86371-332-1
病弱教育における各教科の指導	2015年11月	丹羽登 全国特別支援学校病弱教育校長会	2,000	978-4-86371-333-8
あたらしい わたしたちのうんどう解説書 NMBPの理論と実際 自立活動の方程式【改訂版】	2016年8月	横浜市立中村特別支援学校	2,200	978-4-86371-335-2

書　籍　名	発行年月	監修・編著者名	本体価格（円）	ISBN
キャリア発達支援研究2　キャリア発達を支援する教育の意義と共生社会の形成に向けた展望	2015年12月	キャリア発達支援研究会	1,800	978-4-86371-336-9
学校が変わる?授業が変わる?「庄原式」授業づくり	2015年12月	広島県立庄原特別支援学校	2,400	978-4-86371-337-6
全国の特色ある30校の実践事例集「通級による指導」編	2016年1月	柘植雅義　小林玄　飯島知子　鳴海正也	2,200	978-4-86371-338-3
全国の特色ある30校の実践事例集「特別支援学級」編	2016年1月	柘植雅義　笹山龍太郎　川本眞一　杉本浩美	2,200	978-4-86371-339-0
知的障害特別支援学校の「家庭」指導	2015年12月	井上とも子　小川純子　全国特別支援学校知的障害教育校長会	1,500	978-4-86371-342-0
未来へとつなぐキャリア教育　愛知県肢体不自由特別支援学校9校の取組	2016年2月	愛知県肢体不自由教育研究協議会	1,500	978-4-86371-343-7
特別支援教育のための分かって動けて学び合う授業デザイン	2016年1月	藤原義博　武蔵博文　香川大学教育学部附属特別支援学校	1,800	978-4-86371-344-4
校内支援体制を築くために	2016年2月	全国特別支援教育推進連盟	1,500	978-4-86371-346-8
交流及び共同学習を進めるために	2016年2月	全国特別支援教育推進連盟	1,500	978-4-86371-347-5
発達障害のある子どものためのたすくメソッド③　アカデミック「国語」を学習する読書、漢字かな交じり文	2016年2月	齊藤宇開　渡邉倫　大久保直子	2,500	978-4-86371-348-2
保護者と協力して子どもの改善したい行動を解決しよう!!　教師のためのマニュアルブック	2016年2月	岡本邦広	2,000	978-4-86371-349-9
複数の障害種に対応する　インクルーシブ教育時代の教員の専門性	2016年4月	高橋眞琴	2,300	978-4-86371-352-9
重度・重複障がいのある子どもたちとの人間関係の形成	2016年5月	高橋眞琴	2,200	978-4-86371-353-6
知的障がい教育と社会モデル　文化に根ざした教育を考える	2016年7月	高橋眞琴	2,500	978-4-86371-354-3
自閉症教育実践マスターブック【オンデマンド版】	2016年5月	国立特別支援教育総合研究所	1,800	978-4-86371-362-8
参加　耳が聞こえないということ	2016年6月	平川美穂子	2,100	978-4-86371-365-9
知的障害・発達障害の人たちのための　見てわかる意思決定と意思決定支援　「自分で決める」を学ぶ本	2016年8月	志賀利一　渡邉一郎　青山均　江國泰介　勝田俊一	1,800	978-4-86371-368-0
知的障害・発達障害の教材・教具117（いいな）	2016年7月	三浦光哉	2,500	978-4-86371-369-7
見えない・見えにくい子供のための　歩行指導Q＆A	2016年7月	青木隆一　全国盲学校長会	2,300	978-4-86371-370-3
決定版!　特別支援教育のためのタブレット活用	2016年8月	金森克浩	2,100	978-4-86371-371-0
肢体不自由児・者と家族のための、おでかけマインド発信マガジンせんだいist。	2016年8月	よこはま地域福祉研究センター	463	978-4-86371-373-4

書　籍　名	発行年月	監修・編著者名	本体価格（円）	ISBN
知的障害特別支援学校での摂食指導と言語指導	2016年10月	坂口しおり	1,400	978-4-86371-376-5
認知行動療法を生かした発達障害児・者への支援〜就学前から就学時，就労まで〜	2016年9月	佐々木和義　小関俊祐石原廣保　池田浩之	2,400	978-4-86371-377-2
再考！「気になる子」保育者の気づきを深め、ニーズに応じた支援のために	2016年10月	馬場広充	1,500	978-4-86371-378-9
就活・就労のための　手話でわかるビジネスマナー　聴覚障害者と難聴のコミュニケーション	2016年9月	竹村茂　たかねきゃら	2,000	978-4-86371-380-2
肢体不自由のある子どもの教科指導Q＆A―「見えにくさ・とらえにくさ」をふまえたたしかな実践〜【オンデマンド版】	2016年9月	筑波大学附属桐が丘特別支援学校	2,000	978-4-86371-381-9
特別支援教育における肢体不自由教育の創造と展開2「わかる」授業のための手だて【オンデマンド版】	2016年10月	筑波大学附属桐が丘特別支援学校	3,000	978-4-86371-382-6
障害学生支援入門―誰もが輝くキャンパスを―【オンデマンド版】	2016年9月	鳥山由子　竹田一則	2,200	978-4-86371-383-3
知的障害教育における学習評価の実践ガイド学習評価の9実践事例を踏まえて	2016年9月	国立特別支援教育総合研究所	2,000	978-4-86371-384-0
自然法―聾児の言語指導法―	2016年10月	ミルドレッド・A・グロート岡辰夫　齋藤佐和	2,400	978-4-86371-385-7
肢体不自由教育実践　授業力向上シリーズNo.4　「アクティブ・ラーニング」の視点を生かした授業づくりを目指して	2016年11月	分藤賢之　川間健之介長沼俊夫　全国特別支援学校肢体不自由教育校長会	1,800	978-4-86371-386-4
知的障害特別支援学校のICTを活用した授業づくり	2016年11月	金森克浩　全国特別支援学校知的障害教育校長会	1,800	978-4-86371-387-1
障害の重い子どもの授業づくりＰａｒｔ7　絵本を活用した魅力ある授業づくり	2016年11月	飯野順子	2,200	978-4-86371-388-8
自立活動の理念と実践実態把握から指導目標・内容の設定に至るプロセス	2016年12月	古川勝也　一木薫	2,200	978-4-86371-392-5
聴覚障害児の発音・発語指導―できることを、できるところから―	2017年2月	永野哲郎	2,500	978-4-86371-395-6
キャリア発達支援研究3新たな教育への展望を踏まえたキャリア教育の役割と推進	2016年12月	キャリア発達支援研究会	1,800	978-4-86371-396-3
特別支援教育の未来を拓く　指導事例Navi　知的障害教育［1］小学部編【オンデマンド版】	2016年12月	全国知的障害養護学校校長会	2,500	978-4-86371-398-7
視力0.06の世界見えにくさのある眼で見るということ【オンデマンド版】	2017年1月	小林一弘	2,200	978-4-86371-401-4

書　籍　名	発行年月	監修・編著者名	本体価格（円）	ISBN
5歳アプローチカリキュラムと小1スタートカリキュラム〜小1プロブレムを予防する保幼小の接続カリキュラム〜	2017年1月	三浦光哉	2,400	978-4-86371-402-1
病気の子どもの教育支援ガイド	2017年3月	国立特別支援教育総合研究所	2,000	978-4-86371-406-9
特別支援学校のすべてがわかる教員をめざすあなたへ	2017年3月	宮崎英憲全国特別支援学校長会	2,000	978-4-86371-407-6
教育オーディオロジーハンドブック　聴覚障害のある子どもたちの「きこえ」の補償と学習指導	2017年4月	大沼直紀　立入哉中瀬浩一	2,500	978-4-86371-408-3
病弱教育Q＆A　PARTⅣ院内学級【オンデマンド版】	2017年3月	横田雅史院内学級担任者の会	2,500	978-4-86371-409-0
病弱教育Q＆A　PARTⅠ　病弱教育の道標【オンデマンド版】	2017年3月	横田雅史全国病弱養護学校長会	2,500	978-4-86371-410-6
障害のある子どもの教育相談マニュアル　はじめて教育相談を担当する人のために【オンデマンド版】	2017年3月	国立特別支援教育総合研究所	2,000	978-4-86371-411-3
コミュニケーション支援の世界発達とインリアルの視点を取り入れて【オンデマンド版】	2017年3月	坂口しおり	2,000	978-4-86371-412-0
保護者や地域の理解を進めるために	2017年5月	全国特別支援教育推進連盟	2,000	978-4-86371-414-4
中学校・高等学校　発達障害生徒への社会性指導—キャリア教育プログラムとその指導—	2017年5月	桑田良子	2,000	978-4-86371-415-1
職人技に学ぶ　気になる子を確実に伸ばす特別支援教育　通常学級における支援のコツ	2017年5月	田中克人	2,000	978-4-86371-416-8
「子どもが主人公」の保育—どの子も輝くインクルーシブな園生活づくり—	2017年5月	木下勝世	1,700	978-4-86371-417-5
発達障害のある児童・生徒のためのキャリア講座教材集	2017年6月	松為信雄WingPRO教材チーム	2,200	978-4-86371-425-0
知的障害特別支援学校の未来志向の学校づくり	2017年6月	杉浦真理子	1,800	978-4-86371-427-4
知的障害教育における生きる力と学力形成のための教科指導	2017年6月	渡邉健治　岩井雄一半澤嘉博　明官茂池本喜代正　丹羽登高橋浩平	2,000	978-4-86371-428-1
自閉症教育のあゆみと今後の展望50年の歴史を振り返って	2017年7月	砥柄敬三　中村雅子全国情緒障害教育研究会	2,000	978-4-86371-429-8
特別支援教育のアクティブ・ラーニング　「主体的・対話的で深い学び」の実現に向けた授業改善	2017年7月	三浦光哉	2,200	978-4-86371-430-4
特別支援学校　自立活動見ながらできるNMBP【動画教材・データDVD】	2017年8月	横浜市立中村特別支援学校 NMBP研究会	2,500	978-4-86371-431-1
肢体不自由児・者と家族のための、おでかけマインド発信マガジンとうきょうist。	2017年8月	よこはま地域福祉研究センター	600	978-4-86371-434-2

書　籍　名	発行年月	監修・編著者名	本体価格 (円)	ISBN
職業学科3校合同研究実践事例集 地域と共に進めるキャリア発達支援	2017年8月	京都市立総合支援学校職 業学科	1,800	978-4-86371-435-9
「困り」解消！　小学校英語ハン ドブック	2017年9月	多田孝志　白石邦彦 末原久史	2,200	978-4-86371-436-6
「気になる」子ども　保護者にど う伝える？　幼稚園・保育所・小 学校の先生必携！	2017年9月	佐藤愼二	1,700	978-4-86371-437-3
視覚障害指導法の理論と実際―特 別支援教育における視覚障害教育 の専門性―【オンデマンド版】	2017年9月	鳥山由子	2,400	978-4-86371-438-0
高等学校における特別支援学校の 分校・分教室　全国の実践事例23	2017年10月	柘植雅義　小田浩伸 村野一臣　中川恵乃久	2,400	978-4-86371-440-3
肢体不自由教育における 子ども主体の子どもが輝く授業づ くり	2017年11月	飯野順子	2,400	978-4-86371-441-0
授業で生きる知覚―運動学習 ～障害のある子どもの近くや認知 の発達をうながす学習教材～	2017年11月	川間健之介　坂本茂 佐藤孝二　清水聡 清野祥範　小泉清華	2,300	978-4-86371-442-7
肢体不自由教育実践　授業力向上 シリーズNo.5　思考力・判断力・ 表現力を育む授業	2017年11月	分藤賢之　川間健之介 北川貴章 全国特別支援学校肢体不 自由教育校長会	1,800	978-4-86371-443-4
新時代の知的障害特別支援学校の 図画工作・美術の指導	2017年11月	本郷寛　全国特別支援学 校知的障害教育校長会	2,300	978-4-86371-444-1

新学習指導要領（平成29年公示）版
■執筆者

中村　信一	文部科学省初等中等教育局特別支援教育課長
丹野　哲也	文部科学省初等中等教育局視学官 特別支援教育課特別支援教育調査官
横倉　　久	全国特別支援学校長会会長 （東京都立大塚ろう学校長）
桑山　一也	東京都立文京盲学校長
村野　一臣	東京都立町田の丘学園校長
田村康二朗	東京都立光明学園校長
松本　　弘	東京都立中央ろう学校長
坂口　昇平	東京都立羽村特別支援学校長
田邊陽一郎	東京都立水元特別支援学校長
山本　和彦	東京都立石神井特別支援学校長
中村由美子	東京都立王子第二特別支援学校長
長沼　健一	東京都杉並区立済美養護学校長
荒川　早月	東京都立高島特別支援学校長
柳澤　由香	東京都立田園調布特別支援学校長
大井　　靖	東京都立武蔵台学園校長
葛岡　　裕	東京都立王子特別支援学校長
市川　裕二	東京都立清瀬特別支援学校長
米谷　一雄	東京都立青山特別支援学校長
北山　博通	東京都立城北特別支援学校長
三浦　浩文	東京都立八王子東特別支援学校長
細谷　忠司	埼玉県立けやき特別支援学校長
金子　　猛	東京都立小金井特別支援学校長

■編集委員

委員長	葛岡	裕	東京都立王子特別支援学校長
	米谷	一雄	東京都立青山特別支援学校長
	桑山	一也	東京都立文京盲学校長
	松本	弘	東京都立中央ろう学校長
	柳澤	由香	東京都立田園調布特別支援学校長
	北山	博通	東京都立城北特別支援学校長
	細谷	忠司	埼玉県立けやき特別支援学校長

■編集担当事務局

大井	靖	東京都立武蔵台学園校長
葛岡	裕	東京都立王子特別支援学校長
大和田邦彦		東京都立七生特別支援学校長
豊田	栄治	東京都立青峰学園校長
市川	裕二	東京都立清瀬特別支援学校長
三浦	昭広	東京都立練馬特別支援学校長

■編集協力者

宮﨑	英憲	全国特別支援教育推進連盟理事長 東洋大学名誉教授

（勤務校役職は平成29年12月31日現在）

インクルーシブ教育システム版
■編集委員

委員長　兵馬　孝周　全国特別支援学校長会会長
　　　　　　　　　　（東京都立青鳥特別支援学校長）

　　　　三谷　照勝　全国盲学校長会会長
　　　　　　　　　　（東京都立文京盲学校長）

　　　　信方　壽幸　全国聾学校長会会長
　　　　　　　　　　（東京都立立川ろう学校長）

　　　　明官　　茂　全国特別支援学校知的障害教育校長会会長
　　　　　　　　　　（東京都立町田の丘学園校長）

　　　　杉野　　学　全国特別支援学校肢体不自由教育校長会会長
　　　　　　　　　　（東京都立多摩桜の丘学園校長）

　　　　瀬戸ひとみ　全国特別支援学校病弱教育校長会会長
　　　　　　　　　　（神奈川県立横浜南養護学校長）

　　　　岩澤佳代子　神奈川県立相模原養護学校長

　　　　坊野美代子　東京都立調布特別支援学校長

　　　　今井　邦彦　神奈川県立伊勢原養護学校長

　　　　中島　敏明　東京都立江東特別支援学校長

■編集担当事務局

　　　　葛岡　　裕　東京都立葛飾特別支援学校長

　　　　松井　　務　聖坂学院　聖坂養護学校長

　　　　加藤　洋一　東京都立八王子東特別支援学校長

　　　　平塚　直樹　東京都立大泉特別支援学校長

　　　　　　　　　（勤務校役職は平成26年3月現在）

■執筆者（改訂）等一覧（新学習指導要領版）

葛岡	裕	東京都立府中朝日特別支援学校長
清水	光澄	埼玉県立東松山特別支援学校長
鈴木	茂樹	東京都立中央ろう学校長
田村	康二朗	東京都立八王子東特別支援学校長
兵馬	孝周	東京都立調布特別支援学校長
前村	秀一	千葉県立八千代特別支援学校長
松本	幸久	神奈川県立武山養護学校長
三谷	照勝	東京都立葛飾盲学校長
森藤	才	東京都立七生特別支援学校長
山田	洋子	東京都立久留米特別支援学校長
横倉	久	東京都立田園調布特別支援学校長

（五十音順）

■編集委員

委員長	岩井	雄一	全国特別支援学校長会会長 （東京都立青鳥特別支援学校長）
	澤田	晋	全国盲学校長会会長 （東京都立文京盲学校長）
	鈴木	茂樹	全国聾学校長会会長 （東京都立中央ろう学校長）
	尾崎	祐三	全国特別支援学校知的障害教育校長会会長 （東京都立南大沢学園特別支援学校長）
	土井	富夫	全国特別支援学校肢体不自由教育校長会会長 （東京都立城北特別支援学校長）
	射場	正男	全国特別支援学校病弱教育校長会会長 （千葉県立仁戸名特別支援学校長）
	葛岡	裕	東京都立府中朝日特別支援学校長
	清水	光澄	埼玉県立東松山特別支援学校長
	兵馬	孝周	東京都立調布特別支援学校長
	前村	秀一	千葉県立八千代特別支援学校長
	森藤	才	東京都立七生特別支援学校長
	横倉	久	東京都立田園調布特別支援学校長

（勤務校役職は平成22年1月31日現在）

■執筆者等一覧（特別支援学校版）

秋谷　義一　都立立川ろう学校長
池田　敬史　都立あきる野学園養護学校長
井上　正直　都立中野養護学校長
岩井　雄一　都立八王子養護学校長
上野　哲司　都立羽村養護学校長
江崎　安幸　都立大泉養護学校長
神尾　裕治　都立久我山盲学校長
桑山　一也　都立小岩養護学校長
坂田　紀行　都立田無養護学校長
澤田　　晋　都立文京盲学校長
鈴木　茂樹　都立石神井ろう学校長
堀田　正昭　都立七生養護学校長
三苫由紀雄　都立高島養護学校長
山口幸一郎　都立青鳥養護学校長
山田　庄治　都立久留米養護学校長
渡辺　和弘　都立調布養護学校長

■編集委員

秋谷　義一　都立立川ろう学校長
井上　正直　都立中野養護学校長
岩井　雄一　都立八王子養護学校長
上野　哲司　都立羽村養護学校長
神尾　裕治　都立久我山盲学校長
桑山　一也　都立小岩養護学校長
佐藤　和寛　都立清瀬養護学校長
堀田　正昭　都立七生養護学校長
山田　庄治　都立久留米養護学校長
渡辺　和弘　都立調布養護学校長

（五十音順　勤務校役職は平成19年3月現在）

■ 執筆者等一覧 (新版)

秋谷　義一　都立立川ろう学校長
飯野　順子　前筑波大学教授
池田　敬史　都立あきる野学園養護学校長
岩井　雄一　都立八王子養護学校長
江崎　安幸　都立大泉養護学校長
神尾　裕治　都立久我山盲学校長
坂田　紀行　都立田無養護学校長
澤田　　晋　都立文京盲学校長
鈴木　茂樹　都立石神井ろう学校長
三苫由紀雄　都立高島養護学校長
皆川　春雄　筑波大学附属盲学校長
宮下　安彦　都立大田ろう学校長
山口幸一郎　都立青鳥養護学校長
渡辺　和弘　都立調布養護学校長

(五十音順)

■ 編集委員

宮﨑　英憲　東洋大学教授
皆川　春雄　筑波大学附属盲学校長
秋谷　義一　都立立川ろう学校長
渡辺　和弘　都立調布養護学校長
三室　秀雄　都立武蔵台養護学校長
佐藤　和寛　都立清瀬養護学校長
岩井　雄一　都立八王子養護学校長

(勤務校役職は平成18年3月現在)

■ 執筆者等一覧（平成10年～平成14年）

林	友三	前都立北養護学校長
大南	英明	帝京大学教授
山口	勇	都立墨田養護学校長
神尾	裕治	都立葛飾盲学校長
秋廣	勝道	前都立江東ろう学校長
飯野	順子	都立村山養護学校長
高橋	文禮	都立中野養護学校長
越川	年	前都立片浜養護学校長
馬場	重夫	前愛知県立大府養護学校長
今里	勉	都立光明養護学校長
秋谷	義一	都立品川ろう学校長
渡辺	和弘	都立板橋養護学校長
山口幸一郎		前都立しいの木養護学校長
皆川	春雄	都立文京盲学校長

（五十音順）

■ 編集委員

委員長	皆川	春雄	都立文京盲学校長
	大南	英明	帝京大学教授
	山口	勇	都立墨田養護学校長
	飯野	順子	都立村山養護学校長
	宮﨑	英憲	都立青鳥養護学校長
	高橋	文禮	都立中野養護学校長
	林	友三	前都立北養護学校長
	渡辺	和弘	都立板橋養護学校長
	山口幸一郎		前都立しいの木養護学校長

（勤務校役職は平成14年3月現在）

書籍名「フィリア」について

ギリシャ語：Φιλία（philia）
意味：友・友達・友情
英語訳：friendship

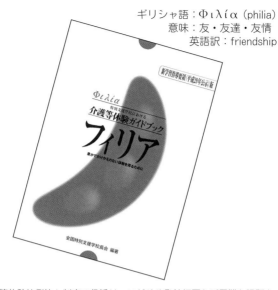

「介護等体験特例法」制定の趣旨は、いじめや登校拒否など困難な課題を抱える教育の場で、これから活躍しようとする教員志願者が、高齢者や障害者に対する介護等の体験を自らの体験としてもち、またこの体験を教育活動に生かしていくことによって、人の心の痛みのわかる人づくり、各人の価値観の相違を認められる心をもった人づくりの実現を進めようとするものです。
　この趣旨を表すとともに、障害者の理解を推進する意図を合わせもつものとして書籍名を「フィリア」としました。

フィリア	平成10年3月26日　初　版
	平成11年3月3日　増補版
	平成15年2月26日　新　版
	平成18年4月12日　新版改訂版
	平成19年3月18日　特別支援学校版
	平成22年3月2日　新学習指導要領版
	平成26年3月16日　インクルーシブ教育システム版
	平成30年1月31日　新学習指導要領（平成29年公示）版　第1刷
	平成30年6月9日　新学習指導要領（平成29年公示）版　第3刷

● 編　　著　**全国特別支援学校長会**　会長　横倉　久
　　　　　　〒113-0034　東京都文京区湯島1丁目5番28号　ナーベルお茶の水2階
● 発行者　加藤　勝博
● 発行所　**株式会社 ジアース教育新社**
　　　　　　〒101-0054　東京都千代田区神田錦町1-23　宗保第2ビル
　　　　　　Tel.03-5282-7183　Fax.03-5282-7892
　　　　　　URL http://www.kyoikushinsha.co.jp/
　　　　　　　　ISBN978-4-86371-447-2

Printed in Japan

● 表紙デザイン　大八木俊也
● イラスト　　　上原　まり
　　　　　　　　土屋図形
　　　　　　　　佐藤　英幸（I-フィールド）

見てわかる イラスト多用

子どもたちが学ぶ学校にも多くのルールと介護等体験を有意義にするためのマナーがあります

介護等体験のルールとマナーをまとめたサポートブックです

フィリアⅡ 介護等体験
Rule & Manner

ルールとマナー

全国特別支援学校長会　編著

- A5判変型（ポケットサイズ）　● 144ページ　オールカラー
- 本体 1,200円＋税　● ISBN 978-4-86371-257-7

ジアース
教育新社

〒101-0054 東京都千代田区神田錦町1-23 宗保第2ビル
TEL 03-5282-7183　　FAX 03-5282-7892
E-mail info@kyoikushinsha.co.jp　http://www.kyoikushinsha.co.jp/

- ■体験日
- ■体験校
  - 学校名
  - 住　所
  - ＴＥＬ
  - 担当教員名
- ■大学（短大）名
- ■氏　名